JN272733

運輸・交通インフラと民力活用

PPP／PFIのファイナンスとガバナンス

山内弘隆 編著
Hirotaka Yamauchi

慶應義塾大学出版会

はじめに

　1990年代初頭にイギリスで導入されたPFIは、公共的目的と民間の事業活動を程良くバランスさせることに特長があった。周知のように、当時のイギリスは、80年代を通じて推進された公企業の民営化について、総仕上げが行われる段階にあった。イギリスの民営化は、長く続いた保守党と労働党の政権交代の結果として膨張した公的部門の再整理を主目的としていた。当初イギリス政府は、公共事業に民間資金を導入することに慎重であったが、事業リスクの移転とVFM（Value for Money）の達成を条件にそれを認め、誕生したのがPFIである。最初のPFIプロジェクトとなったクイーン・エリザベスⅡ橋（ダートフォード橋とも呼ばれる）は、既存トンネルの激しい混雑を緩和し、当初予定を圧倒的に短縮する期間で資金回収が実現した。まさに、公共の目的と民間的な事業能力の両立が成功した事例となった。

　遡れば、1920年代に登場したイギリスの公企業は、民間企業の効率性と公的部門の公共性を融合することによって、公共目的の実現と社会的費用の最小化をめざすものであった。その後公企業は、労働党政権のもとで拡大を続け、一時は、電力、ガス、水道、鉄道などの公益事業だけでなく、炭鉱、自動車製造のような一般産業にまで及んだ。しかし、市場によるテストの圧力が小さく、また、経営に関する「ソフトな予算制約」のために、その結末は「親方のユニオンジャック」と揶揄された非効率の塊の出現であった（少なくとも多くの経済学者の目にはそう映った）。1979年首相の座についたマーガレット・サッチャーは、民営化と市場原理の導入によって非効率を徹底的に排除するとともに、一般市民を株主とすることを促進して大衆の参加意識を高めた。それは、資本主義を復活、定着させるという政治的方針を明確にするものであった。

　イギリスに生まれたPFIが、このようなある種イデオロギー的葛藤を背景としていたことは事実であろう。資本主義を「資本の論理を原点とする経済

システム」と位置づければ、産業活動の市場化の延長として、公共事業への民間資金投入は、いわば当然の施策であった。注目すべきはそれが徹底していたことで、病院や学校等の建築物だけでなく、橋梁に始まり道路、鉄道など、大規模な交通インフラ整備が対象とされた。また、資本という観点からすれば、金融部門が先導して社会資本の整備、維持管理を担うビジネス・モデルを構築したことは驚くにあたらない。

　このように、発祥の地ではダイナミックに展開されたPFIであったが、わが国のPFIは必ずしも本家のような大胆な政策転換とはならなかった。イギリスに遅れること約10年、1999年の通常国会で「民間資金等の活用による公共施設等の整備等の促進に関する法律」（いわゆるPFI法）が成立した。しかし、そのもとで実施されたわが国のPFIは、対象が庁舎や公務員宿舎、教育施設等のいわゆる「ハコモノ整備」に終始した。ほとんどの事業の施設整備、維持管理の内容は建築物であり、社会インフラとしての道路、港湾、空港のような大規模施設は対象とならなかった。数少ない例外は、羽田空港の国際線旅客、貨物それぞれのターミナル・ビルとエプロン整備に関するものだが、ターミナル・ビルの運営はまさに羽田空港の日本空港ビルデングやその他の三セク会社による運営実績があり、また、エプロンPFIは、技術的な問題はともかく形としては、発注者側が大半のリスクを負う、いわゆる「サービス購入型」の域を出ていなかった。

　事業手法については、法務省の矯正施設の事例や自治体が実施している病院のケースのように、民間事業者がある程度のリスクをとって運営を広く実施するような事例も見られるが、多くの場合はサービス購入型PFIであり、整備事業費の延べ払い、闇起債的な手法との誹りも聞かれるところであった。イギリスのPFIが資本主義と価格メカニズムの再構築を謳い、公共部門の守備範囲と事業手法の再定義を伴っていたのとは対照的である。このような意識もあってか、制度導入以来案件数、投資金額ともに順調に伸びていたPFI事業も、2000年代末には新規案件の減少が顕著となり、ある意味では見直しの時期に入ったと理解できる。サービス購入型として公共が民間債務の負担を保証する方式は、財政の抜本的改善をもたらすものではなく、逆に割賦払

いのツケによって後々の財政の硬直化、窮乏を招くものである。PFIの「公共の肩代わり」的な運用に限界があることが明らかになったのである。

このような中、2011年PFI法改正によって、「公共施設等運営権事業」(いわゆるコンセッション方式) が導入された。コンセッション方式は、公共施設について、所有権を公共側に残したままその運営権を設定し、選定された事業者が対価を支払って運営するものである。選定事業者は事業収益によって投資資金を回収する。つまり、公共の資産を民間事業者によって有効かつ効率的に利活用することを通じて、公共サービスの提供を確保するとともに民間事業者への投資機会を与えるものである。この種の事業スキームは、国により若干の制度上の違いはあるが、主としてヨーロッパで広く活用されており、道路、空港など対価の徴収が可能な大規模交通インフラストラクチャーがその対象となっている。わが国でも空港施設が有力な候補として挙げられ、本書執筆時点で、コンセッション第1号となる仙台空港の事案が進行している。

*　*　*

登場以来15年を経過し、変容しつつある日本のPFI事業をいかに成功に導くか。効率的かつ有効な仕組みをいかにして構築するか。言うまでもなく、本書を通じたわれわれの問題意識はここにある。日本のPFIは、最初の法律が議員立法であったことに見られるように、主として政治主導で実現した。その主目的は、公共と民間の関係に新しいフレームワークを持ち込むことにより行政全体の革新、変革をもたらすことのはずであった。しかし、歴代内閣の意図は、この制度を使って公的資本形成を増加させ、経済の拡大、景気浮揚を促進することであったように思われる。国も地方自治体もそれに便乗して、懸案になっていたさまざまな案件を実施に移した。公共がリスクを抱えたまま推進する事業はPFI本来のものではなく、その顛末が上述のような事業の停滞になったと考えられる。本書では、諸外国の事例や後半部分での数量分析を通じて、制度設計、方針策定に寄与する知見の提供に腐心したつもりである。

本書のもう1つの目的は、PFIについて経済理論からとりまとめを行うこ

とにある。PFIの歴史もイギリスの最初の事例から25年を超えようとしている。経済研究者は当然それを1つの経済現象と捉えて分析を加えてきた。特にPFIは、公共部門という組織の中で行われてきた作用を市場に委ねるなど、組織と市場の新しい関係性を提示していること、また、事業の本質が公共部門と民間部門の契約のあり方に依存することなど、最近の経済分析に格好の材料を提供しており、その結果、論文の集積もある程度の段階に達している。本書の前半部分では、それらの研究動向をとりまとめて紹介している。紙幅と作業の都合上、詳細かつ網羅的な分析は今後の研究に委ねるとして、本書は、その性格上、理論と政策、考え方と実務の相互関係を重視して構成した。より多くの方に評価していただければ幸いである。

　なお、本書における「PFI（Private Finance Initiative）」、「PPP（Public-Private Partnership）」という用語について付言しておく。イギリスその他の国において、当初PFIとして事業が導入されたが、事業手法や事業範囲の多様化、拡大とともにPPPが使われるようになった。わが国においてもPFI事業として出発し、コンセッション方式の導入等を契機としてPPPという名称が用いられるようになった（それ以前にもPPPが用いられなかったわけではない）。本書では、原則としてPFIという用語を用い、著者の意図からより広い概念を扱う場合にPPP／PFIという表現を用いることとする。

＊　＊　＊

　本書は、平成24年度、一橋大学大学院商学研究科および同大学公共政策大学院と一般財団法人運輸政策研究機構とで行われた共同研究「運輸・交通事業におけるPFI・PPPの活用可能性について」の成果に基づくものである。同プロジェクトの立案、構成、実施に尽力された同財団ほか多くの関係者の方々に御礼申し上げる。また同研究会および本書の出版については、日本財団から多大な支援をいただいた。ここに記して感謝の意を表す次第である。

山内　弘隆

目次

はじめに　i

序章　交通社会資本と民間活力 …………………………………… 1
1　経済社会の構造変化と交通社会資本　1
2　民間活力を用いた交通社会資本整備　3
3　新しい民間活力の必要性　7
4　交通PFIの方向性　10

第Ⅰ部　「PPP／PFIの経済学」入門

第1章　市場と組織の経済学
　　　　──取引費用と範囲の経済 …………………………………… 13
1　PFI事業の特徴と可能性　13
2　組織の経済学　17
3　組織の経済学からのPFIへの示唆　24
4　おわりに　33

第2章　公共の経済学
　　　　──契約の失敗と政府の失敗 ………………………………… 37
1　はじめに　37
2　なぜPFIか　38
3　発想の転換　40
4　公共サービスの質的向上　41

   5　なぜ PFI は進まないのか？　　43
   6　2 つの失敗　45
   7　契約の失敗　46
   8　モデルによる説明　49
   9　政府の失敗　51
  10　政府間関係　54
  11　おわりに　55
     Column 新しい公共と民間活用　43

第 3 章　情報の経済学
——不完備契約と情報の非対称性 ……………………… 57

  1　はじめに　57
  2　PFI と再交渉の問題　58
  3　不完備契約と建設と運営のバンドリング　61
  4　おわりに　68

第 II 部　日本の現状と制度・政策課題

第 4 章　日本における PFI 制度の歴史と現状 ……………… 73

  1　はじめに　73
  2　わが国における PFI の導入　74
  3　2001 年 12 月の PFI 法改正　82
  4　2005 年 8 月の PFI 法改正　85
  5　競争的対話方式の導入、2007 年 PFI 推進委員会報告および
　　　そのフォローアップなど　87
  6　コンセッション方式の導入等——2011 年 6 月の PFI 法改正　92
  7　PFI 推進機構の設立——2013 年 6 月の法改正　94
  8　PPP／PFI の現状と課題　95

第5章　所有形態と資金調達コスト
──PFI・財投・民営化 ……………………………… 109

1　はじめに　109
2　所有形態と資金調達　110
3　PFI、財投、民営化の比較　116
4　交通事業とPFI　122
5　おわりに　125

第6章　ファイナンス・スキームの選択
──民営化関連法とPFI法 ……………………………… 129

1　はじめに　129
2　民営化関連法のスキーム　131
3　PFIのスキーム　135
4　分析と検討　139
5　おわりに　144

第7章　日本のPPP／PFI制度活用の課題と方向性 …………… 147

1　現行PFI制度の課題　147
2　原因は何か　150
3　今後の方向性　152
4　おわりに　161

第Ⅲ部　イギリスの代表事例と実施スキーム

第8章　イギリスのPPP／PFIの動向とその特徴 ……………… 165

1　はじめに　165
2　イギリスにおけるPPP／PFIの導入と発展の経緯　166
3　PFI事業の検証　169
4　PPPに対する新たな取り組み　179
5　イギリスにおける教訓とわが国への示唆　191

◇イギリスにおけるPPP／PFIの事例
  事例1　ロンドン地下鉄 …………………………………………………… 197
    1　事業スキームの概要・導入背景　198
    2　事業の状況　199
    3　事業スキームの制度的特質、ガバナンスの特徴　200

  事例2　M6有料道路 ……………………………………………………… 202
    1　事業スキームの概要・導入背景　202
    2　事業の状況　203
    3　事業スキームの制度的特質、ガバナンスの特徴　205
    4　事業の社会的効果　206

  事例3　ルートン空港 …………………………………………………… 207
    1　事業スキームの概要・導入背景　207
    2　事業の状況　209
    3　事業スキームの制度的特質、ガバナンスの特徴　210
    4　事業の社会的効果　211
  ■諸事例から得られる政策的含意――考察に代えて　212

  第8章補論　イギリスにおける最近の動向 ……………………………… 216
    1　はじめに　216
    2　IUKと国家インフラ整備計画（National Infrastructure Plan）　221
    3　欧州政府債務危機とPPP／PFI　223

第Ⅳ部　アジアの代表事例と実施スキーム

第9章　アジアのPPP／PFIの動向とその特徴 ……………………… 229
  1　はじめに　229
  2　アジアの運輸・交通インフラ市場　229
  3　アジアの運輸・交通セクターにおけるインフラPPP　231

4　運輸・交通セクターにおける PPP のビジネスモデルと日本企業に
　　　とっての事業機会　233
　　5　事例　235

◇アジアにおける PPP／PFI の事例
　事例 4　ソウル地下鉄 9 号線 ……………………………………………… 241
　　1　PPP 導入背景　241
　　2　事業スキーム　242
　　3　事業の状況　244

　事例 5　マニラ MRT 3 号線 ………………………………………………… 247
　　1　PPP 導入背景　247
　　2　事業スキーム　248
　　3　事業の状況　250

　事例 6　クアラルンプール STAR など …………………………………… 253
　　1　PPP 導入背景　253
　　2　事業スキーム　254
　　3　事業の状況　256

　事例 7　デリー空港線 ……………………………………………………… 259
　　1　PPP 導入背景　259
　　2　事業スキーム　262
　　3　事業の状況　263

　　　　　　　　第Ⅴ部　PPP／PFI をめぐる国際研究動向

第10章　世界の PPP／PFI の実施状況 ……………………………………… 269
　1　はじめに　269
　2　低・中所得国の PPP／PFI の実施状況　270

3　ヨーロッパの PPP／PFI の実施状況　　273
　4　日本の PPP／PFI の実施状況　　276
　5　おわりに　　279

第11章　PPP／PFI の成功要因・評価方法の研究動向 …………281
　1　はじめに　　281
　2　PPP／PFI の実施に影響を与える要因に関する先行研究　　283
　3　PPP／PFI 成功の決定要因に関する先行研究　　289
　4　おわりに　　297

第12章　PFI 入札過程における VFM 変化要因分析 ……………301
　1　はじめに　　301
　2　入札理論のインプリケーション　　302
　3　データの整理　　303
　4　実証分析　　305
　5　おわりに　　317

終章　運輸・交通インフラにおける民力活用の展望 ……………319
　1　施設整備から資産活用へ　　319
　2　コンセッション事業の展望　　321
　3　運輸・交通分野における官民連携のあり方　　324
　4　運輸・交通分野における PPP／PFI の可能性　　327

索引　　329
執筆者紹介　　335

序章

交通社会資本と民間活力

1　経済社会の構造変化と交通社会資本

　わが国経済社会の構造変化が言われて久しい。グローバル経済への対応、高度情報通信ネットワークの構築とその活用、人口減少と超高齢社会への準備。いずれもが今後21世紀の日本の進路に大きく影響するものであり、わずかとはいえ余力の残された現代の日本社会にとって喫緊の課題である。

　経済社会の構造変化は、当然ながらそれを支える交通社会資本へのニーズを変化させる。経済のグローバル化には、国内・国際の切れ目がなく、かつ適切な費用負担で利用可能な交通インフラストラクチャーが必要である。ICTの進展は、貨客の移動の質的な変化をもたらすとともに、ICTにより交通システム自体が高度化する可能性がある[1]。さらに、少子高齢化の時代には、バリアフリーを実現する移動摩擦を極力抑えたハードの構築や、都心回帰やコンパクトシティといった都市構造の変化への対応が要請される。

　交通社会資本に対するこの種の新しい要求に応えるためになすべきことは、まず既存のインフラストラクチャーを可能な限り有効に利用し、時代の要請に見合った交通システムを構築することである。長期にわたって蓄積された欧米先進国のそれと比較して、わが国の交通社会資本整備は立ち後れているとの指摘がなされてきた。しかしながら、8,000kmを超えた高速自動車国道

---

1)　ITS: Intelligent Transport System がその具体的事例である。

ネットワーク、国土を縦貫しつつある新幹線、100を数えようとする空港の存在を考えるとき、大規模な交通インフラストラクチャーの整備は、「概成」の域に達したと判断できる。まず第1に必要なのは、それらをいかに活用するか、新しい経済社会からの要請にいかにそれを整合させるかである[2]。

　ただ、それでも今後、交通社会資本整備の必要が消滅するわけではない。大都市部の道路交通は深刻な渋滞問題から抜け出せず、首都圏では鉄道の混雑状態が続いている。大都市圏の空港は都市自体のグローバルな競争という観点から必ずしも十分ではない。物流コストの低減と産業のグローバル展開を前提としたロジスティクスの確立こそ、わが国製造業の国際競争力回復に欠かすことはできない。地方では人口減少を前提としながらもサステイナブルな集約型都市の構築が求められ、新たな産業振興として観光を主体とするまちづくりが注目されている。そしてさらに重要なのは、上で「概成」と表現した社会資本ストック自体が今後、維持・更新の時期を迎え、本来の性能を発揮するために多大なリソースが必要になることである。言うまでもなく、失業対策、景気浮揚目的の公共投資が許容されるわけではない。また、政治的「ばらまき」は論外である。しかし、まさに経済基盤としての交通社会資本の重要性に変わりはなく、整備も含めそれを適切にマネイジする能力が問われているのである。

　本格的な高齢社会の到来に向けて、特に公共用交通サービスについては、質的な面でのボトムアップが求められる。戦後、わが国の公共用交通の整備は、量的充実を旗印に行われてきた。それは、急速に拡大する経済を支えるためのものであり、肥大化する都市とその周辺部における移動需要の急増を満たすものであった。このような時代的背景を考慮すれば、絶対的な輸送量を確保することは当然の施策であった。しかし、人口構成上高齢者の割合が高まれば、そこで求められるのはバリアフリーなど、利用者の立場に立った施設の再構築である。高齢者にとっての「優しい乗り物」の実現が今後の課題であり、そのために官民挙げての対応が必要とされているのである。

---

2) わが国の交通社会資本整備の考え方、沿革、政策については、竹内・根本・山内（2010）、第1章第4節「交通社会資本の整備政策と費用負担」を参照されたい。

社会資本の新しいニーズに対して財政的余裕は限られている。あらためて指摘するまでもなく、多額の財政赤字と公的負債は経済を圧迫し将来への不安を残している。財政を立て直し、それを再建することが国家的見地から喫緊の課題である。つまり、現在の日本においては、公的資金が絶対的に不足していることを前提として、新しい社会資本整備や大規模維持・更新投資を行うという、相矛盾する諸問題の解決が求められているのである。

わが国において20世紀末に導入されたPFI（Private Finance Initiative）は、このような困難な状況の打破を意図したものであったと理解することができる。PFIは、1990年代初頭にイギリスで開発された社会資本整備の一手法であるが、本来柔軟な事業スキームの設計が可能であり、理論的には、求められる目標を実現するために最も効率的な仕組みを見出すことができる。さらに、PFIによって新しいビジネス・モデルが提供され、それは公共サービスに関する費用負担の新しい仕組みに結びつく。PFIをどう利用するか、交通に限らず現代の社会資本整備に投げかけられた課題であろう。

2　民間活力を用いた交通社会資本整備

(1) 運輸・交通における民間の役割

このようにPFIに期待される役割は大きいと考えられるが、これまでのところ、わが国における交通社会資本整備においてPFIが積極的に用いられてきたわけではない。地方自治体で、駐輪場、駐車場などの相対的に小規模な交通関係施設がPFI方式によって整備された事例は散見されるが、道路、港湾、空港のような大規模インフラ整備における事例は稀である。唯一の事例は、東京国際（羽田）空港再拡張に伴う国際線整備地区の国際線旅客、貨物ターミナル事業、エプロン等整備事業である（2005年実施方針公表）。

このような状況はPFI発祥の地イギリスと対照的である。同国においてPFI第1号案件となったのは、クイーン・エリザベスⅡ橋であった。同プロジェクトは混雑著しい旧来のトンネル事業と新架橋事業を一体化するなど、巧みな需要リスク回避策によって早期の投資回収を可能としたことで知られ

る。また、ドックランドの再開発における鉄道システムや地下鉄の更新事業などもPFIスキームが活用された。イギリスでは交通分野がPFIの主要な対象だったのである。

わが国の運輸・交通分野において、なぜPFIがそれほど利用されてこなかったのだろうか。これにはいくつかの理由が考えられる。最も重要なのは、若干逆説的だが、そもそもこの分野では公共部門だけでなく民間部門が大きな役割を果たしてきたことである。

たとえば、鉄道は、長い間日本国有鉄道という公社によって主要路線が運営されてきた。しかし、国鉄時代にも主要都市、地方には有力な私鉄が存在した。さらに1987年の国鉄分割民営化によって、日本の鉄道すべてが「民鉄」に分類されるようになった。たしかに、JR北海道、四国、九州の三島会社と貨物は政府が株式を保有しており、大都市では地方公営業による地下鉄が存在する。地方第三セクター鉄道の中には公的部門の役割が大きいものが存在する。しかし、もはや鉄道の太宗は民間資本によって運営されているのである。日本の鉄道事業は官営により出発したが、拡大し発展させたのは民間資本である。明治期の鉄道整備は当時急速に蓄積されつつあった民間資本にとって格好の投資先であった。国鉄は、明治期末に国策としてそれを国有化して登場したものである。

鉄道だけでなく、公共部門の役割が大きいと思われる港湾や空港でも民間の役割は小さくない。港湾の場合には、自治体直営の埠頭公社に加えて、民間資本による埠頭が数多く存在し、港湾地区を形成する上屋、蔵置地区の多くは民間資本によって整備されている。空港については、当初滑走路、誘導路、エプロンなどの基本施設を公共（国、自治体）が整備し、旅客・貨物のターミナルについては純民間資本ないし第三セクターによって整備された。さらに、成田国際空港は公団方式をとったが[3]、旧関西国際空港、中部国際空港については国、自治体、民間出資の株式会社（特殊会社）によって整備された。特に中部国際空港については、国、自治体、民間の出資比率が4：

---

3) 2007年7月、株式会社に移行。

1：5ときわめて民間色の強い事業スキームが採用された。この結果、同空港の整備事業費は当初計画7,680億円に対し実績5,950億円とじつに約22％の節約を果たすなど、これまでの大規模公共工事としては異例（空前絶後？）の成果を上げている[4]。

以上のように、鉄道、港湾、空港においては、従前から民間の役割が大きく、PFIのスキームが開発されたことで、それを何とか活用して事業を推進しなければならないというインセンティブに乏しかったと理解される。その意味で、現段階においてなぜPPP／PFIスキームを活用する必要があるのかという疑問は残る。この点については後に述べるが、さまざまな改正を経てPPP／PFIのスキームは新しい公共と民間の関係を規定しており、交通社会資本を取り巻く環境、条件の変化への対応がこれによって可能になるという利点が指摘できる。

(2) 道路事業の特殊性

鉄道、港湾、空港と比べれば、道路整備については民間の役割はそれほど大きいものではない。道路の歴史を振り返れば、英米でターンパイクと呼ばれる民間有料道路が存在したが、その後道路整備の主役は公共部門に移行した。わが国においても、芦ノ湖スカイライン、箱根ターンパイク、比叡山ドライブウェイ等の民間所有の「有料道路」が存在するが、そもそもこれらは道路法上の道路ではなく、道路運送法を根拠とする（道路運送法第2条第8項）自動車専用道路であり（「自動車専用有料道路」と呼ばれる）、通常の意味での道路（高速自動車国道、一般国道、都道府県道、市町村道〔道路法第3条〕）以外に位置づけられる。もちろん、道路運送法上の自動車専用道は道路ネットワークの中でごくわずかを占めるだけであり、その役割は大きいものではない。

道路運送法上の自動車専用道路の存在が例外的なことは、運輸・交通分野においてPFIが目立った存在になっていない2つ目の理由に関係する。「公

---

[4] 中部国際空港は1990年代後半に事業が決定されたが、その事業方式について、当時導入が議論されていたPFI方式を採用してはどうかという提案があった。しかし、PFI法の成立が遅れたこともあり、形態的には第三セクター的な事業方式となった。

物管理」の問題である。上で「通常の意味での道路」は高速自動車国道、一般国道、都道府県道、市町村道であると書いたが、名称から明らかなように道路は公的部門によって管理されることが法的に決められている[5]。道路は不特定多数のものの利用を前提として、法的に、公的な物いわゆる「公物」と分類され、その管理者が特定されている。したがって、この法律が存在する限り単純に言えば民間部門が運営することを前提とするPFIには馴染まないことになる。

　道路運営には、高速道路をはじめとする各種の有料道路が存在する。道路は道路法によって無料開放の原則が規定されているが[6]、有料道路は、整備促進のために無料開放原則に対する例外措置として導入されたもので、道路整備特別措置法によって導入されたものである[7]。原則が無料開放であるから、一定期間利用者から料金を徴収するが、料金収入の合計によって、建設費、維持管理費、運営費、その他の費用が「償還」されれば、当該道路は無料開放されることになっている[8]。これは「償還主義」と呼ばれ、高速道路を含む有料道路に独特のシステムである[9]。

　周知のように、高速道路公団の民営化については、2002年末から道路関係四公団推進委員会において議論が行われ、05年には日本道路公団、首都高速道路公団、阪神高速道路公団、本州四国連絡橋公団が9つの株式会社と1つの独立行政法人日本高速道路保有・債務返済機構に組織替えされた。ただ、株式はすべて国が保有したままの特殊会社であり、民間資金が経営に関与しているわけではない[10]。また、民営化後も償還制度は維持されている。

---

5) 道路法第3章第1節「道路管理者」。
6) 道路法第25条は「有料の橋又は渡船施設」を規定しており、その反対解釈として、それ以外については無料で開放されるとされている。
7) 道路整備特別措置法第1条「この法律は、その通行又は利用について料金を徴収することができる道路の新設、改築、維持、修繕その他の管理を行う場合の特別の措置を定め、もって道路の整備を促進し、交通の利便を増進することを目的とする。」
8) ここで用いられる「償還」は全額が返済されることを意味しており、通常の用法と異なるが、道路整備特別措置法第23条第1項で定められる料金基準の1つを満たすものとして、有料道路の場合に用いられる。
9) 償還制の原理について詳しくは、山内・竹内（2002）を参照されたい。
10) この点は成田国際空港株式会社法により株式会社化された成田空港も同じである。

民間会社による有料制は、必ずしも道路の整備と維持運営をPFI手法で行うための必要条件ではない。第8章で詳しく論じられるが、イギリスの道路整備では、シャドー・トールと呼ばれる擬似的な有料制によって行われた事例がある。これは道路の設計、建設、資金調達、運営を民間会社が行い、発注者である公共部門が通行した車両台数に応じて会社側に支払いをするという仕組みである。この方式は原理的にはわが国でも一般道路について適用可能ではあるが、上記の管理者の特定という問題等もあり、わが国では実施されていないのが実態である。

3　新しい民間活力の必要性

(1) 日本型PFIの限界

　PFIは、比較的柔軟な事業スキームの設計が可能であり、公共施設、インフラの費用負担のあり方を変える可能性がある。しかしながら、わが国のPFIが、このような求められる役割を十分に果たしてきたかについては疑問が残る。発注者である公共主体は、柔軟な事業手法を手にしたにもかかわらず、前例主義、形式主義に陥りがちであり、画一的、硬直的な事業設計に終始したように思われる。

　庁舎、宿舎、学校等施設、いわゆる「ハコモノ」を民間資金によって建設させたうえで、15年から20年にわたって維持・管理させる。発注者側がその間に施設建設費と維持・管理・運営費の代金を割賦で支払う。すなわち「サービス購入型」と呼ばれる手法であるが、このやり方は本来ならば公的負債であったものを民間に付け替えただけであると批判を浴びた。事業者側も、基本的にリスクをとらずに事業運営が可能なこの方式に安住し、革新的な事業の提案を怠ってきた。気がつけば「後年度負担の増加」と呼ばれる借金返済問題が財政をさらに硬直化させるというジレンマに陥っている。それが日本のPFIの実態なのかもしれない。

　サービス購入型のPFI事業にまったく意味がなかったわけではない。筆者は神奈川県が行ってきた各種のPFI事業について客観的な評価を行う研究会

に参加したが[11]、これまで PFI に大きな関わりを持たなかった中立的委員から、意外なことに、サービス購入型の事業は整備を早期に実現するという意味を持ったと指摘された。たしかに、公的必要性が確認されている整備事業については、民間事業者を介在させることによって整備を早め、その便益効果を早い時点で手にすることに意義がある。問題は、PFI の能力はそれに限られるわけではなく、さらに重要な民間の革新性や効率性を現実のものにすることである。

(2) コンセッション制度の導入

2011年の PFI 法改正によって、わが国でも「公共施設等運営権事業」いわゆる「コンセッション制度」が導入された。コンセッションとは、将来にわたって収益を生むことが期待される公的施設についてその運営権(公共施設等運営権)を設定し、その権利を民間事業者に売却することによって公共側は収入を得、民間事業者は事業からの収益によって利益を上げていく事業方式である[12]。PFI はさまざまな柔軟な事業方式を設計できると指摘したが、事実ヨーロッパで実施されてきた PFI 事業では日本のコンセッション方式にあたる手法が見られる。見方によっては、日本の PFI 自体が PFI 法により規定されていることもあって形式的であり、このような方式が実現すること自体遅きに失したと言えるかもしれない。いずれにしても、この新しい手法を使って、いかにしてわが国が抱える社会資本整備の課題を解決するか、これこそが現段階で議論すべきテーマであろう。

コンセッション方式とこれまでの PFI との最も大きな違いは、ビジネス・モデルすなわちお金の流れである。旧来型の典型的な PFI はサービス購入型であり、民間事業者が提供する施設と維持・運営サービスの費用負担は少なくとも、形式的には発注者の公共主体が行う。事業者は提供するサービスの

---

11) 2011年8月神奈川県設置「県有施設の整備に係る PFI 検証委員会」。
12) 「公共施設等運営事業とは、特定事業であって、……公共施設等の管理者等が所有権……を有する公共施設等(利用料金……を徴収するものに限る。)について、運営等(運営及び維持管理並びにこれらに関する企画をいい、国民に対するサービスの提供を含む。以下同じ。)を行い、利用料金を自らの収入として収受するものをいう。」(PFI 法第2条第6項)

質が要求水準を満たしていれば、ほぼリスクを負うことなく事業を進めることができる。一方、コンセッション方式は、民間事業者が運営権を「購入して」事業を行うのであり、事業者は施設の利用者から収入を得る。当然事業者は需要の変動等種々のリスクを負うことになる。このリスクが事業者側の効率化と需要対応、創意工夫へのインセンティブになることは言うまでもない。

これまでも独立採算型のPFI事業がないわけではない。前述の羽田空港の旅客・貨物国際線ターミナル事業は独立採算であり、PFI事業の破綻第1号で有名になった福岡の温浴施設事業も、基本的には当該事業からの収入によって公的施設、サービスを提供することが前提になっていた。新設されたコンセッション方式がこれらと異なるのは、コンセッションで設定される事業権は、原則として公共側に所有権がある施設、既存事業を前提としていることであり、新規施設建設は例外的な扱いになる点である。

いずれにしても、ここで言うビジネス・モデルの違いは、社会的観点から大きな意味を持つ。典型的な公共サービスは公的主体が提供し、税金によってその費用が負担される。最終的な費用負担者は納税者である。日本で導入された旧来型のPFIは、サービス供給の部分を民間に任せた。基本は施設を整備することだが、市民・住民に具体的サービスを提供するケースも含めて、費用負担の方式は財政を通じて行われる。これも最終的な費用負担者は納税者一般である。

これに対してコンセッション方式のPFIはビジネス・モデルが異なる。原則としてコンセッショネアは事業運営権を取得してその費用を利用者からの料金収入によって返済し、投資家へのリターンを生む。この場合、費用の最終負担者はそのサービスを享受するものになる。つまり、通常の公共サービスの提供の場合とはお金の流れが違うのである。

もちろん、このようなビジネス・モデルが成立するためにはいくつかの条件が必要である。そもそも、民間事業者が事業の運営権を取得して事業を行うためには、サービスを享受するものから対価を収受できなければならない。経済学の定義で言う「純粋公共財（消費の競合性が存在せず、排除原則が適用できない）」は、原則として対象にならない。シャドー・トールは道路とい

う公共財に民間活力を導入した例になるが、対価の支払いが利用者の負担に結びついていない。コンセッション方式はある意味での擬似的な市場を公共サービスの供給に持ち込むことであり、財政を通じた費用負担から直接的な利用者負担に転換することにより、財政と事業自体の効率化を促すことにその意義があると思われる。

4　交通PFIの方向性

　PFI自体が1つの転換点にある現在、交通社会資本整備は、PFIの方向性を先導する形で、この制度の活用を図るべきであろう。すでに述べたとおり、交通分野事業はその形態からして、民間資本が活躍できる素地を備えている。これまでわが国では、成長拡大する経済を前提として、交通社会資本整備は民間事業者が担ってきた。公共サービス提供における公的主体の役割を見直すことによって、新しい形での「ビジネス・モデル」が成立する。

　人口減少や超高齢社会の到来といった社会構造の変化とともに、移動・交通への基本的な欲求が変容している。一方で、わが国の公的部門の余力は限られており、新しい社会的ニーズに対応するためには、新しい事業のあり方、費用負担のあり方について工夫が必要である。PFIとりわけ新しく制度化された「コンセッション方式」は、相矛盾するこれらの要求を満たす可能性がある。本書で述べられる交通社会資本整備における民間活力の活用事例とその分析から、できるだけ多くの示唆が与えられれば幸いである。

〔山内弘隆〕

参考文献
竹内健蔵・根本敏則・山内弘隆編（2010）『交通市場と社会資本の経済学』有斐閣。
山内弘隆・竹内健蔵（2002）『交通経済学』有斐閣。

第Ⅰ部

「PPP／PFI の経済学」入門

第1章

市場と組織の経済学
——取引費用と範囲の経済

　PFI（Private Finance Initiative）は、これまで公的主体によって行われてきた施設整備・公共サービスの提供を、包括的に民間事業者に委ねる事業方式である。1990年代初頭にイギリスで制度が考案され、道路、鉄道等の交通関連事業をはじめ、学校、病院、刑務所の整備運営事業等幅広い分野で採用されてきた。わが国でも、1999年に「民間資金等の活用による公共施設等の整備等の促進に関する法律」（通称PFI法）が制定され、2013年9月30日現在で69の国の事業、323の地方自治体、39の特殊法人その他の公共法人、合計428件（一部重複）の事業について実施方針が公表されている。

　本章では、このようなPFIが持っている特徴と経済的な意義を整理し、理論的分析のための基本的考え方を検討する。PFIは、公的に実施されてきた事業を、市場取引を用いて一括して民間に委ねるものであり、この点に関しては、組織を分析する経済学が有用である。

1　PFI事業の特徴と可能性

　PFIは、従来公共事業型で実施されてきた公的施設整備とそれを使ったサービス供給について、たとえば、施設の設計、建設、維持管理、運営といった事業内容を統合し、競争プロセスを通じて民間事業者に委ねる手法である。PFI事業と従来型の公共事業の違いは、後者が、「業務ごとの発注」、「単年度主義」、「仕様発注」であるのに対し、PFIは、「一括発注」、「長期契約」、

「性能発注」であると言われる。以下では、このようなPFIの特徴に基づいて、その意義を考える。2011年の法改正によって、「公共施設等運営権事業」（いわゆるコンセッション方式）が導入された。コンセッション方式では、公的セクターが所有する既存施設を使って、民間事業者が収益事業を行うことが可能になる。

　PFI事業を用いることの第1の意義は、公共部門が行ってきた事業を包括的に民間に委ね、民間の資金、経営能力、技術的能力を活用することにより、国や地方公共団体などが直接実施するよりも効率的かつ効果的に公共サービスを提供できることである。その結果、事業コストの削減やより質の高いサービスの提供が可能になり、支出に対して得られる価値という意味でのVFM（Value for Money）が向上すると考えられる。この点はPFI方式の特徴であるがゆえに、政策的にも重視されるべき側面である。もっとも、わが国の場合、いまだに公共部門の力が強く、民間が持つ潜在的な優位性を発揮させるための環境整備が十分でないケースが見られる。当事者の問題意識の転換が求められるところである。

　VFMがもたらされる仕組みが、PFI事業の第2の意義である。民間事業者はみずからのノウハウを生かし、総合的に事業を行うことによって全体最適を実現する。さらに、発注者と民間事業者の間でサービス水準を含めた包括的な契約が締結され、これによって事業の質が保証される

　事業の総合性による全体最適とは、設計、資金調達、施工、維持管理、運営等を一体的に行うことによって、事業期間を通じての費用削減とサービス品質の維持と向上が可能になることがその本質である。特に、費用についてはライフサイクル・コストの最適化と捉えられる。たとえば施設建設費用と維持管理費用が相互に依存するとすれば（相対的に堅牢な施設を建設して維持管理・運営費用を節約するか、その逆を選択するかなど）、両者を統合した事業とすることによって民間の事業主体が最適点を見出すことができる[1]。また、設計から運営までの一連の事業は、従来方式であれば別々の事業者によって

---

1) この点に関する理論的な観点からの分析は、第3節で行う。

行われることになるが、それを統合することに範囲の経済の発揮も期待されるところである[2]。

　提供されるサービスについても、事業統合による効果が期待される。PFIでは、発注者が求める業務の内容が要求水準という形で明確化されており、事業者は要求水準を満たし、さらにそれを上回るサービスをいかに提供するかについて競争することになる。従来方式の公共施設の整備においても、公共側のイニシアティブにより施設整備とサービスについて総合的視点が加えられてきたが、PFI の場合、サービスの質を含む総合的な指標を加味した入札プロセスによって競争的に事業者の選定が行われることから、サービスを含めた VFM の向上を期待することができる。

　第 3 に、公共主体と民間事業者の包括的な契約を通じて、事業に対する責任の所在と事業プロセスで生じるさまざまな事態への対応が明確になる。わが国の場合、欧米諸国に比べ、第三セクターなどの形で公共主体と民間との協力関係が広範に行われてきた[3]。しかし、事業運営の責任体制が明確にならない第三セクターでは、事業リスクの精査と分担の議論が十分に行われず、結果的に自治体が多大な負債を負わされるケースが目立った。これに対し PFI は、事業内容について事細かに契約を交わすことによってリスクの分担が可能な限り明確となり、このような問題を回避することができる。その意味で、PFI は第三セクターの 1 つのアンチテーゼと考えることもできる。

　PFI 事業の 4 番目の意義は、PFI によって新しい事業分野、新しい産業が誕生する可能性が生じることである。経済は常に変動し、新しい産業需要、新しいニーズが誕生する。民間企業はその変化に合わせて事業内容を変更し、組織を変容させる。一方、公共施設のような比較的変化の少ない分野においては、一般の市場が持っているようなダイナミズムが発揮されることは稀で

---

2) コンセッション方式の場合、施設自体は公共側が保有することが原則であり、施設に関するライフサイクル・コストの最適化の議論は成立しない。ただ、コンセッション事業でも、たとえば空港のケースでは基本施設も含めた施設の維持管理は運営権者の事業範囲に分類されており、運営権者は維持すべき施設の管理水準に関して、所与の施設においてライフサイクル・コストを検討することになる。
3) 運輸・交通部門については序章を参照。

ある。多くのケースでは、事業者は発注者側によって細分化された作業を請け負うことに終始し、たとえそれが競争入札のプロセスを経たものであっても、新しいサービスや事業の提案がなされることは期待されていなかった。

PFIは、多段階の事業を組み合わせて事業化される。実際の執行にあたっては、プロジェクトごとに特別目的会社（SPC: Special Purpose Company）が設立されるが、それを構成する企業からすれば、PFIへの参加が新しい事業分野への進出とも言える。たとえば、かつて盛んに行われた病院のPFI事業では、病院の施設建設に併せて病院経営のアドバイザリー業務が組み込まれたことがある。それは、事業運営に中心的役割を果たした建設事業者にとっては未開の分野であり、医療コンサルタントと共同で専門の子会社を設立した企業もある。残念ながら、病院PFIにおけるマネジメント支援事業は、期待された成果を上げられず事実上沙汰止みとなったが、この例に見られるように、事業方式の革新が新しい市場を形成するのである。

5つ目の意義は、序章において触れたが、PFI、特にコンセッション方式により公共サービスの供給システムが変わり、それによって公的な施設整備・サービス供給の費用負担メカニズムが変化することである。PFIは、本来柔軟な事業スキームを採用することが可能である。コンセッション方式は、公共側が所有する公共施設を使用して民間がサービス提供を行い、料金によって費用が回収される事業モデルである。この場合、これまで公的財政を通じてその費用が負担されていたとすれば、コンセッションによってより利用者負担に近い形でのお金の流れが実現することになる。

コンセッション方式では、公共施設を運営する権利が設定され、その権利が民間事業者に売却される（原則としてこのプロセスで競争原理が確保される）。この売却価格は、理論上事業による将来利益を先取りする形で決定されることになる。財政面から見れば、それによってまとまった財政収入が期待され、それが1つのメリットであるが、財政収入は施設が持つ経済上の将来的な潜在価値を現段階で具現化することにほかならない。事業者がこの支払い額を長期にわたって回収するとすれば、現在の利用者と将来の利用者との間で、時間的な意味での負担の平準化が行われていることになる。

2　組織の経済学

　PFIが持つ意義が十分に発揮されるためには、どのような仕組みが必要なのだろうか、また、どのような点に留意しなければならないのだろうか。本節ではこのような疑問に応えるため、若干の理論的ツールを準備する。援用する理論はミクロ経済学、とりわけ、「組織の経済学」と言われる分野である。現実のPFIプロセスも、関係各位の創意工夫、政府の制度整備によって着実に進化しつつあるが、それでも、発注者、民間事業者双方から提起される問題点も少なくない。ここでは、組織の経済学の基礎的な理論を紹介し、次節でこの理論から得られる示唆について検討する。

(1) 組織 vs. 市場

　前節で述べたように、PFIの最大のメリットは市場機構の活用と事業の統合、総合化である。それでは公共施設等の整備、公共サービスの提供において、具体的に市場プロセスはどのようなメリットを持っているのだろうか。

　過去20年ほどの間に、ミクロ経済学の分野では「組織の経済学」と呼ばれる分野が急速に発展した。組織の経済学では、これまで単なる「質点」として扱われていた企業の内部が、インセンティブや情報問題という経済学のツールで分析される。各種の組織や市場に固有の構造上の問題を解明し、効率的な制度、契約の設計が誘導されるのである。

　組織の経済学の1つの出発点は企業組織と市場の比較分析である。企業はどのような観点から、みずからの組織を設計するのであろうか。たとえば、製造業者は、生産工程において、部品を自社内での調達（内製）を用いるか社外から調達するか（外製）という意思決定を行う。これは、ある意味で企業の「境界」を決定している。部品を内製するとすればこの企業はその段階まで自社の事業の範囲を拡大していることとなり、外製するとすれば企業としての組織の限界はそこまでということになる。当然ながら、企業は、内製するか（組織を用いるか）外製するか（市場を用いるか）についてメリット・デメリットを評価し意思決定することとなる。

① 市場の便益

組織の経済学で言われる市場と組織の対比において、主要な市場の利点は、一例として、次のようにまとめられる[4]。

(i) **効率性と革新性**：市場の専門企業は、市場競争にさらされており、勝ち残るために効率的かつ革新的である。社内部門の場合は、もし最終製品が市場で成功すれば、それによって非効率や革新性の欠如が隠されてしまう可能性がある。
(ii) **規模と範囲の経済**：市場の専門企業は、複数の企業から業務を受託しており、規模の経済あるいは範囲の経済を達成しているかもしれない。
(iii) **エージェンシー費用とインフルエンス費用**：市場は、組織内の経済活動に伴うエージェンシー費用とインフルエンス費用（詳細後述）を削減することができる。

このうち、(i)は一般に言われる市場効率である。たとえばある製品の部品を内製するとした場合、その企業は、製品に関しては競争しているが、部品については必ずしもそうではない。製品市場での効率性の追求が特定部品にまで及ばない可能性もある。一方、外製する場合は、部品そのものについて競争の圧力が働く。J. Schumpeter が指摘しているように利潤の源泉は革新であり、競争企業が利潤の極大化を求めるとすれば、新しい商品や新しい製造プロセスにおける革新が実現しているかもしれない。

(ii)については次のような論理が成り立つ。ある企業が必要とする部品の量が一定の規模（その部品生産における最小最適規模）に達していない場合、その企業は内製すれば割高な部品を使うことになる。したがって、市場から調達したほうが有利である。もちろん、その企業が部品を大量に（最小最適規模を上回る量を）生産して、自社では使わない部分を市場で販売することも考えられる。これによって企業は部品の費用上の割高を克服できるが、この

---

[4] 以下の整理は、Besanko et al.（2000）の分類を参考にしている。

手法には当然リスクが伴う。

　この種の議論は、単に生産量に関わる規模の経済だけでなく、複数事業分野における範囲の経済についても指摘できる。ある部品についてたまたま別分野の何らかの製品と同時に生産することで、費用の縮減を達成することができるかもしれないのである。

　(ⅰ)および(ⅱ)が財務的にも観察可能な費用の削減を伴うのに対し、(ⅲ)は、組織内の経済活動に関連した「無形の費用」と言われることがある。エージェンシー費用とは、経営者と従業員のような、ある者がみずからの利益のための行動を他者に委託する際に生じる費用である。両者の間に情報の非対称性（隠された情報や隠された行動）が存在すること、両者の目的関数が異なることによって生じる[5]。最も単純な例は、経営者と従業員の関係である。経営者は利益を上げるべく従業員の労働に期待するのであるが、一方、労働者は、経営者が適切にその行動を子細に観察しない限り怠けるかもしれない。このような経営上のスラック（ゆるみ）は1つのエージェンシー費用である。

　インフルエンス費用は、組織内、社内の交渉などを通じて、組織内におけるリソース（ヒト、モノ、カネ）が、本来の意味での最適な状態から乖離することによって生じる。たとえば、ある部門の長が、トップに対し、みずからの部門が有利になるように人の配置を願い出たとする。この場合、その交渉自体が持つ時間、労力の浪費が費用を発生させる（これは目に見える費用である）。それだけでなく、その縦割り的あるいは情実的な人事の結果、生産に関する全体最適が達成されない。これもまた、費用として認識されるべきである。

② 市場の費用
　一方、市場の主要なデメリットは次のようにまとめることができる。

(ⅰ)**生産の調整**：社内ではなく、市場の専門企業に活動を委託すると、垂直

---

5) 詳細は、「エージェンシー理論」として、第3節で論じる。

チェーンに沿った生産の調整が犠牲になるおそれがある。
(ⅱ) **機密情報の漏洩**：外部市場を使うと、機密情報を管理できなくなるリスクがある。
(ⅲ) **取引費用**：社内で行えば発生しない種類の取引費用（詳細後述）が、市場の専門企業と業務を行うと発生する場合がある。

(ⅰ)は、原料調達から生産、最終商品の流通に至る垂直チェーンにおいて行われる生産の調整についてのリスクである。内容的には、トヨタ自動車をモデルにしたリーン生産方式を想起すればよい。同方式は、生産工程におけるムダを徹底的に排除したシステムとして知られ、それを実現するために、JIT（Just in Time）システムのような適時適量の部品供給が要求される。トヨタ自動車（近年ではその他多くの製造企業）が実現しているように、JIT自体は市場を通じた外部調達によっても成立可能である。しかし、それを実効たらしめるためには、ある意味で綿密な契約が必要であり、そのための費用が発生する。仲立ちをする調整企業の存在も考えられるが、これも費用を生じさせることは明らかである。さらに「系列」のような企業間関係がこれを支えるケースがあるが、ある意味で系列自体外部市場の活用からの乖離である。

なお、外部市場を用いた生産調整の問題回避のために、契約や仲介者による媒介が適切でないケースが存在する。これは、生産プロセスにおける特定の過誤や時間的遅れが、その後の生産工程にきわめて大きな影響を及ぼすケースであり、デザイン特性（design attributes）と呼ばれることがある[6]。

(ⅱ)は、ある意味で自明であるが、外部市場を利用して原料や部品を調達したり、商品そのものを流通させると、機密情報が漏れ出したりする可能性がある。先端的技術を要する産業ではしばしば指摘される問題であり、場合により訴訟に発展することすらある。もちろん、それを防ぐために契約を結ぶというオプションが存在するが、生産プロセスの調整と同様、それ自体が、市場がもたらす費用である。

---

6) Milgrom and Roberts（1992）を参照。

(iii)の取引費用については、組織と市場の関係を考えるにあたってきわめて重要な概念である。PFIのように新たな市場を設計する際に中心的な役割を演じることから、以下項を改めて検討する。

(2) 取引費用

「取引費用（transaction costs）」は、1991年にノーベル経済学賞を受賞したR. H. Coase によって最初に議論され、これも2009年に同賞を受賞したO. E. Williamson によって展開された概念である[7]。具体的に市場で取引を行おうと思えば、

- 取引相手や取引条件（価格、品質、納期等）を見つけ出したり相手に知らせたりする
- 取引相手と交渉し、取引条件を決定する
- 合意した内容について契約し、確実に履行させる

ことが必要になる。これらはすべて時間や労力を要するのであって、直感的な解釈によれば、「取引のための費用」すなわち取引費用にあたる。ただ、重要なのは、このような現象面の問題ではなく、そのような費用が市場取引によって生じ、組織を使うことによって削減されるメカニズムである。

Williamson は、人間行動に関する2つの仮定、取引環境に関する3つの要因を用いてこのメカニズムを解明した。人間行動に関する2つの仮定とは、「限定合理性」と「機会主義」である。限定合理性は、各個人は合理的であろうと行動するが、その程度に限りがあることを意味し、機会主義は、各個人は、たとえモラルに反しても、情報の格差を利用して利己的な行動を行うというものである。一方、取引環境の要因として、「不確実性」、「取引の頻度」、「関係特殊的資産」が挙げられている。前二者は、比較的自明だが、関係特殊的資産は、取引の当事者間においては高い価値を持つが、ほかに対し

---

7) Coase (1937)、Williamson (1975)。ただし、Coase (1937) は、「取引費用」という用語を使っていない。

てはほとんど価値がないような資産を意味している。

　たとえば、ある自動車メーカーが自社のクルマのためにきわめて曲率の高いガラスを必要としているとする。この曲率のガラスの製造には特殊な装置が必要で、その装置はこのガラスの製造以外には使えない。そのようなケースが現実的かどうかは別にして、この装置は関係特殊的資産に分類される。取引をするとすれば、部品の買い手（自動車メーカー）は、売り手に関係特殊的資産への投資を要求することになる。しかし、買い手は、売り手が投資した資産がこの取引についてしか価値がないことを見越して、契約締結後に自分に有利なように再交渉を迫るかもしれない。このことが予想されれば、売り手は関係特殊的資産への投資を控えるから、投資量は最適なものと比べて過少になる。このような状況は「ホールドアップ問題」と呼ばれるが、単純に言って、買い手が売り手と合併すれば（垂直的統合）、すなわち外部市場取引から内部組織に移行すれば、この問題を避けることができる。

　個人行動の限定合理性と取引環境の不確実性から、取引に関する契約は不完備なもの（不完備契約）にならざるを得ない。一般に、契約時点ではすべての事態を予測することができず、たとえ予測が可能であったとしてもすべてを契約に盛り込むことはできない。不完備契約とは、この種の契約を指す。さらに、契約の内容を相手に遵守させるためにはモニタリングが必要であり、そのための費用が発生する。

　Coase が取引費用の概念を導入したのは、そもそもその存在こそが企業という組織が成立する根拠となりえると考えたためである。Coase の考え方によれば、取引費用のために市場取引ではなく組織が選択される。それこそが企業なのである。PFI は、市場と組織という概念で把握すれば、伝統的に採用されてきた市場と組織の境界を大幅に変更するものであり、取引費用については特に重要な意味を持つものと考えられる。

(3) エージェンシー理論

　ある主体 A（たとえば経営者）が他の主体 B（従業員）に仕事をさせるとする。A は「依頼人（principal）」であり、B は「代理人（agent）」と捉えられる。

依頼人と代理人はそれぞれ別の効用を持つ。依頼人はなるべく多くの利益を上げたいと考えるが、代理人は得られる報酬に対して、なるべく楽をしたいと考える（場合によってはサボる）ことを望むかもしれない。したがって、代理人は依頼人の望みどおりの行動を行うとは限らない。特に、依頼人と代理人の間に情報の非対称性が顕著であれば、問題は深刻になる。

まず、依頼人が代理人の行動を観察できないとすると、代理人の「隠された行動」に関する情報の非対称性のために「モラルハザード」の問題が生じる。これは、まさに、従業員が経営者の意図に反して仕事をサボるような状況である。

次に、代理人は依頼人の知らない情報を持っていることから、「逆選択」の状況に陥るかもしれない。逆選択とは、たとえば、中古車市場において、売り手のみが中古車の真の価値を知っている場合、買い手は常に真の価値を上回る価格を提示されることになるから、それを知った買い手は買い控え、結果的に市場自体が成立しなくなるような状況を指す。経営者と従業員の関係では、従業員に情報が偏在していれば、極端なケースでは、結果的に経営者は従業員との契約を結ばなくなるかもしれない。

エージェンシー理論では、情報の非対称性を前提として、依頼人と代理人の間の最適な契約のあり方が分析される。依頼人にとって最適な契約とは、代理人が依頼人と契約を結び、進んで依頼人の意向に沿う行動をとる（努力する）契約である。この契約は、依頼人にとって「最善の効率的契約（first-best efficient contract）」と呼ばれる。

代理人の成果は、彼の努力だけでなく、さまざまな偶然の影響を受けるかもしれない。つまり、成果には不確実性が伴い、そのリスクに対する代理人の態度（リスク回避的かリスクに対して中立か）によって、依頼人が提示する契約のあり方、代理人に対する報酬のあり方は変化する。エージェンシー理論モデルでは、特に隠された行動や隠された情報を前提として、代理人のリスク特性を考慮に入れた効率的契約と報酬体系が分析される。

3 組織の経済学からの PFI への示唆

本節では、組織の経済学の考え方と PFI の実態について考察する。基本的に前節で述べた理論の基礎的な枠組みを PFI に当てはめて考えるが、この分野では PFI（欧米ではより一般的に PPP: Public-Private Partnership）に焦点を当てた論文も発表されており、いくつかの代表的論文の一部を紹介する[8]。

(1) 取引費用の問題

市場と組織の比較で最も重要なのは取引費用の問題である。ここでは、前節で述べた取引費用の考え方を援用しながら、PFI のスキーム設計や制度整備のあり方について検討する。

① 入札費用

目に見える取引費用として、情報探索の費用、情報・意思決定の費用、契約締結・履行確保のための費用などが考えられる。PFI 事業は、スキームの組み立てから入札公告、事業者選定、契約に至るまで、これらのすべての費用に関係している。たとえば、PFI は実施方針の公表、特定事業の選定から始まる。この段階で発注者側は、特定の事業を PFI という包括的な市場機能を使うことによって、従来方式で実施した場合と比べて費用節約が可能であること（VFM が発生すること）を確認しなくてはならない。これ自体、従来方式の調達では存在しなかったプロセスである。その後、業務・施設等の要求水準を固め、契約の方針を形成するのも同様である。

一方、応募者側は応募者側で、要求水準の内容を理解し、将来結ばれる契約のあり方を検討したうえで事業提案を作成する。もちろんそれ自体がコストであり、それを受けた発注者側は事業者選定に労力を費やすことになる。市場の参加者は複数であるが（そうでなければ競争が成立しない）、落札者は1つである。事業提案は応募者全員が作成するから、競争に敗れた企業の事

---

8) PFI（PPP）に関する公共経済学からの接近として、Sadka (2007) を参照。この論文は、PFI に関して、組織の経済学を含む経済学的な多様な接近を提供している。

業提案費用は埋没することになる。このようなプロセスは、程度の差こそあれ、どのような市場でも存在するが、PFI事業の特殊性は、特定の事業に特化した要求水準、事業提案が形作られることであろう。外部市場を用いることによる費用と便益の比較の中で、このような目に見える費用がどの程度の大きさかが問題であろう。

イギリスでもわが国でも、入札のための費用を事業者以外の負担にできないかという議論がなされたが、社会的な納得は得られなかった[9]。入札費用は事業者の自己責任である。事業者側は、提案が採用された（落札した）場合に得られると思われる利潤にそれが実現する確率を掛けることによって期待利潤を計算する。言うまでもなく提案が経済的に成り立っているとすれば、期待利潤が入札費用を上回っているからにほかならないのであり、その意味での合理性は達成されている。しかし、社会全体で見れば、組織から市場への移行によって新たに生じる取引費用が存在するとすれば、その制度設計が正当化されるためには、社会全体としての便益が費用を上回っていなければならない。事業者の入札費用については、この視点からの考察も必要であろう。

② PFI契約と関係特殊的資産

PFIの事業期間は短くて5年、長いものは30年を超えるものもある。その契約は、当然長期のものになる。前節で指摘したように、遠い将来に生じるすべての事象を予測することは困難であり、契約自体不完備なものにならざるを得ない[10]。理論上は、契約が不完備であっても特定の条件が整うことで、完備契約と同等の最適な結果がもたらされると指摘される[11]。この際、再交渉を仮定するかどうかが重要な要素となり、再交渉を行わないというコミッ

---

9) 横浜市のように、わが国の一部の自治体では、入札提案作成費用を部分的に負担しているケースがある。
10) 契約理論で言われる不完備契約は、必ずしも契約期間だけの問題ではない。不完備契約とは、「当事者間では事後的に観察できる変数が、裁判所のような第三者には観察できないことから、契約に盛り込まれない」という仮定のもとでの契約である。なお、PFIにおける契約の失敗について、詳細は第2章第7節において議論される。
11) たとえば、Maskin and Tirole（1999）。

トメントが存在する場合に、逆に不完備契約のもとでの最適帰結が導かれると主張される[12]。このような理論からの単純な政策インプリケーションとして、契約条項において再交渉を仮定しないほうが望ましいことになる。

　実際のPFI契約では、理論モデルが想定するような、根本的な再交渉は排除されると考えることが妥当である。その意味で、PFI契約の実際は理論的帰結に整合的と言えなくもない。ただ、理論上の帰結は多くの前提と限定された状況において導出される。現実の契約では、不測の事態が発生した場合、契約者間で協議することが大前提となっている。それは、プラクティカルに見れば、長い契約期間中におけるサービス提供の継続性を確保する方途であり、内容の柔軟性によって契約自体の時間的頑強性を確保するという意味合いも持つ。直感的に考えれば、契約の骨格についての再交渉を許容すれば、モラルハザード問題につながる可能性が指摘できることから、契約上の部分的再交渉を許したうえで、それを限定的にするという発注者側のコミットメントが有効であろう。

　ところで、PFIは、1つ1つのプロジェクトが特定の施設整備やサービス提供を行うものであって、それ自体を資産として見れば、関係特殊的資産そのものである。したがって、不完備契約を前提とすれば、理論上投資自体が過少となる「ホールドアップ問題」につながる可能性がある。ただ、その具体的内容は、たとえば施設整備を含む案件の場合、施設そのものを要求水準に従って建設するという形式は整えたうえで、クオリティや機能を含んだ投資の十分性の問題になろう。その可能性は否定することができず、そのために発注者側のモニタリングの有効性が重要になる。

　PFIにおいて事業者側が形成する資産については、別の捉え方も可能である。典型的なサービス購入型の事業では、施設建設とそのための資金調達、維持管理、運営が組み合わされる、この際、たとえば代表企業となる企業が、サービス購入型PFIの提供のための企業としての総合的な能力、intangible assetsの形成のための投資を行うとすれば、それは当然関係特殊的資産では

---

12) これらの論点については、Maskin (2002) を参照。

ない。第1節においてPFIの意義として、旧来の事業分野を超えた企業活動の重要性を指摘したが、このような側面での投資こそがその具体的内容と考えられる。

③ 取引の頻度

PFIは特定プロジェクトの公共施設整備や運営権の行使を行うものであり、通常の市場取引と異なり、一定の条件で繰り返し行われるものではない。その意味での機会主義的行動の危険性が存在する。前項で述べた関係特殊的資産の性格が明確ならば、それと合わせてモラルハザードが問題になる。

ただ、取引頻度の問題は、公共側の意識によってかなりの程度改善が可能であると思われる。わが国の主要なPFIプロジェクトを占めてきたサービス購入型の場合、同様の形式のプロジェクトが数多く存在し、また、落札した事業者も複数案件をこなすケースも少なくない。サービス購入型に限定せず、PFIプロジェクトに広げて考えれば、少なくともこれまでのところ、かなりの程度の取引が繰り返されてきた。

問題は、国の特定部局やPFI先進県のように比較的多くの案件を実施してきた場合を除き、発注する側から見た取引の頻度が少ないことである。事業者側は、A市、B市、C市から、同じような性格の案件を受注しており、その意味での情報の蓄積と上述の事業自体に関する総合的な能力を蓄えている。取引頻度を通じて事業者との情報問題やモラルハザードを回避するためには、公共側での主体間を超えた情報の共有や事業内容のデータ・ベース化の必要性が指摘されるが、それは擬似的な意味での取引の頻度を上げる働きを持つものと思われる。

(2) PFIにおけるエージェンシー問題

PFI事業において、最も単純な形で依頼人・代理人関係が問題になるのは、代理人の隠された行動である。発注者は、代理人の行動を常に観察できるわけではない。そこで、モラルハザードの問題が生じる。PFI事業では、そのためにモニタリングが実施される。しかし、モニタリングは不十分である。

代理人の行動を徹底的に観察しようとすれば、大きな費用がかかる。また、これは習慣的な問題だが、通常発注者たる公共機関では、担当者が一定期間ごとに部所を移ることが多く、事業者との長期的な関係が保たれない。

　このようなケースでモニタリングの実効を上げるためには、モニタリングの費用が安い主体の情報を活用することである。自治体における公の施設のように、一般市民が利用者となる場合には、当然個々の利用者はモニタリングの主体になりうる。また、多額のファイナンスを伴うPFI事業では、発注者たる公共側と資金の貸し手の金融機関が直接に協定を結ぶケースが多い。金融機関は資金提供者として、当該事業が円滑に遂行されているかに大きな関心を寄せる。そして事業者の監視を続けることから、金融機関自体が有力な監視者の候補になりうる。もっとも、提供されるサービスのアウトカム的効果に重きを置く発注者と、あくまでも円滑な事業の継続、融資資金の回収に興味がある金融機関では、目的関数に違いがあることを認識しておく必要があろう。

　エージェンシー理論の重要な論点は、代理人が依頼人の意図に沿うように行動することがみずからの利益となるような契約（最善の効率的契約）を実現することである。理論レベルでは、厳密な定義のもとにモデルが展開されるが、現実にはたとえばタクシー運転者に対する歩合制賃金のように、比較的単純なインセンティブ契約がその内容になる。PFI事業においても、モニタリングの評価が低いと発注者側からのサービス購入料を減額するなどの措置がとられる。いわば「鞭」によるインセンティブではあるが、公共契約の場合、一般に成績優秀な事業者に対する支払いを増額するなど「飴」になる契約を結ぶことは難しい。公的資金を契約額以上に支払うことが社会的に受容される可能性は少ないことから、これは当然の措置とも言えるが、個別ケースで事業者へのインセンティブ問題として、柔軟な支払い条件を持ったPFI契約など、合理的な関係を構築する柔軟性を持つことも重要であると考える。

　もっとも、PFI事業では、成果の評価自体の難しさが指摘できる。単純なサービス購入型でも、施設建設とその運営という複数事業が合わさって形成

されるが、複数のアウトプットを持った事業の総合的な成果にどのような評価軸を組み合わせるか、特に、コンセッション事業のように、事業間に相互依存関係がある場合には、評価間のウェイトのあり方も含めて綿密な制度設計がなされなければならない。この問題は、理論上事業の総合化に関する考え方に関連している。

(3) 事業の総合化と投資インセンティブ

　第1節では、PFI事業の大きな意義として、旧来型の施設整備において個別に発注されていた事業を統合し、一体の事業として行うことによるメリットを指摘した。これによって、一般に、「全体最適」が達成されると言われる。しかし、事業者の行動に対する発注者側の観察能力の不完全性を前提とすれば、この全体最適は常に達成されるわけではないかもしれない。PFI、PPP分野の先駆的論文であるHart (2003) は、建設と運営の2段階からなる事業をモデル化し、旧来型の個別発注とPFIにおける総合発注のケースでの投資インセンティブの総意を比較している。

　Hart (2003)では、建設段階での投資が「生産的投資」と「非生産的投資」に分類される[13]。前者は、運営段階でのサービスの質を向上させかつ運営費用を削減する効果を持つ投資であり、後者は、サービスの質を低下させかつ運営費用を削減する投資である。Sadka (2007) の例を借りれば、道路事業において、舗装にアスファルトではなくコンクリートを使うことが生産的投資であり、料金不払い走行を防ぐためにシビアな自動料金収受システムを導入することが非生産的投資ということになる。Sadka (2007) によれば、コンクリート舗装は快適でその頑健性ゆえに維持費用を低減させる。一方、シビアな自動料金収受システムは、走行速度を低下させるという意味で道路サービスとしての質を低下させるという[14]。

---

13) Hart (2003) の内容については、第3章第3節において、詳しく論じられる。ここではその概要と得られる示唆について簡単に紹介する。
14) Sadka (2007), p. 469. ただし、コンクリート舗装がアスファルト舗装よりも走行上快適であるかどうかは疑問である。

このような状況で事業者の投資インセンティブはどのようになるだろうか。まず、旧来型の分離発注では、生産的投資はほとんど行われない。建設段階と運営段階で事業者が異なることから、建設事業者は質的向上による便益（これは社会的便益である）も運営費用の削減便益も内部化することができないからである。これに対し一体型発注では、事業者が両方の便益を内部化することが可能であり、建設的投資が実現することになる。ただし、その適切性は、提供される施設とサービスのあり方によって異なる。

　Hart（2003）の結論は次のようになる。施設の質に関する成果指標が比較的明確に定義可能なのに対してサービスの成果指標の定義が難しい場合には、生産的投資が過少であることは非生産的投資の過少に比べて大きな問題にならない。したがって、分離発注が望ましい。これに対して、施設の成果指標の定義が難しく逆にサービスについてのそれが容易に定義可能であれば、生産的投資の過少が深刻となり、一体型の事業形態が望ましいことになる。つまり、最終的に提供されるサービスのあり方について、比較的容易に判断可能な場合に一体型・包括的事業の運営が優れているのである。Hart自身の例によれば、学校や刑務所などは前者のケースであり、病院のように総合的なサービスの高さが問題にされる事業は後者に分類される。

　もっとも、事業者側の以上のようなインセンティブは、事業者が需要リスクに直面するかどうかによって異なってくる。事業の採算が需要の多寡に依存し、需要自体が提供されるサービスの質に依存するとすれば、当然ながら、事業者の投資態度はこのリスクを考慮したものになる。Iossa and Martimort（2011）は、事業者のリスク特性等について一定の仮定を置いたうえで、事業者が収入に関する責任を負うことで、インフラの質を向上させる努力を行うようになることを示している。

　Iossa and Martimort（2011）の指摘は、PFIにおける事業スキームを適切に設計することによって、エージェンシー問題として登場するモラルハザードの問題を回避できることを示唆するものである。いわゆるサービス購入型のPFIから独立採算型、さらにはコンセッション型へのPFIの進展は、このようなインセンティブ構造の問題に対応したものと考えることもできる。2011

年のPFI法改正で導入されたコンセッションは、必ずしも以上のモデルで想定されているような施設整備と運営の2段階モデルではないが、空港運営のケースでは施設の維持改良など「生産的投資」の部分も含んでいることから、大枠としてこのモデルの適用が可能かもしれない。

(4) 規模と範囲の経済

　PFIの事業提案において、規模の経済や範囲の経済が重要な位置を占める場合がある。特に、運営事業が大きな割合を占めるPFI事業においては、求められる運営事業を行っている企業がすでに存在し、それらの企業といわゆるオーバーヘッド・コストを分割負担することができれば、規模の経済を享受することが可能となる。たとえば病院のPFIにおいては、施設の設計建設、維持管理のほか、薬品調達といった物品調達、管理や病院経営の支援業務が主たる内容になるが、これらのサービスの供給は他病院との並行的な運営によって費用削減の余地が存在するものと思われる。その意味では、行政がそれらの役割を直接に行うケースと比べて費用節約が実現することになる。

　PFIの場合、事業の遂行には特別目的会社（SPC）が設立される。もし、このSPCがこの種の業務をすべて単独で行うとすれば、公共が行った場合と同様の組織内の調達問題が生じる。一方、SPCは民間企業であり収支制約という点で公共部門とは異なる行動原理を持つ。つまり、民間企業が行う調達であるという意味での内部効率性は担保されるものの、外部市場を経由するメリットとしての規模の経済は必ずしも明確に発揮されるわけではない。この点、たとえば運営業務についてSPCをスルーして規模の経済を実現できる主体に事実上の運営を任せることによって、規模や範囲の経済を実現することが考えられる。誤解を恐れず表現すれば、これは「丸投げ」による調達だが、事実、運営型のPFIにおいてそのような内容の事業体制が提案されることがある。

　この種の提案は、市場を使用することのメリットである規模の経済を実現するという点で評価されるべきものである。また、SPCの全体的規模から見て外部委託の程度がそれほど大きいものではなく、SPCと受託者の関係

にある程度の自由度があれば（たとえば受託者のパフォーマンスに問題がある場合、SPC は受託企業を容易に取り替えられるなど）メリットがコストを上回る可能性が大きい。しかし、この種の委託が大きな割合を占めれば（さらには完全に丸投げになっていれば）、言うまでもなく SPC は形骸化、ペーパー・カンパニー化する。さらに、運営部分のパフォーマンスが優れない場合に受託者の交換ができなければ、組織が硬直化し最終的に問題が生じても耐えることができない状況が作り出される可能性がある。

　結論的に言えば、市場の活用によって規模や範囲の経済を実現することは PFI 手法の採用にとって重要なメリットになりえるが、提案される事業の実施体制によっては、組織的硬直化とパフォーマンス悪化へのリスクを抱え込む可能性があり、この点に十分な配慮が必要である。実際には事業者の選定プロセスにおいてこの種の問題の潜在的可能性が論じられるべきことになるが、事業スキームの公表にあたって応募者の注意を促すなど早めの対策も必要であろう。

(5) 市場競争の革新性

　見方によっては、市場競争の最も重要な要素は革新性の発揮である。上述のようにイノベーションは利益の源泉であり企業行動の原点である。PFI プロセスにおいても革新性は重要な位置を占める。そもそも VFM が実現するのは、設計、建設、維持管理、運営等を統合的に行うことによる範囲の経済と各機能間での調整の実現が前提であるが、これは競争プロセスにおける民間企業の新しい発想や新しい技術を出発点としており、革新性をいかに具体化するか、その確実な実施を担保するかが提案書レベルでのスキルということになる。

　ただ、PFI の場合に難しいのは、その仕事がそもそも公共性を帯びており発注者も公的主体だという点である。改めて指摘する必要もないが、公的主体は公共性を実現するために存在している。PFI とは公的主体がなすべきことを民間により実施するプロセスであるということを考えれば、事業を提案する民間側はこの点を十分に理解しておく必要がある。公共側は議会という

監視機関（より正確には行政の依頼人）を抱えており、議会に対する説明責任を負う。もちろん、議会は市民という本来的依頼人の代理機関にすぎないから、行政の説明責任は本来市民に向けられたものであるが、いずれにしても市民（議会）の代理人である行政は、この説明責任ゆえにリスクに対して過敏になる傾向がある。行政側のこのような背景を考えれば、「公共性」という観点から事業者の革新的な提案が十分な評価を受けない可能性は大きい。その意味で、提案をする側の論理として、発注者としての行政のこのような性癖に十分注意する必要がある。

　しかし、原点に帰れば、そもそも PFI はその名のとおり民間主体の行動が重視され、競争プロセスに期待が寄せられるのであって、その目的は革新的な事業手法、技術、スキルの導入にほかならない。行政側に望まれるのは、そのような革新性を可能な限り実現することである。PFI は従来型の手法を打破することに意義があるのである。リスクという観点からすれば、エージェンシー理論が教えるように、エージェントはプリンシパルよりもリスク回避的になる傾向があり、これを市民（議会）と行政の関係に当てはめれば、後者は前者よりもよりリスク回避的になることになる。その意味では、行政が「公共性」を防波堤に新しい試みを遮断することは、本来的な委託者という観点からも望ましくないことなのかもしれない。

4　おわりに

　日本の PFI も導入以来14年余を経過し、さまざまな分野で公的施設整備の中核に育ってきた。しかし、長期的に低迷を続ける経済のカンフル剤として、また、危急存亡にある公的財政救済の一手段として、その大幅な見直しと事業の飛躍的推進が求められている。とはいえ、この仕組みが日本社会とりわけ公的部門と民間企業との関係に与えた影響は小さいものではなく、競争を日常業務に取り込むことの具体的なメリットを公共側に示した意義は大きいと考える。PFI の今後の発展方向を考える際には、このような「外部効果」を忘れてはならないであろう。

近年急速に発展した「組織の経済学」の観点からPFIのプロセスを考えた場合、従来型の組織としての運営で事業を行う場合とPFIという市場システムを導入した場合の比較が明確になされるべきである。組織と市場との対比では、一般に後者は効率性・革新性、規模の経済、範囲の経済の実現という点で優れるが、取引費用を発生させるという点での問題を抱えている。

特にPFIの場合には、その実施プロセス自体が多大な取引費用を発生させるメカニズムを内包しており、まずその点が十分に理解されねばならない。取引費用の発生にもかかわらず市場機能が採用されるのは、競争によってそれを上回るメリットが得られるからであるが、この場合にも社会全体で見た取引費用がどの範囲に及ぶかが確認されるべきである。

最後に、範囲の経済や技術革新といった市場固有のメリットについては、現実の提案などにおいて着実に実現されているが、この場合、公共的な役割を果たすPFIのスタンスが、それを妨げる可能性がある。公共がPFIを導入するにあたっては、競争のもたらす革新性や新しい調達形態について、発注者側の柔軟な対応が確保されるべきである。

[山内弘隆]

参考文献

Besanko, D., D. Dranove and M. Shanley (2000) *Economics of Strategy*, 2nd ed., John Wiley & Sons, New York.（奥村昭博・大林厚臣監訳『戦略の経済学』ダイヤモンド社、2002年。）

Coase, R. H. (1937) "The Nature of the Firm," *Economica*, Vol. 4, No. 16, pp. 386-405.（宮沢健一・後藤晃・藤垣芳文訳『企業・市場・法』東洋経済新報社、1992年、に収録。）

Hart, O. (2003) "Imcomplete Contracts and Public Ownership: Rmarks, and Application to Public-Private Partnerships," *The Economic Journal*, Vol.113, C69-C76.

Iossa, E. and D. Martimort (2011) "The Theory of Incentives Applied to the Transport Sector," A. De Palma, R. Lindsey, E. Quinet and R. Vickerman (eds.), *A Handbook of Transport Economics*, Edward Elgar Pub.

Maskin, E. (2002) "On Indescribable Contingencies and Incomplete Contracts," *European Economic Review*, Vol. 46, Issues 4-5, pp. 725-733.

Maskin, E. and J. Tirole (1999) "Unforeseen Contingencies and Incomplete Contracts," *Review of Economic Studies*, Vol. 66, pp. 83–114.

Milgrom, P. and J. Roberts (1992) *Economics of Organization and Management*, Prentice Hall, New Jersey.（奥野正寛・伊藤秀史・今井晴雄・西村理・八木甫訳『組織の経済学』NTT出版、1997年。）

Sadka, E. (2007) "Public-Private Partnerships: A Public Economics Perspective," *Economic Studies*, Vol. 53, No. 3, pp. 466–490.

Williamson, O. E. (1975) *Markets and Hierarchies: A Study in the Economics of Internal Organization*, Free Press, New York.（浅沼萬里・岩崎晃訳『市場と企業組織』日本評論社、1980年。）

第2章

公共の経済学
―― 契約の失敗と政府の失敗

1 はじめに

　わが国においてPFIの普及が喫緊の課題になってきた。その背景には、①財政赤字（財政的制約）の「量的」抑制（「事業期間全体を通じて事業コストの削減、ひいては全事業期間における財政負担の軽減」（PFI基本方針））と②公共サービスなどの「質的」向上（「質の高い社会資本の整備及び公共サービスの提供」）の要請がある。本章ではこうしたPFIの量的側面と質的側面を区別することから議論を始めることにしたい。これに関連して、PFI推進委員会「中間的とりまとめ」（2010年5月25日）でも、「PFIの積極的な活用」が不可欠な理由として、①「厳しい財政的制約の中で、必要な社会資本整備や維持・更新を効率的に実施」していくとともに、②「公共サービスの質的向上も図り、もって真に豊かな国民生活を実現する」ことを挙げていた。

　中長期的に見れば、わが国には2つの高齢化が迫っている。その1つは、①人口の高齢化だ。これにより今後社会保障費（年金、医療、介護など）の増加が見込まれる。「自然増」は毎年1兆3,000億円にのぼる。加えて、②インフラも高齢化が進む。国土交通省の試算によれば、2011年度から2060年度までに同省が所管する社会資本の更新費は約190兆円にのぼる。現在の公共事業予算ではまかないきれるものではない。とはいえ、「国土強靭化計画」の名のもと、無節操に公共事業を拡大するならば、国・地方の財政はいっそう逼迫することは必定だ。

国・地方の財政が厳しさを増す中、社会インフラの更新など新たな財政需要が高まっている。公的な財政負担を抑えつつ、効率的・効果的に事業を実施する手法として期待されているのが PFI だ。しかし、その実績は長年低調に推移してきた。2012年度までの実績は、事業件数418件、契約金額で約4兆1,000億円にとどまる。その一因としては、公共性の高い事業は民間手法に馴染まないということがあろう。もっとも、PFI という新しい手法（＝酒）が公共部門の従前の制度（＝皮袋）とミスマッチを起こしている面も否めない。本章では財政の視点から、PFI 事業の周辺制度の現状と課題を概観していく。そこでは PFI 事業の普及は PFI 制度の中で自己完結しないこと、規制や人事制度を含む周辺の既存制度の見直しが不可欠である旨が強調される。PFI に限らず、わが国の改革は従前の制度に新しい制度を加える「屋上屋を重ねる」性格が強かった。公共事業については PFI 導入後も従来型の手法が残されている。PFI の担い手としての国と地方の財政関係、具体的には地方債への国の「暗黙の信用保証」にも変わりはない。無論、既得権益が根深いこうした制度を抜本的に改めることは「政治的」に困難を伴うだろう。しかし、これを放置したままで新しい制度・手法が「経済的」効果を発揮することは期待し難いことも事実だ。実際のところ、財政悪化への対処としての PFI 事業が普及しない要因は、その財政悪化をもたらした現行制度（国と地方の財政関係など）にある。

2　なぜPFIか

財政の悪化に歯止めをかけつつ、高齢化による社会保障給付やインフラ更新の要請に応えていくという難題に政府は直面している。これを解くカギが「効率化」である。ここで効率化とは、①ニーズの高い事業・政策から優先的に実施していくこと（政策・事業の選別）、②所定のサービス水準を最小限のコストで実現すること（費用最小化）にほかならない。資源（ここでは財源）が有限（希少）である以上、無駄遣いは許されない。PFI はその一環である。「PPP／PFI の抜本改革に向けたアクションプラン」（民間資金等活用事

業推進会議決定（2013年6月6日））では、「公的負担の軽減を図りつつ、民間投資も喚起し、官民連携によるシナジー効果を高め、経済再生や豊かな国民生活に資するインフラの整備・運営・更新を実現」すべく、「事業として、今後10年間（2013～2022年）で12兆円規模」をめざすとしている。

　財政的な観点からすれば、「最小限のコスト」とは経済的な意味での費用最小化に加えて、投入する税金（公費）の抑制も含意する。PFI事業の効果を図る指標の1つVFM（Value for Money）は同じ公共事業を従来型からPFIに転換した際の公費の削減額にあたる。PFI 234事業の累計契約額3兆1,135億円に対して、VFM（財政支出削減額）は6,596億円余りにのぼるとの試算もある（内閣府「PFI制度関係資料」（2010年3月19日））。こうした削減は「(1)設計・施工・運営の一括契約によるライフサイクル全体での適正化、(2)性能発注による民間の創意工夫の発揮、(3)競争入札の効果」などを通じて実現したとされる。もっとも、「依然として全体の約7割」を占めるサービス購入型の場合、公共部門は今期の事業費を避けることはできても、将来的にはPFI事業者（特別目的会社（SPC）など）へのサービス購入料は発生する。これは一種の債務負担行為にあたる。（直接事業を実施するよりもVFM分だけのコスト軽減効果はあるとはいえ）負担の先送り（今期の投資的経費から将来の経常経費への転換）にすぎない面も否めない。理想的には、独立採算制のように現在・将来にわたって公費（税金）をあてることなく、事業が完結することが財政上、都合が良い。

　無論、「民営化」もありうる選択肢だ。経営効率の徹底や行政のスリム化を図る観点からは民営化のほうが望まれるかもしれない。しかし、サービス供給の「継続性」は担保されない。民営化後の事業体の撤退（破綻）によって、サービス供給が途絶することもありうるからだ。民営化された自治体病院が廃院になるケースなどがこれにあたろう。企業の倒産・撤退は市場経済の常である。しかし、（医療を含めて）サービスの継続性が求められる分野では許容され難いかもしれない。所有権が公共部門に留保されるPFIであれば、少なくとも市場原理のみで撤退の判断がなされることはない。

3　発想の転換

　改正PFI法（2011年6月）で導入が決まった公共施設等運営権（事業運営権）は「利用料金の徴収を行う公共施設について、施設の所有権を公共主体が有したまま、施設の運営権を民間事業者に設定する」仕組みである。独立採算性が見込まれる事業が対象となる。運営権を独立した財産権（擬似的所有権にあたる）とすることで、抵当権設定や譲渡などが可能になるほか、運営権の取得に要した費用は減価償却（法人税の課税所得からの控除）できる。無論、すべてのPFI事業が採算性を有しているわけではない。とはいえ、「公共施設の一部を活用して収益施設を併設したり、副産物の売却を認めたりすること等により」、事業の収益性を高めることはできるだろう（「不動産・インフラ投資市場活性化方策に関する有識者会議」報告書（2012年12月））。公共性と収益性を1つのパッケージとして組み合わせることだ。実際、納税者の負担なしに老朽施設の更新を実現した事例としてはワシントンDCのオイスタースクールがある。選定事業者が校舎の建て替えを行うとともに、校舎の余剰地を活用して民間住宅賃貸事業を実施、建設費用は家賃収入により償還するスキームを構築している。

　わが国でも同様の試みは可能であろう。前述のとおり、わが国の政府（国・自治体）は公的年金積立金などの金融資産を保有してきた。加えて、国民経済計算（2010年度末）によれば、社会インフラとしてわが国には730兆円のストックがある。金融資産と違って、容易に売却可能な（流動性のある）資産ではない（よって純債務の算出においては除外される）ものの、一定の収益性を持たせることはできるはずだ。仮に老朽化の進んだ複数の学校施設を1つに集約するとすれば、学校の敷地（公有地）が余ることになる。この公有地を使ったホテル・マンションなどの収益事業を認める（運営権を付与する）代わり、新しい学校施設の建設・維持管理を一括して委託することもありうる選択肢だ。さもなければ放置（塩漬け）されかねない公有地の有効活用にもなる。そもそも、PFIとはPrivate Finance Initiative、すなわち民間資金の活用を指す。しかし、従前わが国のPFI事業は施設の建設・維持管理とい

ったハード面に議論が偏ってきた傾向がある。公共事業の分野に税金ではなく、民間資金を充当するためにも、収益性を高めるスキームを開発していくことが急務であろう。公共性を維持するには収益性が不可欠ということだ。少なくとも両者は相反するものではない。

4　公共サービスの質的向上

　PFI には公費負担の削減にとどまらず、公共サービスなどの「質的」向上（「質の高い社会資本の整備及び公共サービスの提供」）の要請もある。ここで公共政策を、①政策の企画・グランドデザイン、②財源確保、および③執行（運営）の3段階に分けることにしたい。第1段階は公共サービスの質（アウトプット）を定めるものである。学校教育であれば、生徒の学力やモラル、地域医療であれば、住民の健康水準（生活習慣病などの予防）や救急医療への対処などが公共サービスの質にあたろう。経済学的に公共サービスの「公的供給」とはこれらサービスの質を公共部門が担保することを指す。一方、「公的生産」とは財源・執行まで公的に丸抱えする状況にあたる（佐藤、2010）。

　PFI・PPP を含む「新しい公共経営」では企画段階は公的部門に留保するとして、他の2段階については民間的手法（競争原理）の活用を提唱する（表2-1）。その理由の1つには公的生産には数々の「非効率」が伴うことがある。民間営利企業は「利潤最大化」を図るための「必要条件」として費用最小化（一定のアウトプットを最小限のコストで実現する）するようおのずと動機づけられている。しかし、公共部門は非営利であることから、費用最小化は当然視できる誘因ではない。しばしば、営利の対極として公共性を挙げる向きがある。つまり、「公共部門は非営利だからおのずと公共性を追求する」という二分論的思考だ。しかし、公共部門が非営利だから公共性を重視する必然性はない。政治家・官僚は自己利益を優先するかもしれない。「公共選択論」で「リバイアサン」として知られる政府（さもなければ納税者を搾取するよう税収の最大化を図る政府）はその典型である。

表2-1 政策の3段階

政策	従来型	新しい公共経営
企画＝デザイン	公共(国)	公共(グランド・デザイン)
財源確保＝ファイナンス	公共(国)	民間も可(PFI)
執行＝運営 (施設の保有・人員の雇用)	公共(国の出先機関・地方)	民間(委託等)

なお、効率性は公共性と相矛盾する概念ではない。①ニーズの高い事業を優先的に実施すること、②一定のアウトプットを最小限のコストで実現（よって納税者の負担を軽減）することはいずれも人々の福利厚生に適うものだ。この効率性への誘因が欠けているとは、①費用対効果に見合わない（コストに比してニーズが乏しい）事業が行われる、あるいは②事業費が嵩むという意味で「無駄」が生じることにほかならない。「一括契約」としてのPFI事業は「規模の経済」を働かせる余地を生みだす。複数の学校の耐震化の一括契約などはその一例だ。実際、「京都市立小中学校耐震化PFI事業」の場合、4校の耐震第二次診断、耐震補強設計、これらに関わる第三者機関の判定取得、耐震補強工事および工事監理を契約、約6年半の事業期間中の財政負担については約4％の削減（VFM）が期待されている。

コストの削減にとどまらず、民間の経営手法の活用は公共施設の利便性を高め、公共サービスの質の向上にもつながるだろう。施設の利用方法（催し物の企画）や開館時間など公共部門にはない発想も生まれる余地がある。前述のとおり、わが国ではハード面に偏りがちなPFIだが、その真の便益は「創造性」（アイディア）のようなソフト面にあるのかもしれない。民間からアイディアを募る手法は「民間提案制度」としてPFI推進委員会などで検討されている。「町有地の利活用について、民間からの自由な提案を募ったうえで、町民も含めた検討を重ね」、官民連携で利用計画を策定した岩手県紫波町の事例もある（「不動産・インフラ投資市場活性化方策に関する有識者会議」報告書（2012年12月））。

5　なぜ PFI は進まないのか？

　理論的にも、いくつかの事例を見ても公共部門の効率化（財源負担の抑制とサービスの質向上）の手法として PFI への期待は高い。しかし、その案件数は長年伸び悩んできた。PFI 事業の「累計の事業総額約4.7兆円は社会資本ストックの全体額730兆円のうちの0.6％を占める」（「不動産・インフラ投資市場活性化方策に関する有識者会議」報告書（2012年12月））にとどまる。前述の

Column ◎ 新しい公共と民間活用

　執行段階における民間活用の形態は PFI にとどまらない。公共施設の管理・運営を包括的に民間事業者に委託する（PFI で言えば性能発注にあたる）民間委託・管理指定者制度がある。あるいは執行分野に民間事業者の新規参入を認め、既存の公共主体と契約の受注を競争させる市場化テストも一例だ。PFI の特徴は執行（管理・運営）に加えて、財源確保も民間資金を活用するところにある。他の形態は公共部門からのサービス購入料（委託料）を収入源とする「サービス購入型」が基本であり、「独立採算型」は PFI の特徴と言える。

表　民間活用の種類

執行段階における民間活用の形態	特徴
民間委託 指定管理者制度	公共施設(病院等を含む)の管理・運営を民間事業者に委託 委託先は競争入札で決定
市場化テスト	政策執行の契約を公共(従来の事業主体)と民間(新規参入主体)で競争 例：社会保険料の徴収 　　保育施設運営
PFI	施設・事業の建設・資金調達、管理・運営を一括的に民間事業者に委託 例：公共施設(官庁等) 　　公立病院・学校

とおり、政府のアクションプラン（2013年6月6日）ではその事業規模を「今後10年間で12兆円規模」とするが、これまでの事業実施数の伸び率を勘案すれば、現状ではその実現は難しい。

　「地方公共団体においては、現行のPFI制度では手間がかかり使い勝手がよくないという認識から、PFIの採用に対し消極的な動きもみられる」ことや「リスク移転が少ないことや民間事業者選定手続きにおいて従来の公共事業的な考えから脱却できず民間の創意工夫を生み出すことは不十分である」などがPFIの低調な理由として挙げられてきた（PFI推進委員会「中間的とりまとめ」（2010年5月25日））。また、PFIが失敗した事例も散見され、その「神話が崩壊」しているとの主張もなされている。その具体例としては、①需要リスクを民間事業者が負う事業（独立採算型）で経営悪化に伴う事業の廃止・見直しなどが生じたケース（タラソ福岡、ひびきコンテナターミナル、名古屋港イタリア村）や途中で契約解除の事例（高知医療センター、近江八幡市民病院）などがある。地域医療を含めて公共性の高い分野はPFIに馴染まないという見方もある。

　他方、PFI自体の課題というよりも、PFIのような新たな手法を受け入れる人的・制度的素地が公共部門に欠けているという評価もあるだろう。「PFI制度では手間がかかり使い勝手がよくない」のは、民間事業者の選定やリスク分担を含む契約の決定・締結に時間がかかるためでもあるが、従前に公共部門が事業者の選定・契約に時間をかけないこと自体が効果的・効率的な事業の実施の観点から問題視されてもよいはずだ。PFIには多くの失敗事例があるが、「PFIだから失敗が露呈した」面も否めない。公共部門が丸抱えした事業であれば、損失の補填などの救済措置（後述する「ソフトな予算制約」にあたる）を続け、事業の廃止・見直しを先送りしていたかもしれない。最終的に公共部門が抱え込む損失は甚大になりかねない。これは2007年の北海道夕張市の財政破綻の一因でもある。

　PFIの「位置づけ」にも問題があるのかもしれない。少なくとも独立採算型や混合型の事業については、PFIで採算が見込めない（収益に比してコストが嵩む）とすれば、当該事業の実施自体が見送られてしかるべきだろう。こ

表 2–2　PFI の位置づけ

次元	PFI の役割
事業の実施の是非	PFI で採算の見込めない事業は実施しない ⇒ 事業の選別の手段としての PFI ⇒ wise spending ＝ ミクロ効率性の改善
実施する事業の財源確保	実施を前提に PFI と他の手段を比較 ⇒ PFI で採算がとれなければ他の手法(従来型公共事業)を採用

こで PFI は事業の「費用対効果」を図る手法であり、実施事業を選別する手段と位置づけられる。他方、PFI で採算が見込まれない（VFM が低い）ときには従来型の手法によるとするならば、事業の実施は採算性の如何によらず、すでに前提（より高次段階で政策決定）であり、PFI は資金調達手段の 1 つにすぎない（表 2–2）。この場合、事業の選別は進まない。事業の実施が既定路線であれば、国も自治体もあえて「使い勝手がよくない」PFI を積極的に取り入れようとは思わないだろう。採算性（費用対効果）を重視しない限り、「従来の公共事業的な考え」から脱却できるわけもない。

また、官民で PFI の位置づけが異なること（「同床異夢」）もありえよう。民間からすれば水道事業など高い収益性が見込める事業が PFI として望ましい。他方、公共が民間資金を活用したいのは往々にしてコストの嵩む（採算性が必ずしも高くない）事業であったりする。採算性がとれるならば公共部門で丸抱えしたままでも財政負担にはならない。PFI として優先すべき事業が官民で異なるならば、実施をめぐって両者が合意に至ることは難しい。

6　2 つの失敗

以下では、PFI が進まない理由として、①契約の失敗（市場の失敗）と②政府の失敗を取り上げていく。前者は経済学においてプリンシパル・エージェント問題として定式化される事業の発注主体（公共）と受注主体（民間）との間の利益の背反である。これを是正するのが契約であるが、これが「不完備」であるとすれば、そこに非効率が生じる。典型的な契約の不完備性と

しては、官民間でのリスク分担が挙げられよう。また、これに関連して生じるのが「コミットメント（時間整合性）問題」として知られる問題である。事後的に再交渉の余地が残る（事後的な選択をあらかじめ拘束できない）とき、この再交渉の可能性を予見した主体に事前的なモラルハザードが生じかねない。その典型例が事後的な赤字補填（救済）に起因する「ソフトな予算制約」問題である。

　失敗は政府の側にあるのかもしれない。「従来の公共事業的な考えから脱却」できないのは関係者の固定観念にとどまらず、「制度」とのミスマッチによるところもある。PFIという新しい手法に対して、対象事業に関連する周辺の規制や人事制度が旧来のままであるとすれば、そこに齟齬が生じてもおかしくはない。新しい酒（＝PFI）を古い皮袋（＝周辺制度）に入れるようなものだ。PFI事業の推進はPFI制度の中だけで自己完結するものではない。これは国と地方の財政関係についても同様である。PFI事業の多くは地方自治体が担い手となる。しかし、国による手厚い財源保障や地方債への信用保証を前提にすれば、自治体にはあえてPFIを実施する誘因はない。特に地方債の金利は従来、国債金利に準じて低い水準でもって推移してきた。これは地方自治体に高い信用力があるからではなく、地方自治体を支える国の財政への信用による。他方、PFI事業者（特別目的会社など）の借入金利は高くつくことが多い。市場ベースで事業リスクが評価されるからだ。地方の観点からすれば、地方債でもって資金調達したほうが安上がりとなる。しかし、その低い金利は事業に関わる経済コストを正しく反映していない。ここで問題なのはPFI事業が割高なことではなく、（地方債への国の信用保証によって支えられた）従来型の公共事業へのコスト認知が歪んでしまっていることである。

7　契約の失敗

　契約に関わる非効率はプリンシパル・エージェント問題として知られる。つまり、契約の発注主体（プリンシパル）と受注主体（エージェント）の間で

「非対称情報」があるとき、情報上優位なエージェントによる自己利益の追求がプリンシパルの利得（厚生）を損なってしまうことを指す。こうした非対称情報がもたらすのが逆選抜（エージェントが正しい情報を顕示しない）であり、モラルハザード（エージェントが非効率な選択をする）である。非対称情報の制約に直面するプリンシパルはこれらを勘案して契約をデザインするが、その帰結はリスク分担などに（最小化されるとはいえ）何らかの非効率が残るという意味で「次善解」にとどまる。

情報のほかに契約を制約する要因としては、その「不完備性」が挙げられる。すなわち、すべてのありうる事象（天候や経済状況など）を織り込んで、各々の状況に適した形で契約を交わすことはできないということである。その典型例が官民のリスク分担である。実際、「PFI事業におけるリスク分担等に関するガイドライン」（2001年1月22日）によれば、「選定事業の適正かつ確実な実施を確保するうえで、リスクが顕在化した場合、当初想定していた支出以外の追加的な支出が現実に必要となると見込まれることがある」。たとえば、用地確保に関わるリスクとしては、「用地確保の遅延や、用地確保費用が約定金額を超過することが起こることが想定される」ほか、建設に関わるリスクには工事の完成が遅延するとき、「選定事業者には労務費等の追加的負担、借入金利子払増等の損失が、公共施設等の管理者等には代替サービスの購入費等の損失が発生する場合がある」。このため、契約・協定などにおいては、「できる限りあいまいさを避け、具体的かつ明確に規定することに留意する必要がある」。

とはいえ契約には不完備性が残る。PFI基本方針では、「想定されるリスクをできる限り明確化した上で、リスクを最もよく管理することができる者が、当該リスクを分担する」と規定されているにもかかわらず、官民へのアンケート調査によれば「リスク分担があいまいなものがある」、「自らの管理に適さないリスクを負わされた」など、リスク分担の設定について意見の相違があったとするものが、官民双方で3割以上にのぼる（「PFI事業に関する政策評価」総務省（2008））。

日本総合研究所（2009）は、「PFI事業実施のプロセスの流れの中で段階的

表2-3 実施方針公表時に添付されるリスク分担表のレベル感

段階	リスク項目	リスクの概要	リスク分担 発注者	民間
共通	法令変更リスク	当該PFI事業に特別に影響を与えるもの	●	
		上記以外のもの		●
	第三者賠償	選定事業者の事由(工事期間中における事故および維持管理の不備に起因する事故等)による賠償		●
		上記以外のもの	●	
設計・施工	工事遅延リスク	市の指示等の市の事由による工事遅延のためのコスト増大リスク	●	
		資材調達、工程管理等の事業者の事由による工事遅延のためのコスト増大リスク		●
維持管理・運営	性能	施設が契約に規定する仕様および性能の達成に不適合で、改修が必要となった場合のコスト増大リスク		●

出所：日本総合研究所 (2009)。

にリスクの特定を進め、その対応策を具体化していくというリスクマネジメントの手法」を欠いていると指摘する（表2-3）。物価高騰による建設費の上昇についても、ほとんどのケースにおいて、規定がない、あるいは最終的な負担者については「官民双方で協議中」とされる。これに関連して「PFI推進委員会報告」(2007年11月) においても、リスクマネジメントについて「今後具体的な指針を示すことが必要」であること、「実際に実施された事業において顕在化したリスク事例をまとめたデータベースを作成する必要」があることが指摘されている。

さらに、事業が契約どおりに執行されるとは限らない。ここにコミットメント（時間整合性）問題がある。事業者が経営努力をして、コストの適正化に努めた後、運営費がかからないことを理由に事業の発注主体（プリンシパル）はサービス購入料等の引き下げを要求するかもしれない。削減努力はすでにサンク（埋没）しているため、事後的にはこうした再契約は（少なくと

もプリンシパルの観点からすれば）望ましい。PFI事業が極端にうまくいくと事業者は「儲けすぎ」との批判も出てきそうだ。サービス購入料等引き下げへの政治的な圧力となる。これらを「ホールドアップ問題」という。無論、サービス購入料等を途中で見直すことはないようあらかじめ契約を交わすことはありうるが、「いかなる事象」においてもこれを堅持することは、必ずしも望ましくないし、実効性にも欠ける。燃料費や人件費の高騰などの外部要因でむしろ原価に応じた料金の見直しが求められる局面もあるだろうからだ。逆に事業者が損失を出したとき、本来、事業者が最終負担者であるべきにもかかわらず、破綻などによる事業の中断を避けるべく、プリンシパルが救済に乗り出すこともありうる。事前の契約上、救済しないと規定していても、公共サービス提供の途絶はかえって地域住民の厚生を損ないかねない。よって事後的には救済が望まれることになる。こうした損失補填が「予算のソフト化」にあたる。

8　モデルによる説明

　ホールドアップ問題やソフトな予算制約問題は簡単な「展開型ゲーム」でもって説明できる（図2–1参照）。ここで重要になるのは、意思決定の順番（手番）である。通常、プリンシパルたる契約の発注者がはじめに（支払い契約等の）決定を行い、続いてエージェントである事業者が経営努力等を選択する。ゲーム論的にはプリンシパルがリーダーであり、エージェントが追従者にあたる。プリンシパルはいったん決めたこと（契約）にコミットしているのが特徴だ。コミットメント問題の場合、この手番が逆転する。エージェントがあらかじめ経営努力を選択、これを見極めたうえでプリンシパルが報酬等（赤字であれば支援、黒字であれば利益のカット）を決めている。ここで時間軸を分けているのが、経営状態が判明した時点であり、これ以前を事前、以降を事後という。

　仮に事業者が高い経営努力を行い、その結果、経営状況は良好、高い利益が上がったとしよう。事後的にプリンシパルは政治的配慮あるいは社会的公

図2-1　展開型ゲーム

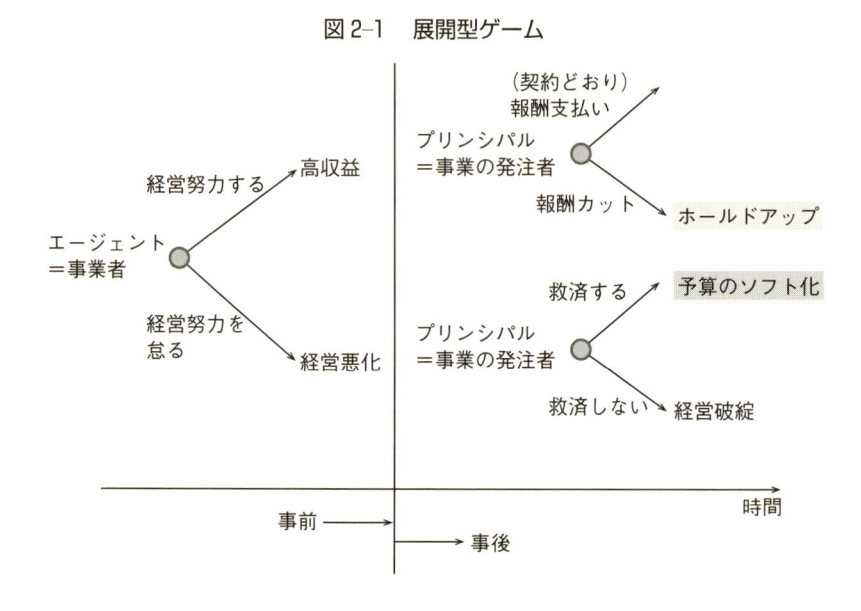

```
エージェント        経営努力する → 高収益  プリンシパル  （契約どおり）報酬支払い
=事業者                            =事業の発注者
                                                報酬カット → ホールドアップ
            経営努力を怠る → 経営悪化
                                    プリンシパル  救済する → 予算のソフト化
                                    =事業の発注者
                                                救済しない → 経営破綻

            事前 ──→     事後 ──→                                   時間
```

平の観点（儲けすぎとの批判）などから、その利益を当初の契約どおりには、エージェントに配分しないかもしれない。彼の努力はすでにサンクしているから、報酬を減らしても経営状況に影響はしない。事業者からすれば努力損になってしまう。これがホールドアップ問題である。他方、事前に事業者が努力を怠り、事後的に経営が危機に瀕したとする。プリンシパルからの追加的支援がなければ、当該事業は破綻する。このとき、公共サービスの継続性などへの配慮からプリンシパルは救済をするかもしれない。今さら事業者を責めたところで事態は好転しない。救済は善後策とみなせる。これが予算のソフト化だ。

「ホールドアップ問題」（事業者への事後的搾取）であれ、「ソフトな予算制約」（事業者への事後的救済）であれ、あらかじめ事業者（エージェント）によって見越されているならば、彼らの事前の誘因を歪める（非効率にする）要因となる。あえてコスト削減の努力をしたり、経営効率（収益性）の改善に努めたりしなくなるだろう。これが「事前的モラルハザード」である。事後

的には（政治的あるいは経済的に）望まれる政策判断が、事前には歪みをもたらすことになりかねない。

こうした時間整合性問題は「ルール対裁量」として知られるように、プリンシパルが事後的に契約を見直す「裁量」を有していることに起因する。裁量とは理論的には事後的選択と同義だからだ。本来、事前に交わす契約はこうした裁量を抑えるべきである。この契約が不完備なほど、つまり（「想定外」を含めて）事後的な解釈を働かせる余地があるほど、プリンシパルの事後的な裁量が効きやすい。契約の不完備性は時間整合性問題を助長するのである。

9 政府の失敗

もっとも、民間事業者との間では契約の失敗があるから、政府の直営が優位なわけではない。一方の失敗は他方（ここでは政府）の成功を意味しないからだ。政府（国・自治体）の中においても、政策・事業の企画部門（あるいは自治体の首長）と執行部門（官僚）との間で利益相反が生じうる。プリンシパル・エージェント問題は市場（民間との契約）に特有ではない。これが政府内部で生じる場合、契約による金銭的誘因づけや解約といった罰則が働かせにくい分、エージェント（執行部門・官僚）を規律づけることは難しくなる。その結果、Red tape と呼ばれる詳細な規制手段が講じられなければならなくなる。いわゆる「官僚主義」（形式・手続き重視）は内部的なプリンシパル・エージェント問題への対処（エージェントの裁量に制限を課すことで、そのモラルハザードなどを抑制する）であったりする。しかし、その非効率は大きい。

既存の官僚主義的な制度は PFI の阻害要因にもなる。事業者への各種許認可、公務員制度などが、これにあたる。食品衛生法や薬事法など、現行の規制では個別事業ごとに特別目的会社（SPC）が認可を得たり、有資格の人員を雇用したりすることが求められている。たとえば、「電気事業法第43条」に従うと SPC から電気主任技術者を選任しなければならない。現場からは

表 2-4　PFI と規制

規制例	問題点
SPC が警備業の許可を取得しなければならない【警備業法第4条】	常駐の有資格者を SPC に配置する必要が生じ、定期的な講習会への出席が義務づけられているため、継続的に交通費等が発生することとなった。
給食センター PFI 事業における食品営業許可の取得に関して事業会社 (SPC) が取得【食品衛生法第52条及び第53条】	SPC に「食品衛生責任者」の有資格者が在籍しなければならないが、通常 SPC は各構成企業から派遣された取締役・監査役のみの在籍となっており、給食センター運営の実務者でない者が在籍することがほとんどであることから、SPC 内での有資格者の在籍が皆無。
高度管理医療機器等の販売業・賃貸業の許可を SPC が取得、管理者を設置【薬事法第39条】	AED(自動体外式除細動器)を施設に設置する際、SPC で購入して納入する必要があったため、高度管理医療機器等販売業・賃貸業の許可を新たに取得しなければならなかった。

出所:「民間事業者の許認可に関する意見」。

　SPC を「みなし法人」として認めてもらえない場合は、当該有資格者保有法人の職員を SPC に出向させ、選任する必要があり、人件費など無駄な費用が生じているとの声がある（「民間事業者の許認可に関する意見」）。また、環境分野において、SPC は産業廃棄物処理業者としての資格を取得しなければならない（廃棄物の処理及び清掃に関する法律第14条第1項）とあるが、実際のところ、この資格を取得することはほぼ不可能とされる。その結果、SPC の業務から外し、公共が処理業者（有資格者）に直接委託するなど事業の一括性・包括性が損なわれることになりかねない。こうした分野ごとに「縦割り」の規制は、「包括・一括」型の契約・運営体制を図る PFI の理念とは相容れない（その他の規制については表 2-4 参照）。これに対処するには、PFI 制度を既存の規制・制度の特例とするか、全国的に実施することが困難であれば、「構造改革特区」として、一部の自治体について実験的に既存の規制・制度を緩め、PFI の促進を図っていく必要があろう。
　また、定期的な配置転換を前提とした現行の公務員制度では、公共部門の中で PFI 事業の専門家を育成することは難しい（表 2-5）。「人事異動などによって当初携わっていた職員が異動してしまい、新たな職員が担当すること

表2-5　PFIと補足的改革

	規制（許認可）、行政の監視能力、公務員人事制度	
	現行体制	改革
旧来型公共事業	↓	
PFI等民間活用	弊害・不活発	

になり、担当者間の事務手続きは行うもののレベル維持が非常に難しくなってくるものと思われます」との指摘もある（東根市健康福祉部長ヒアリング（PFI推進委員会、2010年3月30日））。PFIを含めて民間への事業の委託は「丸投げ」と同義ではない。プリンシパルとして事業者（エージェント）の行動を監視（モニター）、実績（パフォーマンス）を評価することが求められる。しかし、「公共施設等の管理者等が、公共サービスの適切かつ確実な実施を確保する「モニタリング」が重要」にもかかわらず、「建設段階における公共施設等の管理者の完工確認（モニタリング）が十分でなかったため、施設が破損し、負傷者が発生した事例」や「契約書に規定された要求水準を満たしているかについて、公共施設等の管理者等が実地で確認していない事例」が確認されてきた（「PFI事業に関する政策評価」総務省（2008））。公共施設等の管理者が「財務状況をモニタリングする意識が乏しく、民間事業者に財務状況に関する書類の提出を求めていなかった上、事業者の経営悪化の報告を受けた後も、迅速に対応しなかった」ケースも報告されている。

　利用者の需要を過大に見積もったり（たとえば、温水プール（タラソ福岡）の場合、民間事業者は温水プールの利用者を年間24万7,000人と見込んだが、実績は13万3,000人にとどまった）、建設において安全基準の遵守を怠ったり（宮城県沖地震（2005年8月16日）において、仙台市泉区の「スポパーク松森」内の温水プール天井が落下した事故）など民間事業者のモラルや利益偏重の姿勢が問われる事例も多い。しかし、適正な事業者の選別やその監視は本来、発注者たる国・自治体の役割である。こうしたプリンシパル機能の欠如も問題視さ

れてしかるべきだ。

「入札手続が従来の公共事業的な考え方から脱却していない」のも担当する公務員サイドの意識改革が進んでいないことが原因である。公共部門には高度な専門性と、事前の許認可から事後的な監視機能の強化への転換が求められてくる。そのためには官民の交流を深めていくことがあってよい。これに関連して、韓国では「PIMAC（韓国開発研究院公共投資管理センター）と呼ばれる組織が設けられ、民間の人材を入れて、公共事業を実施する省庁に働きかけ、規制の見直しを含め、PFI案件形成に向けた取組を行っている」（「不動産・インフラ投資市場活性化方策に関する有識者会議」報告書（2012年12月））。

10　政府間関係

　PFIが普及しない原因は、わが国の政府間関係とも無関係ではない。それは地方交付税など補助金を通じた財源保障である。「法律又はこれに基づく政令により普通地方公共団体に対し事務の処理を義務付ける場合において、国はそのために要する経費の財源につき必要な措置を講じなければならない」（地方自治法第232条第2項）ことによる。地方債にも国の財源保障が深く関わってきた。具体的には地方債には、①地方債計画を通じた公的資金の手当てや②地方財政計画による（マクロレベルでの）公債費への財源保障によって「暗黙の信用保証」が施されてきた。実際のところ政府保証は暗黙裡でもない。国はこれまで財政力の多寡によらず「自治体間に信用力格差はない」、「地方債の安全性は国債と同等」であることを明言してきたからだ（佐藤、2009）。その結果、金融機関にとって、地方債は国債と同レベルの安全資産であり、自己資本比率規制においてもリスクウェイトはゼロ（信用リスクはないもの）となっている。

　前述のとおり、地方自治体の多くはこうした国からの財源保障を前提に財政運営をしてきたことは否めない。繰り返すがPFIに比べて地方債による資金調達のほうが割安になるのは、自治体の総合的な信用力やPFIに関わる取

引コスト・リスクによるのではなく、地方債に対して「国の暗黙裡の信用保証」があるためだ。現行の地方債市場は公的資金の比重が高く、投資家も正しいリスク（自治体単独の信用リスクなど）を織り込んでいないという意味で真の市場価格（事業の収益性・リスク）を反映していない。金利水準はPFIが過大（割が合わない）なのではなく、地方債が低すぎると言える。その帰結は、①過剰な公共事業の規模の拡大であり、②過剰なリスクテイキング（収益性の不確かな事業への投資）である。他方で既得権益（地方に対する国の手厚い財源保障・信用保証）を温存しておいて、その一方でPFIによる民間の創意工夫の活用や社会資本整備の効率化を推進するというのは全体として整合性を欠いている。

11 おわりに

本章では、PFIに期待される効果とその普及を阻害する要因について財政学の視点から述べてきた。民間事業者との長期契約を伴うPFI事業は契約の「不完備性」に起因する非効率がありうるが、PFI制度周辺の既存の各種規制や公務員制度（および公務員の意識）が阻害要因になっている面も否めない。PFI制度はそれだけで自己完結するものではない。その普及にあたっては関連制度の見直しが不可欠だ。地方自治体がPFIを「使い勝手が悪い」と認識しているのは、国からの財源保障や信用保証を伴う現行の地方債のほうが「使い勝手が良い」からにほかならない。しかし、国の財政が悪化する中、これに依存した地方財政はいずれ立ち行かなくなる。"Get price right" と言われるが、自治体には正しいコスト認識を持たせなければならない。金利が市場ベースで評価される（事業に関わるリスクなどが反映される）PFIはその「正しい価格」を提示しうる。そのためには国と地方の財政関係の見直しも不可欠だ。既存の制度の上に新しい制度（ここではPFI）を加えるだけでは「屋上屋を重ねる」改革にすぎない。新しい酒（＝PFI）は新しい皮袋（＝規制体系・人事制度、政府間関係）に入れなくてはならない。

［佐藤主光］

参考文献
佐藤主光（2009）『地方財政論入門』新世社。
─────（2010）『財政学』放送大学出版。
日本総合研究所（2009）「PFI 事業におけるリスクマネジメントの在り方に関する調査」。

第3章

情報の経済学
——不完備契約と情報の非対称性

1　はじめに

　個々のPFIを並べて見れば、その状況などに起因して、さまざまな特徴が挙げられる。しかし、それらに共通するシンプルな姿のみに着目すれば、PFIは「政府から民間企業への公共事業のアウトソーシング」と解釈できる。このシンプルな姿においてもPFIは興味深い諸問題を有している。これらの問題の背景には、政府と民間企業間の情報の非対称性、取引費用、不完備契約などがある。そのため、別の章でも紹介されたように、エージェンシーコスト、モラルハザード、および逆選択のような情報の非対称性から派生した議論の枠組みをPFIの分析へ適用することはきわめて自然な流れと思われる[1]。

　PFIを政府から民間へのアウトソーシングとみなすと、その委託—受託関係の中での契約のあり方がVFM（Value for Money）を算出するうえで中心的な役割を持つ。PFIは長期間にわたるサービスの提供を想定している。そのため、契約に際しては、将来起こりうる諸事象を考慮し、それらを契約に反映することが必要となる。この意味で、PFIは完備契約を志向するものと言える。しかしながら、各個人の情報把握能力や情報収集能力には限りがあり、合理的に振る舞おうとしても限界がある（鳥居、2010）。この考え方は限定合

---

[1]　このような視点に基づく諸研究の全体像の形成には、Saussier et al.（2009）が参考になる。

理性と呼ばれ、これを前提として考えると、契約は不完備になる可能性が高い。実際、不完備契約は多くの局面で観察される。

伊藤（2003）は「取引から生じる利益を完全に（効率的水準で）実現できるような形で事前に明記されていないとき、そのような契約を不完備契約と呼ぶことが標準的な見解である」としている。また、不完備契約は、不確実性とも密接に関わっている。

情報の経済学の観点からPFIを眺めれば、それは多くの論点を含んでいる。この章では、その中でも不完備契約を中心として、2つの問題に焦点を当てる。1つは、再交渉に関わる問題であり、もう1つはPFIにおいて建設と運営を同一の主体が行うこと（バンドリング）に関する問題である。

2　PFIと再交渉の問題

契約が不完備であり、再交渉を行う場合、いくつかの問題が生じることがある。ホールドアップ問題はその1つである。これは、一方の当事者が一度行うと元に戻せないという意味で不可逆的な投資を行ってしまった場合、その当事者の事後的な交渉力が弱くなることに起因する問題である。再交渉が行われることによって、投資を行ったほうは利益を失う恐れがある。そのため、この当事者にとって再交渉はリスクの1つとして認識される。ホールドアップ問題がある場合、再交渉の可能性があることで、そもそも事前の段階で契約そのものが成立しない恐れもある。いずれのケースにおいても、再交渉は追加的なコストを発生させる。

ホールドアップ問題は、政策変更リスクや規制のリスクなどのような、政府に由来するリスクにも関連づけられる。たとえば、政府当局が道路のようなインフラ施設をBOT（Build-Operate-Transfer）などの方式で民間事業者に建設させ、その後、政策変更や政権交代によって、当初設定していた支払い額を変更するよう再交渉を要請するケースがそれにあたる。再交渉によって、投資を行った民間事業者が損失を被ることになる。PFIでは、契約期間が10〜30年と長期にわたることもあり、このような形で再交渉が生じる可能性が

より高くなると考えられる。このとき、事前に締結された契約が事後的にどれだけ拘束的に施行されるかということが、PFIで事業を行うことの有効性に関する1つの論点となる。

　PFIで再交渉が行われた例として、イギリスのPFIでのリファイナンスによる利益の分配交渉のケースを紹介する。PFIでは、施設の建設とサービスの提供・運営を同じ民間事業者が行い、プロジェクトのライフタイムにわたって関与することが基本となる。PFIによるプロジェクトは、運営の局面に入った時点で、事前の段階において直面していたリスクが減少する傾向がある。このとき、もし運営の段階で、あるPFIプロジェクトが順調に進展しており、その事業の直面するリスクが事前の段階に比べて減少していることが判明すれば、民間部門は借り換え（以下、リファイナンスと呼ぶ）を行い、当初よりも低い利子率で資金を調達することで、利益を得ることが可能である。実際、イギリスでは運営の段階に進んだいくつかのPFIによるプロジェクトでリファイナンスが行われるようになった。これらの利益は、いわゆる棚ぼた式の超過利潤（windfall profit）も含むものであり、したがって、それらをすべて民間事業者の出資者に対して分配することは、社会厚生の面からも望ましくない側面がある。その一方で、民間事業者に効率的な資金調達を行わせるようなインセンティブを付与するためには、あるいはPFIによるプロジェクトにおける資金調達方法の効率化を促すためには、超過利潤の享受をある程度は許容する必要もある。

　契約という見地から次の問題が提起される。すなわち、PFIには、独占的な運営権の付与に基づいて公共サービスを提供する方式という要素もある。PFIでは、事前に定められた契約に沿って民間事業者が公的サービスを提供する。ここで、この契約は完備であることを前提としている。しかし、現実には契約が不完備であったために、リファイナンスによる利益のシェアの問題が事後的に発生したような場合には、いわゆる再交渉が必要になる。このような形での再交渉が行われることは、追加的なコストを発生させることになる。

　イギリスの会計検査院であるNAO（National Audit Office）は、PFIにおける

リファイナンスの問題を詳細に検討している。そこで、少し前の事例ではあるが、NAO（2000）をもとにPFIによるファザカーリー刑務所プロジェクトのリファイナンスに関わる再交渉を紹介する。

ファザカーリー刑務所は、PFIによって建設・運営された最初の刑務所であり、このプロジェクトの民間事業者はFazakerley Prison Service Limited（以下、FPSL）である。FPSLは特別目的会社（SPC）であり、1995年に政府当局であるPrison Serviceからファザカーリー刑務所の建設、維持管理、および運営を行うことを認められた。言い換えれば、FPSLは独占的運営権が与えられた事業者である。1999年にFPSLはリファイナンスを行った。FPSLが施設の建設や運営に関して優れた成果を出したことから、当該プロジェクトの価値は増加していると評価されていた。さらに、イギリスの資本市場は各PFIプロジェクトに対してある種の信頼感を持つようになっていた。これらを要因として、借入利子率が低下し、このリファイナンスはFPSLの出資者に利益をもたらすこととなった。このプロジェクトでは、刑務所の施設の建設などがスケジュールどおりスムーズに行われたことにより費用が削減され、およそ340万ポンドの利益が生じていた。それに加えて、リファイナンスを行うことによって生じる利益も1,070万ポンド生じている。費用削減による利益については、当初の契約に基づき、FPSLの株主に分配されていた。

しかしながら、リファイナンスを行うことによって生じた利益の配分について、政府当局の委託者であるPrison Serviceと民間の受託者であるFPSLとの間で対立が生じた。この対立は、当該事業のPFIの契約では、Prison Serviceに対して、FPSLが行うリファイナンスによる利益を分配するという権利を明記しなかったことに起因している。ただし、契約の終了時の負債が増加するような契約変更には、Prison Serviceの同意が必要であるという項目は明記されていたため、この項目をもとに政府当局であるPrison Serviceはリファイナンスによって生じた利益を分配することを要求したのである。

一方で、民間事業者のFPSLは、この要求に対して次のように反論している。第1に、FPSLはこれまでに前例のない新規のプロジェクトを行っており、それに関わる潜在的なリスクを負担しているのであるから、それに応じ

た報酬を得る権利があること、第2に、契約を締結した時点でリファイナンスに伴う政府当局と民間の資金提供者との利益の分配に関しては、契約に何ら明記されていなかったこと、このリファイナンスの利益はある部分 FPSL のマネジメントがうまくいったことから生じたものであること、第3にリファイナンスの利益の多くを Prison Service に徴収されることになれば、今後、ほかの PFI による刑務所のプロジェクトに対して入札参加のインセンティブを損ないかねないことである。最後の指摘は、いわゆるホールドアップ問題とそこに起因する過少投資が生ずる可能性があると解釈することができる。

再交渉の結果、政府当局の Prison Service はリファイナンスによる利益のうち一定額の分配を受け取ることとなった。同じような問題はほかの PFI プロジェクトでも起こりうる。そのため、この交渉によって得られた原則をもとに、各 PFI によるプロジェクトのリファイナンスのあり方について検討が行われ、結果としてガイドラインも定められることとなった。

リファイナンスに関わる再交渉は、1つの事例ではあるものの、十分検討されたであろう契約においてさえ、事業運営に大きな影響を与えるような再交渉が生じたことを示唆するものである。契約期間が長期にわたるような PFI では、再交渉の可能性は総じて高くなり、結果として追加的なコストが生じる恐れがある。事業実施に際しては、こうしたコストも勘案した VFM の評価が求められる。

3　不完備契約と建設と運営のバンドリング

(1) Hart モデルの概要

不完備契約という点に関して、PFI 実施に伴う論点は再交渉のほかにも存在する。ここでは、その代表たる Hart (2003) を概説し、交通インフラに対する PFI へのこの研究の適用例を簡単に述べる。

Hart (2003) は、公共サービスを供給する事業に対して、政府が PFI 方式[2]

---

2) Hart (2003) では、これを PPP (Public-Private Partnership) と表現している。しかし、この論文の内容からして、PFI としても差し支えないと考えられ、上記のように表現した。

のもとで建設と運営を一括して民間事業者に委託して行うケースと、政府が建設と運営とを別々の民間事業者に委託するケースを、モデルを用いて比較している。このモデルでは、①公共サービスを供給するために必要な施設の建設期間（以下、建設段階と呼ぶ）と②その施設を用いて公共サービスが提供されるという意味での運営期間（以下、運営段階と呼ぶ）という2つの期間を設定している。あわせて、建設段階と運営段階のいずれについても同一企業が行うような場合をPFIあるいはバンドリングと呼び、建設と公共サービスがそれぞれ異なる主体により実施される場合をアンバンドリングと呼んでいる。特に、アンバンドリングに関して言えば、従来型の公共事業でも行われているように、政府が仕様を設定したうえで建設事業者に依頼し、その後、別の事業者に運営を委託するような状況を指していると解釈できる。

バンドリングとアンバンドリングの比較を行うための基準としてHart（2003）は、

公共サービスを提供することによる社会的便益
　－公共サービス実施コスト－投資額

を用いている。バンドリングとアンバンドリングを比較し、この値が大きいほうが望ましい方式ということになる。

上記で用いられる投資は、一般的に用いられる"投資"という語とは解釈が異なると注意しておく。そこで、これを詳しく説明する。第1に、この論文では、投資には2種類あると仮定されている。1つは、公共サービスに供する施設の質を向上させるとともに、その建物を利用した公共サービスの質も向上する、という投資であり、この投資を便宜的に質的向上投資と呼ぶことにしよう。質的向上投資を行うことで、建設段階では事業者にとってコストが発生する一方で、運営段階ではサービスの質的向上による事業の便益がもたらされる。もう1つは、建物の質および公共サービスの質は低下するものの、公共サービスに供する建物の全体としての建設コストを低下させることができる、という投資である。これも便宜上であるが、費用削減投資と呼

ぶことにする。大雑把に言えば、建設段階で質的向上投資を多く行えば、高価であるが質の高い施設による事業運営が実現する。その一方で、費用削減投資を多く行えば、廉価ではあるが陳腐な施設による事業運営が実現することになる。

　第2の特徴として、質的向上投資と費用削減投資のいずれについても、有形のものと無形のものの双方が含まれる、ということが挙げられる。たとえば、事業者が質的向上に寄与するような努力を伴う行動をした場合、その行動が何らかの機会費用を発生させるものであれば、実際に金銭的な支払いがなくても、それらはすべて質的向上投資に含まれる[3]。これは、費用削減に寄与するような行動に関しても同様である。

　第3に、上記に関連して、これら2つの投資は、情報が非対称的で委託する側がその水準や内容をうまく観察できなかったり、観察できたとしても、事前の委託者と受託者との間で結ばれる契約の中でうまく明記できない可能性がある。このモデルの場合、質的向上投資と費用削減投資のいずれの投資についても、具体的な投資額を契約にうまく明記できない可能性があることを意味する。明記できないという意味で、契約は不完備である。

　このような設定のもとで、Hart（2003）は、PFIのバンドリングとアンバンドリングを比較し、おおまかに言って、次のような帰結を得ている。建設段階で施設の仕様を政府が詳細に指定できるものの、公共サービスの運営段階での詳細を政府が契約に明記できないという場合には、建設と運営を別々の主体に委託するアンバンドリングが適している。その一方で建物の仕様を政府が詳細に指定できないものの、公共サービスの詳細を政府が特定でき、公共サービスの質的な成果を政府当局が立証することが可能である場合には、PFIが適している。これは、建設段階で行ったことが運営段階で正の影響を

---

[3] これは努力パラメーターと呼ばれることもある。事業を受ける当事者は、みずから努力を投入（本文中で言うところの"投資"）することで、質的向上あるいは費用削減という成果を得ることができる。こうした成果は他の当事者から立証可能である。その一方で、この努力をどの程度投入したかについては情報の非対称性があり、片方の当事者の私的情報となってしまうため観察することができない、あるいは観察ができても立証することができない、という性質を仮定することが多い。

与えているという意味で外部効果が生じることに起因する。Hart（2003）は、前者の例として刑務所や学校を、後者の例として病院を挙げている。

なお、Hart（2003）では、建設段階で質的改善を行うと運営段階でそれがプラスに作用するという意味で、正の外部効果（positive externality）を仮定している。その後 Bennett and Iossa（2006）では、負の外部効果も考慮したモデルを提示し、バンドリングとアンバンドリングの比較だけでなく、政府と民間の所有の違いについても考慮して分析を行っている。

さらに、近年の文献として、Iossa and Martimort（2012）は、不確実性をも考慮した内容になっている。具体的には、建物の品質リスク、収入リスクを考慮し、資金提供者も明示的に導入したモデルを用いて検討を行っている。主な結果は次の3点である。不確実性が小さい場合には、PFIが他の方法よりも適している。リスクが大きく、情報の非対称性が大きく、公共サービス運営に関わるコストの不確実性が大きくなるような場合には、建設や運営を別々に行うアンバンドリングのほうが、PFIのもとでのバンドリングよりも適している。さらに、資金提供者（または政府）が公共サービス運営に関わるコストの不確実性の計測に優れているならば、PFIのもとで建設と運営をバンドリングするほうが、これらをアンバンドリングするよりも適している。

(2) Hartの帰結の交通インフラへの適用

ここでは、Hart（2003）の結果を交通インフラに対するPFI事業へ適用する。周知のように、交通インフラには、鉄道、道路、空港、港湾などが含まれる。それらは、規模の大きさ、施設の不分割性、ネットワーク性などを有しており、これらの性質が事業を取り巻く環境において不確実性を大きくしている。また、そのほかに、交通の施設利用に対する需要は派生的であるという特徴や、容量に比較して、需要量が大きくなると混雑現象が発生するという特徴もある。

イギリスでは交通インフラに対するPFIが、道路や橋梁、鉄道・地下鉄などで数多く実施されている。このうち道路事業やロンドン地下鉄の下部構造[4]に対するPFIは、同一の民間事業者によって設計、建設、資金調達、お

よび運営が行われる DBFO（Design, Build, Finance and Operate）と呼ばれる方式が採用されている。DBFO で行われる PFI 事業は、上で述べられたバンドリングのそれに相当する。これらの事業は、大部分、独立採算型ではなく、サービス購入型である。サービス購入型とは、ほかの章でも紹介されているように、民間事業者が施設の整備・運営を行う一方で、それに対する支払いを政府が行うタイプの方式である。特にイギリスの PFI では、政府は何らかの成果指標に基づいて民間事業者に対する支払い額（報酬）を設定している。成果指標を設定し、報酬をそれに依存させることにより、事業者に対して外部からの観察が難しい投資を促し、建設と運営の外部効果を享受することがその意図である。イギリスの交通インフラに対する PFI 事業において、成果に基づいて政府が支払いを行う方法は 2 つに大別される。

　1 つの方法は、シャドー・トール（影の料金）と呼ばれるものである。これは、PFI による道路事業に対して用いられ、道路利用量（交通量）に応じて政府当局が民間事業者に支払いを行うものである。基本的には利用台数が多くなるほど、単位当たりの支払い額が増加する。シャドー・トールは、成果指標として道路利用量を用いていることから、導入しやすいというメリットがある。その一方で、計画時点での需要予測が適切に行われないと、事業そのものがうまくいかなくなる恐れもある。

　もう 1 つの方法として、直接的な利用料にリンクさせず、施設利用が可能である（利用可能性）ことを成果とみなして、それに関連づけられた指標をもとに政府が支払いを行うというものがある。地下鉄の下部構造を例に挙げれば、線路や信号の整備不良などによって遅延が生じた場合、それを利用可能でない状態とみなし、ペナルティを科したり、遅延がない場合にはボーナスを与えたりする方法である。利用可能性に基づく支払い方式は、アベイラビリティ・フィーと呼ばれる。図 3-1 は NAO（2004b）によるアベイラビリティ・フィーの例である。この図は、ロンドン地下鉄（TUBE）の下部構造の PFI 事業において、政府当局が民間部門に支払う額（ISC: Infrastructure

---

4）　ここでの下部構造とは、地下鉄を運行させるための線路・信号などの施設を指す。

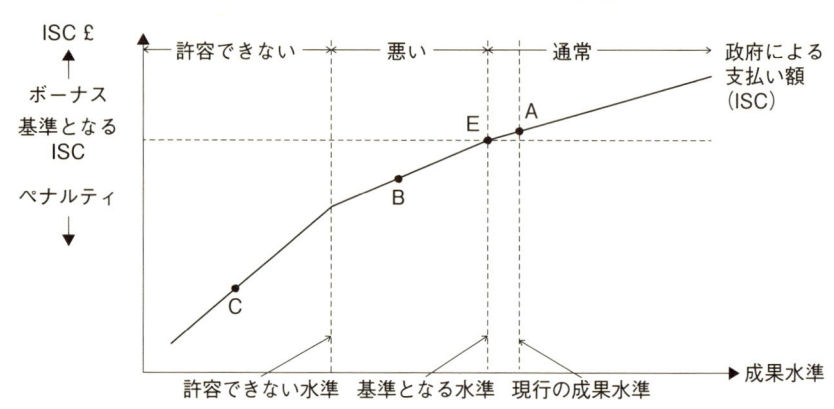

図3-1 アベイラビリティ・フィーの例（ISC）

縦軸：ISC £（政府による支払い額（ISC））、ボーナス／基準となるISC／ペナルティ
横軸：成果水準（許容できない／悪い／通常）
点：C（許容できない水準以下）、B（悪い領域）、E（基準となる水準）、A（現行の成果水準）

出所：NAO（2004b）.

Service Chargeと呼ばれる）を、実現した成果指標の値に応じて変化させるというものである。いま、現行の成果水準である点Aの状態が達成されているとしよう。この場合、点Aは、基準となる水準である点Eを上回った成果を達成しているとされ、政府当局からボーナスとして事業者により多くの支払い（高いISC）がなされる。それに対して、点Bや点Cのように成果が基準となる水準を下回る場合には、支払い額を減らす（低いISC）というペナルティが科される。さらに、点Cのように、実現する成果水準が許容できない水準を下回ると、支払い額の減額の割合がより大きくなる。ここで用いられる成果指標には、遅延発生時間や事故件数などが含まれる。アベイラビリティ・フィーは、成果を評価するための指標の選択や基準となる値の設定などに手間がかかる。その一方で、もし適切に実施されれば、情報の非対称性があって当局からは観察することが難しいような努力に関わる投資（投入）について、事業者の側から自発的かつ効果的に実施させることが可能となる。しかしながら、適切な指標が設定されなかったり、基準となる値が不適切な場合は、事業者の努力にかかる投資のインセンティブを損ねたり、事業そのものが成立しなくなる恐れもある。これは、情報の非対称が存在する場合に事業者のインセンティブを引き出す報酬スケジュールの設計、という

問題とも関連づけられる。この報酬スケジュールの設計に関連して、イギリスのPFIによる道路事業では、アベイラビリティ・フィーを発展させたActive Management Payment（AMPM）と呼ばれるものもある。詳細については、加藤・手塚編（2014）を参照されたい。

　シャドー・トールであれ、アベイラビリティ・フィーであれ、いずれもDBFOというバンドリングされた事業において、政府当局が成果に依存して支払いを行うことで、建設と運営の正の外部効果を享受することを意図している。そうであるならば、交通インフラのPFIにおいて、この利益はどの程度享受されているのかが問題になる。この疑問に対する直接的な回答ではないものの、いくつかの事例が示唆を与える。たとえば、NAO（1998）などで指摘されるように、イギリスの当初のシャドー・トールを導入したDBFOによる道路事業は、それがうまく機能せず、結果として再交渉という形で追加的なコストを発生させている。また、ロンドン地下鉄の下部構造に対するPFI事業に関して言えば（NAO, 2009）、権利を獲得したメトロネット社が、2003年4月より運営を開始したが、期待した成果を得られず、公的主体との間で再交渉が繰り返された。そして最終的に、同社の持つ地下鉄の下部構造の資産は、ロンドン市交通当局に新たに設けられた子会社へ移管された。

　これらのイギリスの道路や地下鉄のいくつかの経験に対して、Hart（2003）の帰結を適用すると次のようなことが示唆される。これら交通インフラにおいて、DBFOのもとで建設と運営を一体で行うことによる正の外部効果がそれほど高くはない。したがって、他の条件を一定とすれば、これらへのPFI適用の合理性はあまりない。実際、建設段階において鉄道の下部構造や道路などのインフラの仕様は十分に契約に明記できると考えられる。また、当局が観察できないような事業者の努力投資もそれほど多くないように見える。それにもかかわらず、建設と運営を一体化させて、運営段階で成果に基づく支払いを導入しても、その成果を測る指標の設定の困難さや不確実性の高さなどの理由から、かえって契約に際して追加的なコストが発生してしまう可能性がある。そうであるならば、PFIないしはDBFOという形で建設と運営をバンドリングさせず、それぞれを別々の主体に行わせるアンバンドリング

に合理性がある、ということになる。ただし、これはHartのモデルを適用したという意味で、1つの側面からの観察にすぎず、交通インフラに対してPFIを適用すること自体が望ましくないことを主張するものではない。しかしながら、建設と運営を一体的に行う場合、その合理性がどこにあるのかを確認する必要はある。

4　おわりに

この章では、情報の経済学の中でも特に不完備契約に関する問題に焦点を当てて、2つの論点とその政策的な含意について簡単に紹介した。具体的には、第1に、不完備契約におけるホールドアップ問題と再交渉の問題に言及した。また、再交渉の実例としてファザカーリー刑務所の事例を紹介した。第2に、代表的な文献であるHart（2003）の概要を紹介し、このモデルの帰結をもとにして、イギリスにおける交通インフラのDBFO事業から、建設と運営のバンドリングの有効性についての考察を試みた。その結果として、交通インフラをDBFO方式のように建設段階と運営段階をバンドリングして実施しても、正の外部効果があまり享受できない可能性も示唆された。ただし、この章で紹介した内容は、モデルの適用も事例の取り上げ方も部分的な確認にとどまっている。モデルと事例に基づき、より望ましい枠組みの提案をすることは、今後の課題として残されることになる。

［手塚広一郎・石井昌宏］

参考文献

伊藤秀史（2003）『契約の経済理論』有斐閣。
加藤一誠・手塚広一郎編著（2014）『交通インフラ・ファイナンス』成山堂。
鳥居昭夫（2010）「取引費用と中間組織」井手秀樹・鳥居昭夫・竹中康治『入門　産業組織』有斐閣、第11章、255-273頁。
Bennett, J. and E. Iossa（2006）"Building and Managing Facilities for Public Services," *Journal of Public Economics*, Vol. 90, pp. 2143-2160.

Hart, O. (2003) "Incomplete Contracts and Public Ownership: Remarks, and an Application to Public-Private Partnership," *The Economic Journal*, Vol. 119, pp. 69-76.

Iossa, E. and D. Martimort (2012) "Risk Allocation and the Costs and Benefits of Public-Private Partnerships," *RAND Journal of Economics*, Vol. 43, pp. 442-474.

Martimort, D. and J. Pouyet (2008) "To Build or Not to Build: Normative and Positive Theories of Public-Private Partnerships," *International Journal of Industrial Organization*, Vol. 26, pp. 393-411.

National Audit Office (NAO) (1998) *The Private Finance Initiative: The First Four Design, Build, Finance and Operate Road Contracts*, The Stationery Office.

―――― (2000) *The Refinancing of the Fazakerley PFI Prison Contract*, The Stationery Office.

―――― (2004a) *London Underground: Are the Public Private Partnerships Likely to Work Successfully?*, The Stationery Office.

―――― (2004b) *London Underground PPP: Were They Good Deals?*, The Stationery Office.

―――― (2009) *Department for Transport: The Failure of Metronet*, The Stationery Office.

Saussier, S., C. Staropoli and A. Yvrande-Billion (2009) "Public-Private Agreements, Institutions, and Competition: When Economics Theory Meets Facts," *Review of Industrial Organization*, Vol. 35, pp. 1-18.

第Ⅱ部

日本の現状と制度・政策課題

第 4 章

日本における PFI 制度の歴史と現状

1　はじめに

　ここに 1 冊の古い資料がある。日本開発銀行（当時）のクレジットで「変革・社会資本整備の新手法」（1998年 1 月）とあり、イギリスで実施されていた PFI の概要を紹介し、わが国への適用可能性を論じている。

　これは、同年 6 月、建設省（当時）都市局下水道部下水道管理指導室長を拝命した筆者が、日本開発銀行の薄井総務部副長へ着任の挨拶にうかがった際にいただいたものである。筆者はこのとき初めて PFI に遭遇し、その後、2007年 8 月から 3 年弱の内閣府 PFI（法律上は、「民間資金等活用事業」：以下すべて PFI と呼称する）推進室参事官としての勤務、2012年 4 月から 5 カ月間強の内閣官房 PFI 法改正等準備室参事官としての勤務を含め、現在に至るまでの15年間、何らかの形で PPP／PFI に携わることとなる。

　この間、官民交流により、民間企業に出向し、民間の行動原理をみずからのものとして体験した[1]。また、国土交通省大臣官房審議官（官庁営繕部担当）として、発注者としての公共が、契約当事者としてどのように PFI に対応してきたかを把握し、また、業務を遂行する機会を得ることができた[2]。

---

[1]　三井住友海上火災保険株式会社。
[2]　官庁営繕部は18の PFI 事業を実施し、財務省理財局と並び、発注者としての豊富な経験を有する官署である。なお、PFI 契約の内容については、官民両当事者以外にその情報が提供されることは一般的にはない。

さらに、各省庁、地方公共団体など公共のPPP／PFI関係者、金融機関、商社、建設業、不動産業者など民間のPPP／PFI関係者、公共、民間の両サイドにアドバイザリーを行っているコンサルティングファーム、イギリスのPFI担当省である財務省（HM Treasury）、韓国の公的なPPP／PFIの調査研究・アドバイザリー機関であるPIMAC（Public and Private Infrastructure Investment Management Center）の関係者と知遇を得た。これらの方々とは、現在も情報、そして意見交換を行っている。

本章では、こうした筆者の経験も踏まえ、わが国におけるPFI制度の歴史と現状、そして課題を示すこととしたい。なお、本章中、意見に関わる部分は、あくまで筆者個人によるものであることを申し添える。

2　わが国におけるPFIの導入

(1)　序章

上記「変革・社会資本整備の新手法」の中でPFIを論じた豊島（1998）[3]は、その冒頭で当時のわが国の財政状況について、以下のように触れている。

> 「1997年度の国の公債発行残高は約254兆円となる見通しである。特に、バブル経済崩壊後の経済対策の影響が著しく、過去5年間に4割を超える増加を見ている。地方債を含めた公債残高は、1996年度末で400兆円を超えGDPに迫る水準にあり、EU通貨統合基準に遠く及ばない。事態を重く見た橋本政権は6大改革の一つの柱として財政構造改革を位置づけ、EU同様に財政赤字対GDP比3％基準の早期達成と赤字国債発行をゼロとすることを目指している。」

その後、わが国の財政状況がたどった経緯と現状は周知のとおりである

---

[3] 本資料は、日本開発銀行職員が1997年8月から12月にかけて『地方財務』（ぎょうせい刊）に連載した論稿をまとめたものであり、その第3回部分「PFI（Private Finance Initiative）」（豊島俊弘）がPFIについて触れている。以下、本項における引用は、豊島（1998）、pp. 17-28。

図 4-1　公的債務残高の国際比較（対 GDP 比）

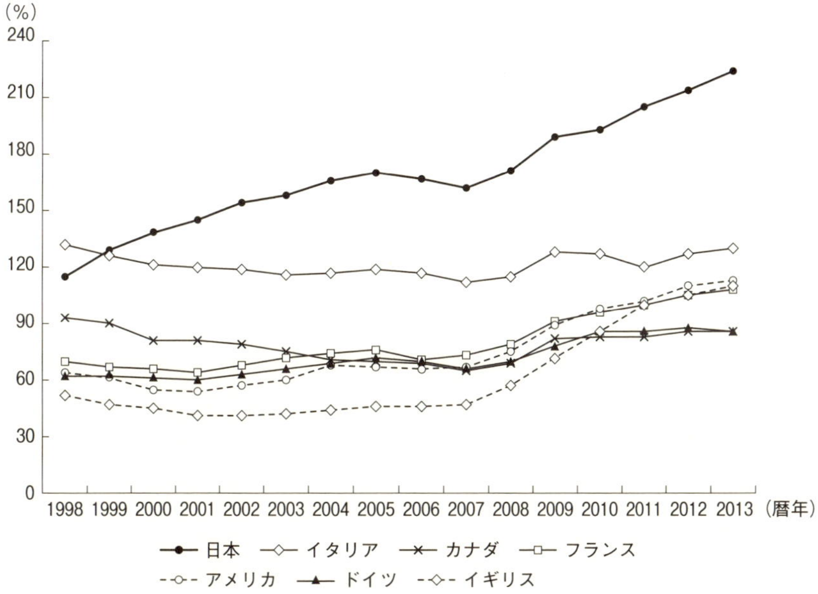

出所：財務省資料。

（図 4-1 ）。豊島氏は続ける。

「既に、今世紀中の 3 年間を『集中改革期間』とし、あらゆる財政支出について聖域なく見直し縮減を行う方針を閣議決定しており、1998年度予算（平成10年度予算）から、公共投資を 7 ％削減する方針である。
　しかしながら、我が国社会資本の整備水準は先進諸国においてなお立ち遅れている部門も残されており、長期的な経済成長や生活の豊かさ実現のためには、厳しい財政制約の中、社会資本の充実を効率的に図る必要がある。」
「この様な状況下、我が国のみならず、先進各国において社会資本の整備主体、財源負担主体としての民間部門に対する期待が高まっている。とりわけ先駆的な試みとして注目を集めているのが英国政府により実施され

ている『Private Finance Initiative (PFI)』と呼ばれる民間資金活用型のインフラ整備スキームである。」

　PFIは、サッチャー政権下のイギリスで、民営化できるものはすべて民営化したうえで、民営化できないものについても民間に委託できないかという問題意識のもと、導入されたものであった。豊島（1998）によれば、「1990年に政権についたメージャー首相は、1991年に『シティズンズ・チャーター』を公表し、租税に対して最も価値のあるサービスを提供するという考え方（Value for Money）に基づき、従来公共部門が対応してきたサービスやプロジェクトの建設や運営を民間主体に委ね、政府はサービスの購入媒体になるという方向を示した。これを具体化したのが1992年11月にラモント大蔵大臣により示されたPFIと呼ばれる考え方である。」

(2) 労働党政権下でのPFI

　このように、PFIは、1992年11月、当時のラモント大蔵大臣により下院でなされたAutumn Statementで初めて表明されたものであるが、PFIが飛躍的な発展をとげたのは、1997年5月に発足したブレア首相率いる労働党政権のもとであった。

　1970年代から1990年代にかけて、イギリスではGDPに対する公共投資の比率は着実に減少し、他の先進諸国（G7諸国）と比較して、相当程度低い水準にあった[4]。公共投資の純投資額は91年度から96年度まで毎年度15％以上削減され、96年度にはGDP比0.6％まで低下した。結果として本来改修・修繕すべき学校、医療施設などさまざまな施設が放置されることとなった。

　しかし、労働党が政権をとった1997年以来、公共投資額は増額される。1996年度には公共セクターの純投資額が54億ポンドであったのに対し、2006年度には258億ポンドまで増額された。1996年度を100とした2009年度のイギリスの公共投資の水準は、約3.2倍にのぼっている（国土交通省資料：図4-2）[5]。

---

4)　以下の記述は、主に町田（2009）に拠っている。あわせて参照されたい。
5)　同時期、わが国の公共投資水準は50.1％に減少している（国土交通省資料）。

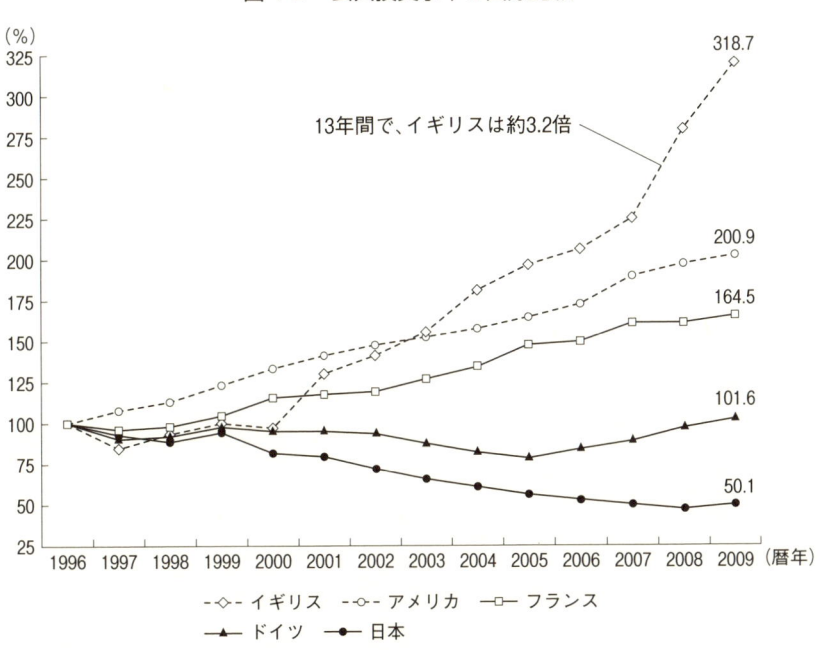

図 4-2　公共投資水準の国際比較

注：OECD・National Accounts、日本の値は内閣府平成21年度国民経済計算（確報）。
出所：国土交通省資料。

　1997年当時、EU 通貨統合への参加諸国は、一般財政赤字の対 GDP 比率を3％以内、公的債務残高の対 GDP 比率を60％以内としなければならなかった。イギリスは通貨統合には参加しなかったものの、財政の健全化には熱心であり、97年における公的債務残高の対 GDP 比率は50％程度であった。したがって、公的施設の老朽化などに対応する施策として、公共投資の増額と併せ、これを補完するものとして民間資金を活用した PFI の活用を図ったのである。このような観点から、労働党政権は、PFI 契約の標準化など PFI の使いやすい環境を整備していく一方、件数で PFI の大半を占める地方公共団体の事業に対し、PFI クレジット（PFI に対する補助金）[6]を交付し、その施

---

6) PFI クレジットについては、2010年に廃止された。その経緯については、第 8 章補論（町田執筆部分）を参照されたい。

策の実現を後押しした。その結果、1996年単年度は35件であった契約数が、1997年単年度58件、1998年単年度85件、1999年単年度88件、2000年単年度103件と、飛躍的に増加していく。

(3) わが国におけるPFIの導入

一方、日本の状況を振り返ると、すでに、1996年10月、財政制度審議会（蔵相諮問機関）財政構造改革特別部会海外調査報告の中で、財政再建の取り組みの1つとしてイギリスのPFIを紹介している。また、1997年1月には、大蔵省（当時）が財政再建の一環としてPFI方式の導入を検討しているとの報道があり（『読売新聞』1997年1月23日付）、同年2月には、橋本首相がPFIの導入について検討を指示している。これらの動きを踏まえ、同年7月には、経済企画庁（当時）が「社会資本の構造改革に向けての論点整理」を公表、PFIについて言及した。また、同年10月には通産省（当時）が「民活インフラ研究会」を発足させ、11月には建設省（当時）が「民間投資を誘導する新しい社会資本整備検討委員会」を発足、さらに同月、自民党が緊急国民経済対策（第2次）を発表し、政府が緊急経済対策を経済対策閣僚会議において決定した。この決定では、PFI等導入のガイドライン策定、地方公共団体におけるPFI活用の可能性などが盛り込まれている。

そして、12月に発表された自民党緊急経済対策（第3次）で、地域における日本型PFI事業の推進が盛り込まれ、翌1998年2月には、自民党緊急経済対策（第4次）でPFI推進法（仮称）の制定がうたわれるに至ったのである[7]。

こうして、1999年7月、議員立法によりPFI法が成立した。この後、わが国のPFIの制度の枠組みが矢継ぎ早に整備されていくことになる。同年8月には、総理府（当時）内政審議室にPFI推進室、関係省庁連絡会議が設置された。9月にはPFI法が施行され、10月にPFI法に基づき、有識者らからなるPFI推進委員会が設置され、2000年3月にはPFI法に基づき、内閣総理大臣が「基本方針」を策定、公表した（総理府告示）。2001年には、中央省庁再

---

7) ここまでの記述は、主に日本開発銀行（1998）によっている。

編により、PFI 推進室が内閣府に移行した。また、同年には、「PFI 事業実施プロセスに関するガイドライン」、「PFI 事業におけるリスク分担等に関するガイドライン」、「VFM（Value for Money）に関するガイドライン」、2003年には、「契約に関するガイドライン」、「モニタリングに関するガイドライン」が PFI 推進委員会の名のもとに公表され、政府（国）としての制度の大枠が整うこととなった。

　なお、地方公共団体が行う PFI については、2000年3月に自治省（当時）事務次官通達、財政局長通達により、財政・税制上の措置、また、契約関係などの規律について示された。

　この通達で特筆すべきは、第1に、PFI 事業に係る債務負担行為について、施設整備費や用地取得費に相当するものなど公債費に準ずるものを起債制限比率の計算の対象としたことである。これは、PFI 事業に伴う負債[8]も地方債と同様、地方公共団体の負債として扱い、その総額が一定割合を超えれば、起債が制限されることを意味する。この考え方は、2007年6月に制定・公布された「地方公共団体の財政の健全化に関する法律」により、新たに示された4つの財政健全化の指標の1つである「実質公債費比率」にも承継されている。実質公債費比率とは、地方公共団体の一般会計が負担するその年度の借金の返済額（元利償還金など）の比率であり、この比率が18％を超えると、地方債の発行を行うにあたり、総務大臣の許可が必要となる。いわばイエローカードが地方公共団体に渡されるのである。この実質公債費比率にも、地方債と同様、地方公共団体が PFI 事業者に支払う元利償還金[9]が含まれることになっている。

　なお、イギリスでは公会計に企業会計を導入しているが、保守党等の連立政権のもと2012年12月にイギリス財務省（HM Treasury）が公表した報告書『A new approach to public private partnerships（いわゆる PF2）』によれば、PFI

---

8)　施設整備費および用地費の元利償還金。運営費や維持管理費は除く。PFI 事業者が運営費や維持管理費などの経費について金融機関から長期融資を受けることは通常考えられないので、妥当な整理と言えるであろう。
9)　PFI 事業者が金融機関に支払う元利償還金のこと。わが国では、PFI 事業者が金融機関に支払う金利分についても全額を国、地方公共団体が支払うのが、一般的な契約形態である。

の負債の85％はオフバランスである[10]。これが労働党政権のもとでPFIが飛躍的に発展したもう1つの真の理由である。わが国はこのようなイギリスのプラクティスを踏襲しない、賢明な選択をしたと言える。

　第2に、随意契約の活用について一定の範囲で認めたことが注目される。随意契約とは、競争入札をせず、特定の相手方と契約を結ぶことにより調達を行うものである。現在でも、会計法、地方自治法が定める国、地方公共団体の調達手法は、価格による競争入札が基本であり、随意契約は法的にきわめて限定した場合にしか許されない。しかし、価格のみならず、応札者の提案内容も踏まえて総合的に評価することが、VFM（納税者にとっての価値最大化）の発現をめざすPFIでは必要不可欠となる。

　公募型プロポーザル方式という方式がある。これは、価格も他の要素とまったく同じ評価の位置づけとし、応札者の提案を総合的に評価し、一者に絞り込み、その者と随意契約を結ぶものである。近年ではこれを「競争性のある随意契約」と呼んでいるが、この事務次官通達は、地方公共団体の行うPFI事業については、このような調達手法を認めたのである。これは、当時としては画期的なことであった[11]。

　第3に、PFI事業は、建設のみならず、維持管理および運営も含むものであるが、これらの総額を政府調達協定（WTOのGPA（Government Procurement Agreement））の建設サービスの対象となると明記した。これは、国の事業にも適用されている。わが国が、PFIについて内外にオープンな市場であることを明言したものであり、誇るべきことと考えている[12]。2014年1月1日現在において、邦貨5億8,000万円[13]を超えるPFI事業はすべて外国企業も差別なく応札できる[14]。

---

[10]　ただし、PF2により、イギリスにおいても今後はPFIの債務を公表することとされた。
[11]　会計法、地方自治法に定める入札でも、総合評価入札という価格以外の要素も評価の対象とする枠組みがあるが、価格要素の評価に大きなウェイトが置かれているのが実態である。
[12]　筆者は、PFI推進室参事官であった2006年、第1回日韓定期PFI推進交流会議を開催したが、当時、韓国ではPPP／PFIを政府調達協定の対象とはしていないとのことであった。なお、現在の対応については把握していない。
[13]　450万SDR。為替水準により、見直され、2014年4月1日より、6億円となっている。
[14]　ただし、WTOのGPAは、国、都道府県、政令指定市のみを対象にしている。

(4) 具体的な事業の実施

　PFI法が施行された1999年度、事業実施方針を公表した件数は3件であり（内閣府PFI推進室、2013）、すべてが地方公共団体事業であった[15]。具体的には、常陸那珂港北ふ頭公共コンテナターミナル施設の整備および管理運営事業（茨城県）、千葉市消費者生活センター・計量検査所複合施設PFI特定事業（千葉市）、福岡市臨海工場余熱利用施設整備事業（福岡市）の3事業である。いずれも「基本方針」が策定・公表された2000年3月13日以降3月末日までに公表されている。なお、国が最初の事業実施方針を公表したのは、2002年度（中央合同7号館整備等事業：2002年6月10日）である。

　しかしながら、実質的なわが国初のPFI事業は、1999年1月に東京都水道局が事業者の公開募集を行い、同年10月民間事業者（SPC）との間で事業契約を締結した金町浄水場用発電PFIモデル事業であった[16]。これは、サービス購入型でBOO（Build-Own-Operate）[17]であり、わが国のPFIの過半を占めるBTO（Build-Transfer-Operate）[18]とは異なり、イギリスのPFIのプロトタイプに近いものであった。イギリスのサービス購入型PFIは、筆者が2006年にNAO（イギリス会計検査院）にヒアリングした限り、そのすべてがBOT（Build-Operate-Transfer）[19]である。PFIは、民間事業者が施設の運営も行い、要求水準に見合ったサービスが提供されているかどうか、公共は不断にモニタリングを行い、業績に連動して支払いを行うものである。もとより、リスクは官民で適切に分担を行うものの、運営段階も施設を民間事業者が所有することが合理的であり、PFI発祥の地であるイギリスにおいてBOTがそのすべてというのもうなずける[20]。

---

15) ここでの記述は主に内閣府PFI推進室（2006）による。
16) 事業の概要については、東京都水道局ホームページ http://www.waterworks.metro.tokyo.jp/water/jigyo/pfi/pfi_0.html を参照。
17) 民間事業者が施設整備を行い、運営期間中、期間終了後もこれを所有するもの。
18) 民間事業者が施設整備を行い、竣工した段階で所有権が公共に移り、民間事業者は運営期間中、維持管理、運営を行うもの。
19) 民間事業者が施設整備を行い、運営期間中もこれを所有し、期間満了後に公共に施設を引き渡すもの。

一方、わが国のサービス購入型の PFI はその過半が BTO であり、その結果として、PFI の原理原則から乖離しているのが現実である。PFI 法に基づかない金町浄水場用発電 PFI モデル事業がイギリス PFI のプロトタイプに近いというのは皮肉なことであるが、この事実が端的に示すように、わが国の PFI は、実際の事業の実施によってその内容が具体化されていったという側面が強い。その意味で、実際のプレーヤーである民間事業者、金融機関、コンサルタントなどがノウハウを集積し、PFI のデファクトスタンダードを形成していったというのが事実に近いであろう。

なお、発注者である公共に目を転じると、地方公共団体の場合、PFI のいわばリピーターの数は少ない。また、国の場合も国土交通省大臣官房官庁営繕部、財務省理財局、法務省矯正局以外で複数の事業を行っている官署は少ない。イギリスでは、財務省（HM Treasury）の承認がなければ、地方公共団体も含め、PFI 事業を行うことはできなかったこと、財務省の実質的には実務部隊として機能し、関係省庁（Line Ministry）、地方公共団体に対し、アドバイザリー等を行った PUK（現在は、財務省に設置された IUK に改編されている）が存在していたこと、また、財務省内に設けられた PPP／PFI 担当チーム（PFI Policy Group：いわゆる PFI Unit、制度所管部局を言う）は、実務にたけた民間出身の Head のもと、行政出身者と民間出身者が 5：5 であったことなどにより、行政がイニシアティブを持って PFI を推進したが、わが国の場合、必ずしもそうでなかったということに留意する必要がある。

3　2001年12月の PFI 法改正

2001年4月6日、経済対策閣僚会議で決定された緊急経済対策の「3. 都市再生、土地の流動化」の項において、「内閣総理大臣を本部長、関係大臣を本部員とする都市再生本部を内閣に設置し、環境、防災、国際化等の観点から都市の再生を目指す21世紀型都市再生プロジェクトの推進等を総合的か

---

20)　なお、後述するコンセッション方式は運営期間中も施設の所有権は公共が留保するが、この場合、民間は公共施設等運営権という物権を取得する。

つ強力に推進することとともに、中央省庁の庁舎等について、民間施設と一体的な整備、開発を含め、PFI方式の検討に着手すること」などが定められた。

そして同月、小泉内閣が成立すると、小泉首相は5月7日の所信表明演説において、「都市の再生と土地の流動化を通じて都市の魅力と国際競争力を高めていきます。このため、私自身を本部長とする『都市再生本部』を速やかに設置します。」と述べ、翌8日の閣議において内閣に都市再生本部を設置することが決定された。5月18日には第1回の都市再生本部が開催され、小泉本部長より、内閣の基本課題である「構造改革」の一環として「都市の再生」に取り組むことなどを内容とした「都市再生に取り組む基本的考え方」の表明がなされた。

6月14日に都市再生本部決定された都市再生プロジェクト（第1次決定）では、「3. 中央省庁施設のPFIによる整備　（1）中央官庁施設等公共施設等の建設、維持管理等にあたって、民間の資金やノウハウ等を活用して、低廉・良質なサービスの提供と民間の事業機会を創出するためPFIを積極的に導入する　（2）このため、文部科学省、会計検査院についてPFI手法による建替えと、これらの官庁施設を含む街区全体の再開発について、必要な調査を実施する。」と定められた。

このような経緯もあり、官邸側の意向も強く、予定されているプロジェクト推進に必要な最小限の法律事項を含んだ改正PFI法案が議員立法として国会に提出され、同年12月に成立し、公布・施行された。

その概要は、以下のとおりである。

①公共施設等の管理者等の範囲の拡大

　衆議院議長、参議院議長、最高裁判所長官及び会計検査院長をPFIの発注者となりうる「公共施設等の管理者等」に追加する。これにより、議員宿舎、議員会館、会計検査院等の整備運営についてもPFI事業として実施できることとなった[21]。

②行政財産[22]の貸し付けの取り扱いに関する規制緩和

　その1．行政財産は、私権の設定が制限され、民間事業者が使用する場合、行政財産の管理者の許可が必要となるが、PFI事業の用に供する場合、民間事業者への貸し付けを認める。

　その2．PFI事業として実施する公共施設等（庁舎等）とPFI事業者が実施する民間収益施設が一棟の建物として整備されることを認め（合築）、民間収益施設の底地としても、行政財産について、民間事業者（PFI事業者）への貸し付けを認める。

PFI法の適用のある事業の第1のメリットは、国の事業の場合、通常であれば、国の債務負担行為は5年までであるのに対し、PFI事業では30年に延長される点である。つまり、長期返済が可能となる。したがって人工衛星、成田と羽田を結ぶ鉄道の地下路線区間の整備など、経費が莫大で、担当部局の予算規模では5年間で支払いきれない事業でも実現の可能性が出てくる。また、国有財産の場合、無償、または時価より低い対価で民間事業者が使用できるメリットもある。

　第2のメリットが、民間事業者に対する行政財産の長期貸し付けが可能となること、また、民間事業者（PFI事業者）の収益施設（事務所床、商業施設床としてテナントに賃貸することなどによる）との合築[23]が可能となることである[24]。

---

21)　具体的な例としては、文部科学省、金融庁、会計検査院が入居した合同庁舎7号館、衆議院赤坂議員宿舎、衆参両院の議員会館、東京地家裁立川支部庁舎などがある。
22)　国公有財産は、行政財産と普通財産に分けられる。行政財産とは、行政の用に供する財産を言い、たとえば、庁舎の底地である土地が該当する。普通財産とは、行政財産以外の財産を言い、処分等に関わる規制は、行政財産のほうが厳しい。
23)　1棟の建物を公共と民間が区分所有することとなる。わが国の場合、PFI事業はBTO（施設が竣工した段階で所有権が公共に移転するもの）が過半であることは、前述のとおりであり、7号館事業をはじめとした国交省大臣官房官庁営繕部の庁舎PFI18事業はすべてBTOである。したがって運営段階ではPFI本体事業の部分は公共の所有となり、民間収益施設を所有する民間事業者との間で区分所有することになる。
24)　なお、この後、国有財産法、地方自治法が改正になり、PFI事業以外についても、行政財産の民間への貸し付けが可能となった。

第3のメリットは、税制上の特例が受けられることにある。これは、PFI法本体ではなく、別途税法で個別に税制上の特例が認められる限り適用になる。

　この改正の結果、都市再生プロジェクトとして位置づけられた7号館整備運営事業は、PFI事業として、会計検査院、文部科学省が入居した官庁棟と金融庁と民間収益施設が入居した官民棟が整備され、同一の街区にすでに整備されていた霞が関ビルなどと中央広場で連結し一体となることによって、街区全体の活性化に大きく寄与した。

　ただし、庁舎PFI事業としてこの後に続く合築事業はなく、また、筆者の知る限り、PFI事業全体としても7号館事業以外にはない。民間収益施設が、まさに収益事業として成立する立地環境は限られていること、また、合築施設は、実際に維持管理・運営をすると調整すべきことが多く、複雑な運営を強いられることなどがその理由として挙げられる[25]。

4　2005年8月のPFI法改正

　PFI法附則第2条では、「この法律の施行の日（1999年9月24日）から5年以内に、この法律に基づく特定事業の実施状況（民間事業者の技術の活用及び創意工夫の十分な発揮を妨げるような規制の撤廃又は緩和の状況を含む。）について検討を加え、その結果に基づいて必要な措置を講ずるものとする。」と規定されており、2004年6月になされたPFI推進委員会中間報告も踏まえつつ、議員立法として改正法案が国会に提出され、同年8月に成立し、公布・施行された。

　主な内容は、以下のとおりである。

---

[25]　なお、いわゆるPPP事業としてこのような合築を行っている例として、東京都が実施した南青山一丁目団地建て替え事業がある。これは、民間収益施設と都営住宅、区立図書館、区立保育園といった公的施設からなる複合施設であるが、実際に事業を実施したディベロッパーからのヒアリングによると、合築は実際の運営段階で手間がかかるので、今後は、公的施設が入居する建築物と収益施設が入居する施設は別棟とする提案をしたいとのことであった。

①施設等の整備を伴わない維持管理・運営のみの事業もPFI事業に含まれることを確認的に目的規定に明記したこと

たとえば、2004年に供用開始した八尾市立病院維持管理・運営事業は、施設の整備はPFI事業ではない従来型事業で実施し、維持管理・運営のみをPFI事業で行ったものであるが、このような事業もPFI事業であることを確認的に明記したものである。

わが国のPFI制度が現場での実績追認型の側面があることの1つの例である。

②国公有財産（行政財産）の貸し付けの特例の拡充

公共施設等（庁舎等）と民間収益施設との合築の場合、従来は、PFI事業者である民間事業者のみに底地である行政財産について貸し付け可能としていたのを、PFI事業者から民間収益施設部分を譲渡された第三者にも貸し付け可能等としたものである。

③PFI事業と指定管理者との整合

2003年に改正された地方自治法により、指定管理者制度が導入された。指定管理者制度とは、従来、地方公共団体等の出資法人に限られていた公の施設[26]の管理についても民間事業者に門戸が開放されたものである。指定管理者の指定の手続き、指定管理者が行う管理の基準及び業務範囲は条例で定めることになる。また、施設の利用権限は、指定管理者に委任され、指定管理者は条例で定めた上限の範囲内であれば利用料金の設定が可能であり、その料金を指定管理者の収入とすることができる。たとえば新仙台市天文台整備・運営事業は、公の施設となる天文台の整備・運営について利用料金を市民から収受することを前提にPFI事業を行い、PFI事業者となる民間事業者は、指定管理者の指定も受ける必要がある。この場合、地方公共団体は、PFI事業契約の締結と指定管理者の議決を同一の議会で行う等、手続きの簡素化等に配慮すべきこととし、PFIと指定管理者制度の整合を図ることとした。

---

26) 住民の利用に供するための施設。したがって、庁舎、試験研究所などは、公の施設に該当しない。市民ホールや美術館、市民センター、病院などが公の施設に該当することになる。

④ PFI 法の少なくとも 3 年ごとの見直し

従来、5 年間であった PFI 法の見直しを 3 年間に改正した。

5 　競争的対話方式の導入、2007年 PFI 推進委員会報告およびそのフォローアップなど

(1) 競争的対話方式の導入

　2005年 8 月の PFI 法改正では、附則第 3 条で、「政府は、公共施設等に係る入札制度の改善の検討を踏まえつつ、民間事業者から質問又は提案を受けること等の特定選定（特定事業を実施する民間事業者の選定をいう。以下この条において同じ。）における民間事業者との対話の在り方、段階的な事業者選定の在り方、特定選定の手続きにおける透明性及び公平性の確保その他の特定選定の在り方について検討を加え、その結果に基づいて必要な措置を講ずるものとする。」と規定されており、この規定に対する対応が求められていた。

　一方、EU では、2004年 4 月に公布された新 EU 公共調達指令（2004/18/EU Directive）第29条で、競争的対話方式（Competitive Dialogue）という新たな調達方式が規定された。

　この競争的対話方式は、発注者が、事業の法的・財務的構造が複雑である場合などの要件に該当すると認定した場合、その発注につき適用することとされた調達方式である。具体的には、資格審査を行い、対話を行う応札者を数者（最低 3 者）に絞り込み、これらの者とこれから結ぶこととなる契約について、価格を含むあらゆる側面について議論（対話）を行い、議論が収斂した段階で応札者から解決案（最終入札）を求める。発注者は、経済的に最も有利[27]な入札を選定する。EU 指令の説明文書では、「事業の法的・財務的構造が複雑である場合」の例示として、PPP／PFI を挙げており、PFI がこれに該当することは明らかであった。

　PFI においては、そもそも発注者は性能の仕様のみを示し、民間の創意工

27）　経済的に最も有利な入札の基準として EU 指令が例示しているのは、品質、価格、技術的価値、アフターサービスなど、あらゆる側面に及んでいる。

夫を生かした解決策を求めるものである。発注の対象については、発注者に必ずしも知見やノウハウのないものもあり、また、性能発注のゆえに応札者も発注者の意図を正確に理解するためには発注者とコミュニケーション（対話）をする必要がある。民間であれば、具体的な調達の際には、相手方とさまざまな交渉を行うのが一般であろう。

そもそもイギリスにおいては、PFIについては交渉手続き方式（Negotiated Procedure）という調達方式がとられていた。これは、発注者と応札者がコミュニケーション（対話：交渉）を行い、最終提案を提出させ、その結果、優先交渉権者（Preferred Bidder）を選定し、契約の具体的な細部をこの優先交渉権者と詰めていくというものである。しかし、手続きの透明性、応札者の取り扱いの公平性の観点から、EU委員会はこの交渉手続きにつき問題ありとし、これに代わる方式として、競争的対話方式を定めたのである。

わが国においても、当時、病院PFI、刑務所PFIといった、運営の比重が重く、発注者のみの能力で要求水準書[28]などを作成することが困難なものが増加し、入札公告前の要求水準書作成段階から、発注者と応札者（予定者を含む）が、コミュニケーション（対話）を行い、公共の真の需要を民間が的確に把握し、その需要に沿ったイノベーティブな解決策を提案する枠組みの構築が求められていた。

このような状況のもと、EU委員会事務局の担当者より直接ヒアリングを行い、すでにこのような対話方式を取り込んだ東京都の病院PFIの事例を参考としたうえで、会計法を所管する財務省、地方自治法を所管する総務省などの関係省庁と協議・調整を行い、2006年11月、関係省庁連絡会議幹事会申合せとして、現行の制度の枠内（総合評価一般競争入札または公募型プロポーザル方式を活用）で可能な枠組みを公表した。

この関係省庁連絡会議幹事会申合せは、2013年にPFIについてより民間のノウハウを生かす観点から改定されたPFI事業実施プロセスに関するガイドライン中、「4–1　民間事業者の募集、評価・選定（11）②–2　対話」におい

---

28)　要求水準書とは、性能発注の仕様書のことを言う。PFIは、性能発注が原則であることは、本章第8節（1）を参照されたい。

図4-3　PFI関係省庁幹事会申合せ

PFI関係省庁幹事会申合せ（平成18年11月22日）の背景

1. 病院や刑務所のように、**運営の比重が高く、発注者のみの能力で要求水準等を作成することが困難な事業の出現**
2. 平成17年PFI法改正附則第3条に基づく**民間事業者との対話の在り方、段階的な事業者選定の在り方等の検討の必要性**
3. 欧州における**競争的対話方式の導入**の状況

↓

PFI関係省庁幹事会申合せの基本的考え方

応募者が発注者の意図を明確に把握して提案するためには、
十分な意思の疎通＝対話が必要

↓

PFI関係省庁幹事会申合せのポイント

	前申合せ（平成15年3月20日）	本申合せ（平成18年11月22日）
対象事業	PFI事業を対象とし、分野等を限定せず。	病院や刑務所などの**運営の比重の高い案件等に適用する**ことを想定。
段階的審査	事業計画の概要による絞込みを可とするも、**具体的ルールは示しておらず**。	**絞込みについての一定のルール及び例について示している。** **一定の基準により点数評価、最低3者程度が妥当**等。 マネジメント能力等の実質的な能力に関しての**資格審査を行い、絶対評価基準に満たない応募者を欠格とした事例**につき例示。
対話	発注者と応募者の間での十分な意思疎通の必要性は指摘するも、個別の対面での口頭による対話が可能か否かについて言及しておらず。	必要に応じて**応募者ごとの対面での口頭による対話も可**。 公平性の確保等につき、**具体的な留意点を提示**。
落札者決定後の変更	応募条件等の変更の余地を指摘するも、変更可能なケース等は**具体に言及しておらず**。	落札者決定前に対話を行うことにより落札後の変更を最小化する必要性あり。あわせて落札後の応募条件等の変更が可能となる「**競争性の確保に反しない場合**」につき例示。

出所：内閣府資料。

ても引用されている。

具体的な内容は図4-3のとおりである。

(2) 国際的な情報ネットワークの構築

近年のPPP／PFI需要の国際的な高まりを受け、先進国、開発途上国を問わず情報ネットワーク構築の動きが本格化した。2005年には、IMFのセミナーが韓国のソウルで開催され、このセミナーはその後、ブラジルなどでも開催された。また、2007年10月には、ソウルにおいて韓国企画予算処（当時）主催、国連アジア太平洋経済社会委員会（UNESCAP）後援の「インフラ整備のPPPに関する2007年アジア太平洋大臣級会議」が開催され、標準契約などの情報の共有・標準化のために各国が協力することなどを含む宣言が採択された。

これらはいずれもアドホック（臨時的な）会議の例であるが、経常的に行うPPPの国際会議として、世界銀行が主催する「PPPI（Public-Private Partnership in Infrastructure）Days」の第1回会合が2006年に開催された。これは、世界銀行が、世界銀行グループおよび傘下の団体の協力のもと、立ち上げたものであり、2007年、2008年と会合を重ねている。2006年の会合発足時には、先進国、開発途上国あわせて23カ国から40人が、2007年には38カ国が参加した[29]。

しかし、このような国際会議では、すべての国のニーズが一致するわけではない。そのため、わが国独自に情報ネットワークを構築してPPP／PFI実施諸国と情報共有を行い、わが国のPPP／PFIにとって有益なノウハウを入手し、あわせてわが国から情報発信を行い、国際的な貢献を図ることが、わが国のPPP／PFIの発展に必要不可欠となる。

このような認識のもと、二国間の情報交換の取り組みとして、2006年に第

---

29) 筆者は、第1回会合、第2回会合に出席したが、第2回会合では、世界銀行の要請に応じ、わが国のPFIの現況について報告を行った。また、2005年に開催されたIMFのセミナーに出席したほか、国連アジア太平洋経済社会委員会（UNESCAP）後援の「インフラ整備のPPPに関する2007年アジア太平洋大臣級会議」（日本政府としては不参加）にあわせて行われたビジネスフォーラムにおいて、わが国のPFIの現況について報告を行った。

1回日韓定期PFI推進交流会議を実施し、また2007年にはおおむね同様の課題を共有すると考えられるPPP／PFI先進国を中心としてインターネットを活用した情報交換を行うPPP Web Tokyo Conferenceを開催した[30]。日韓定期PFI推進交流会議は、その後2009年までに4回の会合を重ね、現在でもこの交流会議の枠組み自体は生きている。また、PPP Web Tokyo Conferenceは、2008年にも継続して開催した。

(3) 2007年PFI推進委員会報告およびそのフォローアップ

2005年8月に改正されたPFI法附則第2条において、「政府は、少なくとも3年ごとに、同法に基づく特定事業の実施状況（民間事業者の技術の活用及び創意工夫の十分な発揮を妨げるような規制の撤廃又は緩和の状況を含む。）について検討を加え、その結果に基づいて必要な措置を講ずる」ものとされている。

これを受け、2007年6月より、PFI推進委員会において、国の取り組み状況などを検証し、今後のPFIのあるべき展開方法などについて検討を行い、同年11月に、その成果を「PFI推進委員会報告―真の意味の官民パートナーシップ（官民連携）実現に向けて―」として公表した。とりまとめにあたっては、民間事業者（経済団体、金融機関）、関係各省、地方公共団体からのヒアリング、公共施設等の管理者等（PFIの発注者）へのアンケート、公開意見募集の成果も踏まえて検討を行った。

この報告は、PFIの現状について、民間事業者には、実際の事業の進捗を見ると、官民が対等な立場にあるとは言い難いという強い不満があり、公共施設等の管理者等には、PFIは手間がかかり、使いやすい手法になっていないので、敬遠する動きがあると指摘している。そして、今後のあるべき方向として、対等なパートナーシップの実現のための速やかな環境の整備、標準化・ノウハウの共有による、より使いやすい制度への改善、成果の現場への速やかな浸透を挙げている。さらに、その具体的な検討策として15の課題を整理、その対応の方向性を明示した。

---

30) この成果は、内閣府PFI推進室（2008）で公表した。同PFI推進室のホームページでその内容を見ることができる。http://www8.cao.go.jp/pfi/

特にこのうち、要求水準の明確化、契約書等の標準化の推進が喫緊の課題であるとの認識のもと、2008年1月以降、PFI推進委員会でこの2つの課題について、集中審議を行った。そして同年7月のPFI推進委員会において、「PFI事業契約に際しての基本的な考え方とその解説（案）」および「PFI事業契約との関連における業務要求水準書の基本的考え方（案）」を公表し、広く意見を求めることとされた。2009年4月、PFI推進委員会において、「PFI事業契約に際しての諸問題に関する基本的考え方」および「PFI事業契約との関連における業務要求水準書の基本的考え方」が了承され、公表された。また、2010年3月には、PFI推進委員会において、「PFI標準契約1（公用施設整備型・サービス購入型版）」がとりまとめられた。

このほか、VFMに関するガイドラインについては、より透明性を確保する観点などから2007年、2008年、2013年の3回にわたり、PFI推進委員会において改定がなされ、現在に至っている。

6　コンセッション方式の導入等——2011年6月のPFI法改正

2009年9月に民主党政権が誕生すると、前原国土交通大臣（当時）の指示のもと、国土交通省においてPPP／PFIを含む成長戦略が検討され、2010年5月に公表された。軌を一にして、PFI推進委員会においても同年5月に「PFI推進委員会中間とりまとめ」が作成され、これらの成果が同年6月に閣議決定された「新成長戦略」に盛り込まれることとなった。「新成長戦略」においては、PFI制度にコンセッション方式を導入することが掲げられ、また、PFI事業規模について、2020年までの11年間で、少なくとも約10兆円以上[31]の拡大をめざすこととされたのである。

この新成長戦略を踏まえ、2011年に政府提出法案として、コンセッション方式の導入をその主な内容としたPFI法の改正法案が提出され、同年5月成立し、6月1日に公布された。

---

31)「新成長戦略」では、「これは、PFI法施行から2009年末までの11年間における事業累計約4.7兆円の2倍以上にあたる。」としている。

それでは、このコンセッション方式（PFI法上は、公共施設等運営権）とは、どのようなものであろうか。

従来でも、独立採算型のPFI事業を行うことは法的に可能であり、羽田空港国際線旅客ターミナルがその代表的事例である。しかしながら、PFI事業の大半はサービス購入型であり、独立採算型事業の数はごくわずかにすぎなかった。また、道路、空港などのいわゆるインフラについてのPFI事業は数件にとどまっていた。折しも国、地方公共団体の財政状況は深刻なものがあり、道路、空港などのインフラも含め、民間の独立採算型事業を推進し、公費の支出を削減すること[32]が、独立採算型事業の一類型であるコンセッション方式導入の目的であった。

コンセッション方式は、新たに公共施設等運営権という物権をPFI法により創出し、民間事業者にその公共施設等運営権が設定されることにより、公共施設等（道路、空港などのインフラを含む）の運営を、長期（一般には30年以上）にわたり、利用者からの料金収入などを徴収することによって独立採算で行うというものである。この公共施設等運営権の設定にあたり、民間事業者はその対価を公共に支払う。いわゆるコンセッション・フィーである。施設の所有権は公共が留保するものの、ありていに言えば、期限付きで施設の運営権を民間に売り払うことにより、国、地方公共団体の財政状況の改善に資することを意図したものであった。また、物権であるため金融機関が抵当権を設定でき、融資した資金を回収しやすくなる利点があった。

PFI法の改正とほぼ軌を一にして、同年5月、「関西国際空港及び大阪国際空港の一体的かつ効率的な設置及び管理に関する法律」が公布された。同法では、関西空港と伊丹空港を統合して新会社を設立し、同会社がPFI法により民間に運営を委ねる場合には、コンセッション方式によることが義務づけられている。

PFI法の改正では、このほか、人工衛星などPFIの対象施設の拡大、民間事業者による提案制度の導入、民間事業者への公務員の派遣等についての配

---

32) サービス購入型は、単年度の負担は平準化するものの、公共の総負担額はVFM創出分のみ削減されるにとどまる。

慮、関係閣僚からなる PFI 推進会議の創設（会長：内閣総理大臣）が盛り込まれた。

7　PFI 推進機構の設立──2013年6月の法改正

　このようにコンセッション方式が導入されたものの、2014年5月1日現在で、コンセッション方式の事業が実施された実績は未だない。コンセッション方式が導入されてから2年強が過ぎた後の同年2月、独立行政法人の国立女性教育会館が、同年4月に仙台空港が実施方針の公表を行ったにすぎない。国立女性教育会館では、同年10月に、仙台空港では、2015年8月頃に民間事業者が選定される予定である。

　このように、コンセッション方式の導入が必ずしも前進しないのは、民間事業者、ひいては、事業に融資する金融機関が、需要リスクを負担しなければならないことにある。事業の需要の先行きを予測することは難しい。現に需要の先行きを甘く見積もり、破綻した PFI 事業の例は、わが国にも存在する。金融機関がコンセッション方式に慎重なのも、それなりにうなずけるところがある。

　このような問題意識のもと、2012年の通常国会に PFI 推進機構の設立を内容とした PFI 法の改正法案が政府提出法案として提出された。この PFI 推進機構は、コンセッションなどの独立採算型の事業を行う民間事業者（SPC）に対し、出資金についでリスクの高いメザニンと呼ばれる部分（優先株、劣後債など）に出融資し、金融機関の負担するリスクを軽減しようとするものである。優先株の場合、PFI 推進機構は出資者とはなるが、株主としての権利は行使できない。PFI 推進機構は、官民の共同出資（国の出資は2分の1以上）によるいわば官民連携インフラファンドであり、オーストラリアなどの諸外国では一般的なインフラファンドの組成も誘引し（現在のところ、わが国では、本格的なインフラファンドは存在しない）、コンセッションなどの独立採算型事業への資金提供の市場を創出することを究極的な目的として、15年間を目途に業務を終了するものである。

この改正法案は、同年11月に衆議院が解散されたため廃案となったが、12月に発足した自民党・公明党連立政権により2013年に再び国会に提出され、同年6月に成立・公布され、9月に施行された。PFI推進機構は10月7日に設立され、現在に至っている。国の出資は100億円で民間からの出資も同額、また政府保証が3,000億円ほどついている。なお、2014年度は、国から、2013年度の100億円の出資に追加して300億円の出資、政府保証額は3,640億円を計上している。

8　PPP／PFIの現状と課題

　自民党・公明党連立政権のもと、2013年6月には、PPP／PFIの抜本改革に向けたアクションプランがPFI推進会議で決定され、PFI法に定められたPFIのみならず公的不動産の有効活用（PRE）など、PPPによるものも含め、10年間で12兆円の事業を実施することとされた。
　また、コンセッションに関わるガイドライン等がPFI推進会議で決定された。同年6月に閣議決定された日本再興戦略にもコンセッションを含むPPP／PFIの活用につき、詳細に明記された。さらに、国管理空港等（地方管理空港を含む）について、コンセッションを導入することを可能とする「民間の能力を活用した国管理空港の運営に関する法律」も成立・公布され、同年7月に施行された。
　前述したとおり、仙台空港については、同年11月に「PFI（コンセッション）の事業基本スキーム（事業実施方針の概要）」が公表され、民間として事業化しうるものであるかどうかを問う、マーケットサウンディングに付された。その結果を踏まえ、2014年4月に実施方針が公表され、同年6月頃に公募、競争的対話を経て、2015年8月頃には民間事業者が選定される予定である。また、愛知県より、構造改革特区を活用した有料道路事業へのコンセッション方式の導入につき、2013年5月に提案され、採択される見通しである。
　さらに、首都高速道路の老朽化対策として、民間都市開発と一体的に行うPPPの活用[33]により、都市と高速道路の一体的な再生の推進を行う具体的な

方策につき、築地川区間をモデルケースとして検討が行われるなど、現在、政府の政策アジェンダにおけるPPP／PFIの優先順位は高い。

最後に長年、PPP／PFI政策の立案と実施に携わった者として、PPP／PFIの課題について数点付言したい。

(1) サービス購入型PFIについての再認識の必要性

イギリスにおいて、PFIとは、わが国で言うサービス購入型PFIのことであり、コンセッション方式は、PFI方式とは異なる別個の政府調達方式として認識されている。

それでは、サービス購入型PFIとは、どのようなものなのであろうか。それは、たとえば、病院のPFIであれば、病院という施設の整備、管理、運営、また、その施設の中で提供されるサービスそのもの（医療行為以外のサービス）をそれぞれ分けて考えず、全体をまとめて、民間事業者が、発注者である公共に対し、病院サービスとして提供し、公共はその質に見合った対価を各年度ごとに支払い、それを購入するというものである。

公共は、調達段階で民間事業者に示した要求水準に照らし、運営段階などでサービスが要求水準に達していなければ、その業績に応じて支払い額を減ずる（「業績連動支払い方式」）（図4-4）。いわゆるユニタリーペイメントである。近年サービス購入型は「延べ払い型」だという立論があるが、これは、サービス購入型の本質を理解していないまったくの誤解である。減額の額によっては、建設工事費などに対する金融機関の融資の回収が滞り、金融機関の債権が毀損する可能性がある。そのような事態が発生しないよう、事業のライフサイクルを通じ、金融機関は事業のモニタリング（監視）を行うことになる。サービス購入型PFIを実施する1つのメリットは、発注者のみならず、金融機関もPFI事業の進捗に関与し、事業の成果の発現をより強く担保

---

33) 具体的には道路法に規定された立体道路の制度を活用し、首都高速道路の上部空間に容積率（建築物の床面積の容量）を創出し、これを民間に売却することによって老朽化対策の費用にあてようとするもの。

図4-4　PFIにおける公共と民間の連携プロセス（サービス購入型）

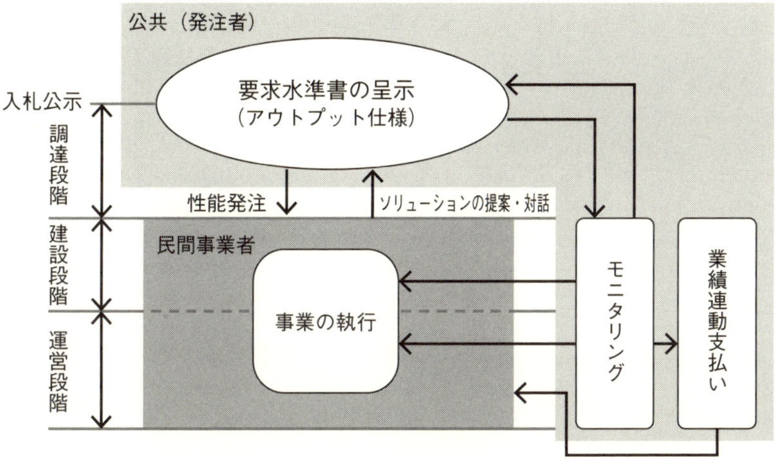

（図：公共（発注者）側に「要求水準書の呈示（アウトプット仕様）」、民間事業者側に「事業の執行」、右側に「モニタリング」「業績連動支払い」。左側に「入札公示」「調達段階」「建設段階」「運営段階」、矢印で「性能発注」「ソリューションの提案・対話」が示されている）

出所：筆者作成。

することにある。発注者である公共と金融機関はダイレクトアグリーメント（直接協定）を締結し、情報を共有し、事業の破綻を未然に防ぐ枠組みを構築する。

　また、サービス購入型 PFI は性能ベースで仕様を定め（アウトプット仕様：性能発注）、施設の整備運営といったライフサイクル全体の提案を求めるのが原則である。これは、たとえば、下水道の汚水処理施設の場合、具体的な仕様は一切示さず、一定の水質基準をクリアする性能の施設の整備運営の提案であれば、どのような提案でも認めるというものである。民間は、創意工夫を生かしたイノベーティブな解決策（ソリューション）を提案し、公共は、価格、機能、デザイン、地域への貢献などといったさまざまな観点から総合的に評価し、最も高い評価を受けた者を選定することになる。

　このように、イギリスで形成されたサービス購入型 PFI のコンセプトは、民間のイノベーティブな提案を誘引し、また、「延べ払い型」ではなく、「業績連動支払い方式」で、金融機関も巻き込み不断に要求水準の達成を事業のライフサイクルを通じ図っていこうとするものである。従来型事業とはまっ

たく違う異次元の事業手法なのである。

　しかしながら、わが国のサービス購入型 PFI が、イギリスのその本来のコンセプトから大幅に乖離しているのも事実である。その第 1 の具体例が、「契約に関するガイドライン」で、BTO については、「施設の建設工事業務に相当する『サービス対価』は確定債権として減額の対象としない」としていることである[34]。前述したとおり、PFI 事業者は、建設工事費につき、金融機関からの融資を受けるのが一般であるが、「契約に関するガイドライン」で示している内容は、BTO については、実質的にこの金融機関の債権を保全することを意味するものである。

　第 2 の具体例は、このように BTO の場合、融資元本が保全されるのに加えて、PFI 事業者が金融機関に支払う金利分についても全額を公共が支払うのが一般的な契約形態であるということである。この 2 つを総合してみると、BTO の場合、たしかにサービス購入型 PFI は、金融機関からの融資については、「延べ払い型」になっていることになる。

　一方、わが国でもイギリスのサービス購入型 PFI のコンセプトに忠実な事業も存在する。その 1 つが刑務所 PFI である。これは BOT で、金融機関からの融資部分も含め、業績連動支払いで減額することが可能となっている。

　今、必要なことは、サービス購入型 PFI に「延べ払い型」という負のレッテルを貼ることではなく、わが国の制度・契約慣行がイギリスの本来のコンセプトを歪めていることを正しく認識し、これを改め、真の意味で VFM（国民（納税者）にとっての価値最大化）が創出される枠組みに変えていくことなのである。

(2) 公的資金（地方債等）を活用した PPP／PFI 実施の合理性

　PFI は、(1) で触れたとおり、民間資金を活用し、民間の金融機関等も事

---

[34] PFI 推進委員会報告（2007年）では、「3. 現下の PFI の課題と今後の対応の方向性　3-2 個別の課題 5) 運営段階における課題に対する適切な対応 (2) 事業の運営が適切になされるようなモニタリング、支払いメカニズムの充実、②金融機関のモニタリング等の役割の重要性とユニタリーペイメントについての普及啓発（18ページ）」の部分で、「契約のガイドライン」のこの部分につき問題視している。これは、当時報告の草案を作成した筆者の問題意識によるものであった。

業遂行リスクを負うことが、その特徴の1つである。しかしながら、PFIの本質は、民間によりイノベーティブなソリューションが提案され、それにより、国民（納税者）にとっての価値（VFM）が最大化することである。この制度の趣旨が生かされる限りで、公的資金をPFIに活用することはありうるのであり、イギリスにおいても、クレジット・ギャランティ・ファイナンス（Credit Guarantee Finance: CGF）[35]と称する公的資金を活用するスキームが存在する。

わが国においても、東京都による多摩の病院PFI事業[36]の施設整備費等と医療器械等整備費に関わる資金については、全額、東京都が起債により調達し、建設期間中、PFI事業者に対し、出来高に応じ、サービス対価として支払い、竣工検査に合格した段階で残額すべてを支払う立て付けとなっている。

病院PFI事業の場合、医療法の制約から、PFI事業者は診療業務を担うことはできず、施設整備に加え、医療事務、食事提供、洗濯のような医療関連業務、医薬品の調達業務、維持管理業務などがその事業の対象になる。すなわち、地方公共団体が経営する病院事業については、診療業務と全体の経営は地方公共団体が行い、その他の業務について、PFI事業者が行うことになる。病院事業は、開業後数年間、診療業務に関わるものも含め、莫大な経費がかかることになる。起債により、施設整備費などの資金を調達した場合、償還期間は30年となり、当初5年間は支払いが据え置きとなる。一方、民間資金を活用した場合、初年度から償還が始まることになり、病院経営全体の収支を悪化させる要因となる。また、金利水準も起債のほうが安い。病院事業を健全に経営する観点から見ると起債による調達のほうが合理的ということになる[37]。実際、病院PFI事業15事業（このうち1事業は運営維持管理業務のみ）[38]のうち、起債により施設整備費などについて資金調達された事業は

---

35) CGFの詳細は、町田（2009）を参照されたい。
36) 正式名称は、東京都立多摩総合医療センター・小児総合医療センター整備等事業。
37) 事実上破綻に至った近江八幡市民病院整備運営事業は、施設整備費等の調達は全額民間資金によるものである。もとより、破綻に至った理由は複合的なものであるが、この事例に限って言えば、これも1つの要因であることは否めないものと考えられる。
38) 古島（2011）による。

9事業である[39]。このうち、資金調達の半分が民間資金である事業が1事業、10％が民間資金である事業が2事業であり、残りの6事業は、全額起債によるものである。PFIの本質は、民間の裁量の幅を可能な限り拡大し、公共では思いつかないイノベーティブなソリューションが民間から提案されることにより、国民（納税者）にとっての価値（VFM）が最大化することにある。これさえ担保されるのであれば起債により資金調達することは首肯されると考える。

　地方債による資金の調達のほうが調達コストが安いがゆえにPFIが活用されないという議論があるが、これは必ずしも当を得ていないと考える。山内・手塚（2000）が明確に指摘しているように、そもそも「民間資金の調達コストが政府による直接供給の場合より高くなる可能性が大きい」ものであり、したがって、「PFI事業が優れたVFMを示すためには、他の分野において資金調達コストの差異をカバーするだけの効率性が発揮されなくてはならない」のである。これが、まさにPFIの本質である。

　下野・前野（2010）は、「2005年度末までに入札・契約が行われVFMに関するデータの揃っている138件に対し計量分析」を行い、その結果、民間事業者が「主に建設費の圧縮により経費削減をはかろうとしている」ことが確認できたとしている。これを前提にすれば、わが国においては、民間資金による調達コストの高さをカバーする建設費を圧縮したイノベーティブなソリューションの提案により、主にPFIが推進されてきたと言えよう。また、病院PFI事業の例で触れたとおり、PFIの制度の趣旨が担保される限り、起債によって安価に資金調達を行うことも首肯されると考える。PFIと地方債による資金調達はトレードオフの関係にあるものではない。

(3) 真の意味の官民連携（官民のWin-Winの関係）の実現に向けて必要なこと[40]

　PPP／PFIとは、「官から民へ」というキャッチフレーズのもと、完全に民

---

[39] これら9事業のうち、資金調達の半分が民間資金のものを除くすべてが、多摩のPFI事業の実施方針公表後に実施方針が公表された事業である。
[40] ここで示している内容についての詳細は、町田（2009）を参照されたい。

間に移行するという考え方ではなく、公共と民間がそれぞれ異なるリソースと行動原理を有していることを前提としたうえで、協働して解決策を構築していくことである。公共と民間がこのような違いを踏まえ、ゴールを共有し、Win-Winの関係を構築して初めてPPP／PFIは成立するものなのである。公共は、VFM（国民《納税者》にとっての価値最大化）を求め、民間は収益を上げることを求める。この両方が成立し、Win-Winの関係が構築されない限り、PPP／PFIは成立しないのである。

しかしながら、現実には、公共は、民間のこのような行動原理を必ずしも理解していない。結果として事業を公募しても手を上げる民間事業者がゼロといったことはよくあることである。このような事態を回避するには、事業の企画段階から民間が参画することが有用である。横浜市が実施した関内活性化事業のように、このような考え方を踏まえた調達手法を採用した事例もある[41]。また、イギリスでは、アーバン・リジェネレーション・ビークルというスキームが活用されている。これは、官民がジョイントベンチャーを設立し、住宅開発などの企画段階から事業のライフサイクル・ベースで民間が関与しつつ、事業を実施していくものである。

また、アメリカ、そして、韓国には民間からの企画提案（Unsolicited Proposal）を受け付けるという制度があるが、これには以下のような課題もある。

(4) 民間の事業の企画段階からの関与（Unsolicited Proposalなど）の課題

アメリカのバージニア州は、民間からの企画提案（Unsolicited Proposal）を受け付ける制度を採用している。民間提案と通常の公共発注との比率は、バージニア州の場合、65：35である。

しかしながら、民間が自由に企画提案しているわけではない点に留意する必要がある。州政府は、具体的な事業のWish Listというものを作成し、この中に提示されている事業の枠内で、民間事業者は提案することになるので

---

41) 2008年に優秀提案4件を選定し、2009年にこれらの提案を踏まえた整備案が第三者委員会により提言されたが、市長交代により、白紙となった。

ある。また、バージニア州の場合、ほぼ200の民間提案の事業が現在進行中か終了している一方、少なくとも100の民間提案が拒絶されている。

　民間からの企画提案（Unsolicited Proposal）を受け付ける制度を全面的に賞賛する論があるが、現実に実施されている企画提案の制度は、このように、あくまで公共が示した事業の枠内でなされているのである。また、実施されている事業のほぼ半数に該当する事業が拒絶されているということは、民間の提案が玉石混淆ということである。民間の提案だから常に優れているということはありえない。PPP／PFIは官民が協働してWin-Winの関係を構築していくものであり、民が企画段階から参画するのは、民間事業として収益性の上がる事業として、事業を組み立てていくことにその本義がある。グローバルに見ても民間からの企画提案の制度を採用しているのは少数という声もある。筆者の知る限り、ヨーロッパにおいて採用している例はない。民間からの企画提案の制度の導入について何ら異議をはさむものではないが、その導入にあたっては、実例について調査し、その課題を克服することを十分に検討する必要がある。

(5) 強力なリーダーシップの必要性

　わが国のPPP／PFIがここまで発展してきたのは、節目節目で強いリーダーシップが発揮され、ブレークスルーが実践されたことの結果である。良し悪しは別として、政治の関与があったからである。

　また、財務省が、予算の査定などの際、従来型事業で予算要求したものにつき、PFIで行うことを推奨したことにより、PFI事業で行われたものがあるのも事実である。これは、わが国においてもユニバーサルテスティング[42]が事実上行われてきたことを意味するものである。

　イギリスにおいても政権が代わるごとにPPP／PFIへの対応が大きく変容するのは、PPP／PFI施策における政治のイニシアティブの占める割合が大

---

[42] 保守党政権のもと、イギリス財務省が1994年に導入した、「すべての公共事業は原則としてPFIの適用可能性を検討しなければならず、検討しない案件には予算をつけないというルール」（野田（2003）による）。労働党政権発足後の1997年、同制度は廃止された。

きいことによるものであろう。

　長くPPP／PFIに携わった者として、政治に対する期待は大きい。

(6) コンセッション方式、インフラファンドなどの実現に向けての課題

　前述したとおり、コンセッション方式は、需要リスクを民間が負担するものである。金融機関が融資を躊躇するのはそれなりの合理性があることはすでに述べたとおりである。このような事態を打開するためには、デット（金融機関の融資の部分）の比率を下げ、メザニン、そしてエクィティ（出資の部分）の比率を高め、この部分に資金を提供する、いわばリスクを負担する事業者、そして投資家の存在が必要不可欠である。インフラファンドもこのような文脈でその組成が求められているのもすでに述べたとおりである。この際、インフラファンドへの投資家として期待されているのが、年金基金である。近年の年金基金の運用資産の総額は300兆円程度で推移しており、そのうちの1％でもインフラに投資されれば莫大な金額がPPP／PFIに流れ込むことになる。しかし、ここで留意する必要があるのは、リスクをとる投資家はそれに見合ったリターンを求めるということである[43]。逆に言えば、そのようなリターンが回収できる事業でなければコンセッション方式は成り立たないということである。

　現実にわが国でそのような事業案件を組成するのは難しいであろう[44]。

　そこで考えられるのが、公共の支援である（図4-5）。韓国においては、運営段階での需要変動リスク緩和の支援措置として最低収入保証制度（MRG: Minimum Revenue Guarantee）という制度が導入された[45]。このようなものも一案であろうし、混合型といい、サービス購入型と併用していくもの

---

[43] 海外では、十数％というのが相場と言われている。
[44] 筆者が外資系金融機関の関係者と意見交換した際、少子高齢化が進み人口減少することが確実なわが国においてコンセッションについての稟議を本社に送っても通る見込みはない（上下水道にしても、道路にしても、今後30年超のスパンで見た場合、需要が右肩下がりであることは明らかである）との意見をうかがった。また、唯一可能性があるのは、アジアからのインバウンドの需要を取り込める空港のみであろうとのことであった。
[45] 2009年度に廃止。

図4-5　公共による支援措置の例

1．韓国におけるPPPに関わる公的な支援措置

①建設段階における補助金の交付

補助金投入後の利回りをIRRベースで見ており、メルクマールとしてたとえばIRRを12%から13%程度の水準とし、この水準を確保できる補助金を当初段階で投入することとしている。

②運営段階の需要変動リスク緩和の支援

通行料収入について当初見込み額を事業者が立て、これを一定水準下回る場合、事業者はその額について補填され、逆に当初見込み額を一定水準上回る場合は政府に還元するという最低収入保証制度（MRG: Minimum Revenue Guarantee）が措置されていた(2009年度に廃止)。

2．競合路線条項

アメリカのコンセッション契約にある条項。
公共に対し道路の経営に対する悪影響を避けるために、競合路線の建設の禁止を課するもの。

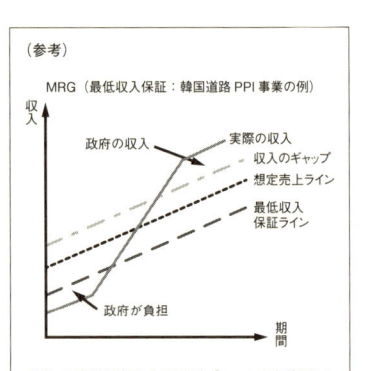

(参考)
MRG（最低収入保証：韓国道路PPI事業の例）

- 政府の収入
- 実際の収入
- 収入のギャップ
- 想定売上ライン
- 最低収入保証ライン
- 政府が負担

出所：三菱総研資料（石田哲也「ファンドを活用したインフラ整備の方式――韓国のインフラファンドとそれを支えるPPIシステム」、リアルオプションと戦略、2009年3月に加筆）

の導入を積極支援するのも一案であろう。

いずれにしても、コンセッション方式をわが国に根付かせ、民間の資金を導入する市場を形成していくためには、このような現実的な施策を講ずることが必要不可欠である。

(7) グローバルなPPP／PFI市場でのプレゼンスの確立に向けての課題

アジアなどでのインフラ整備の需要は莫大なものがある。このような需要をわが国の経済成長に取り込むため、政府は積極的にインフラ輸出を行っている。しかしながら、価格競争力でまさる中国、韓国などとの競争は厳しいものがある。

これらに打ち勝つためには、価格以外の要素に着目してもらい、そこで比較優位を確立していく必要がある。今、このような観点から着目されているのが日本型ライフスタイルそのものの輸出である。わが国では当たり前のように思われている正確に運行される鉄道、駅の中にあるショッピングセンター、ごみが定期的に回収され清潔なまち、蛇口をひねれば飲むことのできる

水道の存在、これは、アジアの諸国にとってはあこがれである。このようなまちづくりのソフトも含め丸ごと輸出する試みがすでに実施されている。横浜市、北九州市[46]等の地方公共団体がアジアの諸都市と協定を結び、地元の民間事業者と連携して実施しているのである。

アジア諸国においても PPP／PFI は活用されているが、現実には、わが国の民間事業者にとってその応札は厳しい。ガラパゴス化したわが国の PPP／PFI のノウハウは役に立たないことが多いようである。

このような状況のもと、ここで触れた地方公共団体の PPP／PFI の取り組みは、グローバルな市場において、わが国がプレゼンスを確立する1つのヒントを与えているのではないだろうか。

(8) VFM についての再認識の必要性

イギリスで生まれた PFI は、VFM の創出がその実施の前提条件である。

図 4–6　VFM（Value for Money）：納税者に対するサービスの価値を最大化するための基準

「Money」：納税者の税金、利用料
「Value」：納税者にとっての価値：金銭的な評価ができないものも含まれる
VFM 評価は単なるコストの削減ではなく価値の最大化の観点からなされるもの

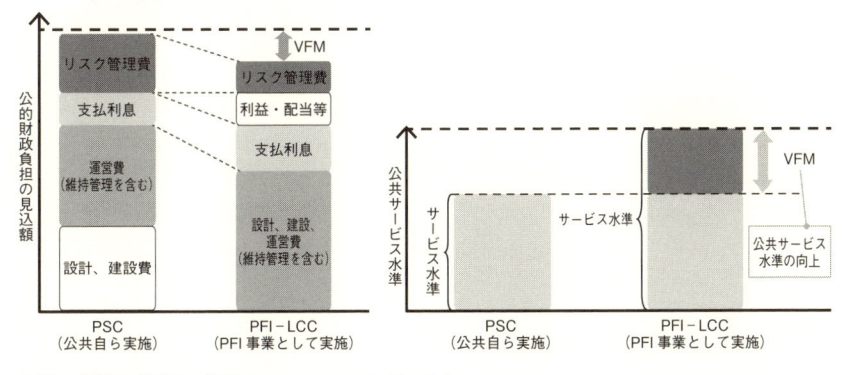

出所：内閣府「平成17年度 PFI アニュアルレポート」。

---

[46] 2014年1月12日放送、NHK スペシャル〝ジャパンブランド〟で、その具体例が紹介されている。

これは、コンセッション方式にも適用があり、またPPPの手法すべてに適用があってしかるべきものである。前述したとおり、VFMとは、国民（納税者）にとっての価値が最大化することを意味しており、PPP／PFIの実施にあたっては、常に国民（納税者）にとって価値が最大化されているかどうか不断に検証されるべきものである（図4-6）。この場合の価値とは、コストの削減等金銭的なものだけではなく、金銭では測りえないような価値の創造も含まれるものである。このようにVFMが創出され、発揮されるよう、国民目線で実施について検討することが必要である。そのためには、PPP／PFIの実施状況に関する情報を広く公開し、国民が常に監視することができる枠組みを構築していくことが必要不可欠と言えよう。

[町田裕彦]

参考文献

欧州委員会（2004）「Directive2004/18/EC of the European Parliament and of the Council of 31 March 2004」.
自治事務次官（2000、2006一部改正）「地方公共団体におけるPFI事業について（自治画第67号）」.
下野恵子・前野貴生（2010）「PFI事業における経費節減効果の要因分析——計画時VFMと契約時VFMの比較」『会計検査研究』No. 42, pp. 49-61。
豊島俊弘（1998）「PFI（Private Finance Initiative）」日本開発銀行編『変革・社会資本整備の新手法』、pp. 17-28。
内閣府PFI推進委員会（2007）「内閣府PFI推進委員会報告——真の意味の官民のパートナーシップ（官民連携）に向けて」。
———（2009）「PFI事業契約に際しての基本的考え方とその解説」。
———（2009）「PFI事業契約との関連における業務要求水準書の基本的考え方」。
———（2010）「PFI標準契約1（公用施設整備型・サービス購入型）」。
内閣府PFI推進室（2006）「平成17年度PFIアニュアルレポート」（2006年12月）。
———（2008）「平成18年度PFIアニュアルレポート」（2008年2月）。
———（2013）「PFIの現状について」（2013年10月）。
日本開発銀行（1998）「変革・社会資本整備の新手法」。
野田由美子（2003）『PFIの知識』日本経済新聞社。
PFI関係省庁連絡会議幹事会（2006）「『PFI事業に係る民間事業者の選定及び協定締結

手続きについて』PFI 関係省庁連絡会議幹事会申合せについて」。
古島洋平（2011）「アドバイザーからみた病院 PFI の現状と今後──病院 PFI 各世代の取り組みを踏まえて」、アイテック株式会社 C&E 事業本部第 3 グループ。
町田裕彦（2009）『PPP の知識』日本経済新聞出版社。
山内弘隆・手塚広一郎（2000）「PFI の可能性と留意点（第 4 章）」『ビジネスレビュー』Vol. 47、No. 4、pp. 37-52。

第 5 章

所有形態と資金調達コスト
——PFI・財投・民営化

1 はじめに

　現在、世界の多くの国において、交通事業のように公共性の高い事業で、民間資金を活用する PFI（Private Finance Initiative）という手法が用いられるようになってきた[1]。日本でも、「民間資金等の活用による公共施設等の整備等の促進に関する法律」という、いわゆる「PFI 法」が1999年に制定され、いくつかの事例が見られるようになってきた。

　しかしながら、事例は当初想定されていたほど多くなく、政府の取り組みが不十分との議論もある。その一方で、建設政策研究所（2002）や尾林・入谷（2009）が紹介するように、PFI に関しては失敗事例も数多い。一般に、このような日本の PFI の現状は、PFI における公民間の契約の難しさを示唆していると考えられることが多い。言い換えると、PFI に関する契約のノウハウが蓄積していけば、PFI は望ましい手法となるだろうという認識があるように思われる。

　このような認識に対して、PFI という手法自身が必ずしも望ましい手法とは言えないがゆえに、実施事例が少なく失敗事例も多いという考え方がありうる。本章では、PFI 方式のメリットとデメリットを、他の方式との比較の中で整理しながら、PFI という手法が望ましいと考えられる環境を明確にし、

---

[1] PFI に関する基本的な説明としては、第一勧業銀行国際金融部（1999）などを、PFI 法の基本的な説明および近年の改正については、福田他（2011）などを参照のこと。

PFI という手法を有効活用するための知見を得ることにしたい。

なお、PFI という用語が、PPP（Public-Private Partnership：公民連携）という用語の同義語として用いられる場合も少なくないように思われるが、本章では、PFI という用語は、文字どおり「民間資金等の活用による公共施設等の整備」の手法という狭義の意味で用い、公民連携（PPP）の1つの手法と捉える（第2節も参照）。

本章の結論の1つは、日本の交通事業に関しては、PFI が望ましいと考えられる状況は限定的であるというものである。そして、PFI 以外の形で、特に完全民営化の形で、交通事業に付随する「市場の失敗」や「政府の失敗」の問題[2]を改善するという公民連携（PPP）が、日本の交通ネットワークを充実させるためには望ましいという議論を行う。

本章の構成は以下のとおりである。第2節では、本章での議論に必要な枠組みを提示する。第3節では、PFI という手法のメリット・デメリットを、他の公民連携、特に財政投融資方式および完全民営化方式との比較において整理し、PFI が望ましいと考えられる状況について考察する。第4節では、交通事業における PFI の適用可能性を検討しながら、交通事業における望ましい公民連携のあり方について議論する。第5節はまとめである。

2 所有形態と資金調達

(1) 所有と経営

一般に、事業を始めるためには、資本（土地を含む）が必要である。そして、それらを「所有」するのが誰かが重要になる。その資本と労働を用いて、事業は行われることになるが、その事業を誰が「経営」するのかも、また重要である[3]。

公民連携のあり方を整理するうえでも、この「所有」と「経営」の主体に

---

[2] 交通事業に関わる「市場の失敗」と「政府の失敗」の問題については、本書第2章、石井（2001）、山重・大和総研経営戦略研究所（2007、第1章および第2章）などを参照のこと。
[3] 以下の議論に関しては、山重・大和総研経営戦略研究所（2007、第2章）を参照。

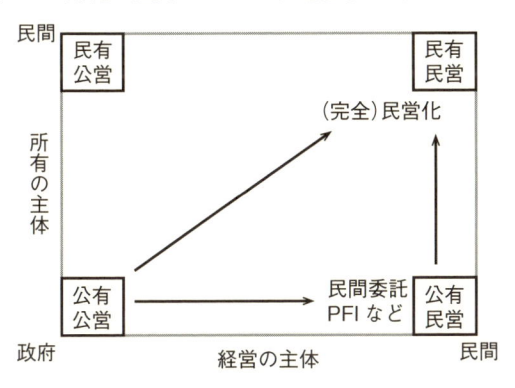

図5-1 所有と経営による公民連携（PPP）の特徴づけ

```
         民間
          │ ┌──────┐                      ┌──────┐
          │ │民有  │                      │民有  │
          │ │公営  │                      │民営  │
所        │ └──────┘        (完全)民営化  └──────┘
有        │                        ↗          ↑
の        │                     ↗             │
主        │                  ↗                │
体        │               ↗                   │
          │ ┌──────┐                      ┌──────┐
          │ │公有  │       民間委託        │公有  │
          │ │公営  │──────→ PFI など ─────→│民営  │
          │ └──────┘                      └──────┘
         政府          経営の主体          民間
```

出所：筆者作成。

ついて考えることは有用である。大きく分けると、①公有公営、②公有民営、③民有民営、④民有公営[4]、という4つのパターンがある（図5-1）。ただし、事業のために必要な資本を公と民が半分ずつ所有したり、公と民が共同で経営するという場合もありうるので、これら4つのパターンは、極端なケースを取り上げたものである。実際には、図5-1のように、所有の軸（縦軸）と経営の軸（横軸）が作り出す連続的な空間の中で、公民連携の事業の所有と経営に関する特徴づけが行われることになる。

ここで、公民連携とは、「公有公営」および「民有民営」以外の事業形態によって事業を行うことであると考えられる。しかし、本章では、「民有民営」の場合でも、政府が民間事業者に何らかの補助や規制などを与えることで[5]、公共性のある事業を民間事業者に行ってもらうことも（広義の）公民連携の1つのあり方と考える。

---

[4] 理論的には、民有公営事業は、公民連携の1つと考えられるが、具体的な事例を見出すことは難しい。厳密には民有とは言えないが、公営事業の資金を民間に提供してもらう「レベニュー債」（吉野・Robaschik、2004を参照）は、そのような公民連携に近いと言えるかもしれない。

[5] 交通事業が経済全体に対して持つ正の外部性は、そのような補助を与える根拠の1つと考えられる。また、交通事業ではネットワーク性を意識した事業展開が行われることが重要であり（山重、2011も参照）、政策的観点からは、規制を行うことも必要になってくる。

さて、近年は、巨額の公的債務の累積に伴い、公有公営事業の非効率性が強く指摘されるようになってきた。そして、民間事業者が「経営」を行える場合には、できるだけ民間委託し、民間のノウハウを活かして、効率的で質の高いサービス供給を低い費用で行うことが望ましいと考えられるようになってきた。

このような民間委託では、経営が政府から分離されることで、事業経営の規律づけ、すなわちガバナンスの強化が図られることも期待される。しかし、その一方で、経営を民間に委託することで、政府はサービスの質や経営に関する情報を得にくくなる。その結果、期待される効果が得られない可能性もある。そこで、きちんとモニタリング（監視）を行ったり、インセンティブ契約（努力を引き出す契約）を結ぶことが重要になってくる。

さらに一歩進んで、経営のみならず、「所有」も民間に譲渡するならば、事業資産の活用に関する制約が弱まり、より効率的で大胆な事業展開を民間が行えるようになる可能性が高まる（たとえば、JRのエキナカ事業の例など）。しかし、その一方で、所有も民間に譲渡されるならば、政府は事業に関する情報をさらに得にくくなる。その結果、政府と事業者の間の「情報の非対称性」の問題が深刻になり、公共性を確保するための適切な規制が難しくなるという問題が生まれる。しかし、ここでも、モニタリングやインセンティブ契約を通じて、問題を緩和できると考えられる。むしろ、政府と民間事業者が分離されることで、政府による救済が期待できなくなり、事業者の努力のインセンティブが高まり、厚生が改善するという指摘もある[6]。

経済学では、「市場の失敗」がなければ、利潤を追求する民有民営の事業者が最も効率的な事業を行うと考える。しかし実際には「市場の失敗」があるので、民間事業者に公益性も確保してもらうために、政府は、規制・補助・課税といった手法を用いて間接介入を行う。これが、経済学的な観点からは合理的と考えられる「市場の失敗」の問題への介入方法である（図5-2を参照）。上述のように、本章では、このような形で公益性を確保しながら

---

[6] 柳川（2000、第8章）やSchmidt（1996）などを参照のこと。

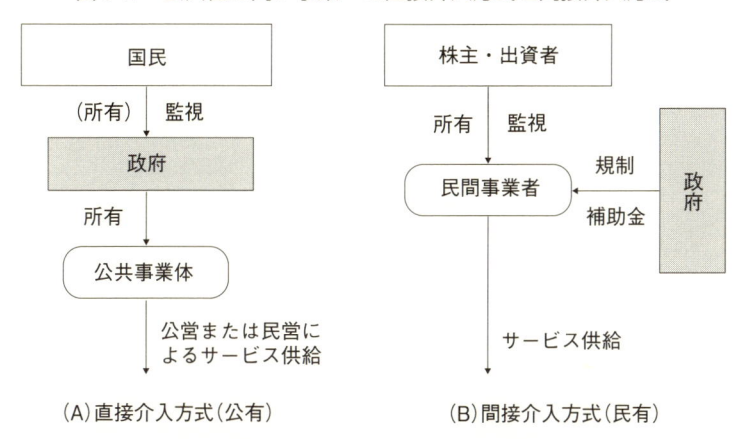

図5-2 公共性の高い事業への直接介入方式と間接介入方式

```
(A) 直接介入方式（公有）

  国民
   │(所有)  監視
   ▼
  政府
   │所有
   ▼
  公共事業体
   │
   ▼
  公営または民営に
  よるサービス供給


(B) 間接介入方式（民有）

  株主・出資者
   │所有   監視
   ▼
  民間事業者  ←規制── 政府
             ─補助金→
   │
   ▼
  サービス供給
```

出所：山重・大和総研経営戦略研究所（2007、第1章、図表1-2）。

民間事業者に効率的に事業を行ってもらうこともまた公民連携の1つと考える。

公有公営で行われていた事業を民有民営とすることを「（完全）民営化」と呼び、公有民営とすることを「民間委託」と呼ぶとすれば、PFI は、基本的には、「民間委託」という公民連携の一形態と位置づけられる[7]。たしかに、PFI では、資金調達を民間事業者が行い、一時的に資産を所有することになるが、基本的に、BOT（Build-Operate-Transfer）あるいは BTO（Build-Transfer-Operate）の形で、資産を政府に譲渡（Transfer）すると考えられており、最終的には、事業の公有民営化をめざした手法と考えられるからである。

さて、PFI に関する上記のような説明が示唆するのは、所有と経営を誰が行うのかという議論に加えて、誰が「資金調達」を行うのかという新しい次元の問題を考察しなければならないということである。資金調達は政府が行ったほうがよいのか、それとも民間が行ったほうがよいのか、という問題である。

---

7) 民間委託もまた「民営化」の1つと見る考え方もあるので（たとえば野田、2004）、所有の民間移転を含む「民営化（Privatization）」は、（完全）民営化と記している。

(2) 資金調達

特に、本章で事例として想定する交通事業などでは、インフラの整備や維持管理のために多大な初期投資が必要になる場合が多く、初期投資の資金調達とその返済方式が問題となることが多い。

日本の交通関連事業の歴史を振り返ってみると、戦後、日本では、道路、鉄道、空港、港湾などのインフラ整備は、財政投融資制度[8] (Fiscal Investment and Loan Program) を通して、その資金調達の少なくとも一部を政府が担うことが多かった[9]。この制度は、永続性が高い政府が低い金利で借り入れを行い、公共性の高い民間事業に対して、低利で貸し付けるという公的資金調達の制度であった（井堀・土居、2001、第6章などを参照のこと）。

このような民有民営の交通事業への公的支援は、日本の交通事業における典型的な公民連携の手法である。完全民営化の場合でも、そのような公的支援が行われることを想定すれば、公民連携の1つの手法と考えられるというのが、本章の基本的な考え方である。

たしかに、政府の安定性が高い日本では、公的資金調達は、民間が借り入れを行うよりも低い金利で行うことができる。しかし一方で、政府はその安定性を背景に、安易な借り入れによる安易な貸し付けを行いやすい。実際、収益性や効率性が低い事業に対しても、公平性などを名目として、どちらかと言えば政治的な目的で、結果的に高コストの交通事業が実施されてきたところもあった。

このような安易な公的融資政策への批判、そして国および地方における巨額の債務の累積が見られる中で、公共性の高い資産の整備に関しては、PFIのように資金調達を民間が行う手法が有用との議論が高まってきた。

さて、このPFIは、（民間事業者の側からではなく）政府の側から見ると、

---

[8] 財政投融資制度では、かつては、郵便貯金や公的年金などを通じて集められるお金を原資として、公共性の高い事業に対する貸し付けが行われていた。しかしながら、その規模が肥大化したために、この制度の問題も浮き彫りとなり、2001年に大きな改革が行われ、郵便貯金や公的年金基金などの資金が自動的に財政投融資に流れ込む仕組みは改められた。

[9] 地方自治体における交通関連事業においても、自治体が地方債を発行することを通じて、必要な資金調達が行われてきた。

アメリカなどで、比較的高価な車や家具などの耐久消費財の購入の際に見られる"Rent-To-Own"という仕組みとそっくりである。消費者は、高価な耐久消費財を購入する際、みずから多額の借り入れを行う必要はなく、リース料を支払い続け、一定期間の後に最終的にそれを所有できる[10]。

　説明の簡単化のために、金利がゼロ％であると仮定し、1,000万円の資産を所有することを考えてみる。1つの方法は、購入のために1,000万円の借金をして、10年間100万円を支払い続けることであるが、Rent-To-Own 方式では、借金をすることなく、10年間100万円のリース料を支払い続ければ、10年後に資産を所有することができるのである。

　PFIでは、資金調達を行った民間事業者に対して、政府がサービス購入料を一定期間支払う「サービス購入型」と、政府からの支払いはなく民間事業者が事業収入を直接受け取る「独立採算型」（およびその混合型）がある。前者の場合、サービス購入料は Rent-To-Own 方式のリース料に相当する。後者の場合、政府は事業収入を受け取る権利を放棄して、民間事業者に与えていると考えられるので、民間事業者が受け取る事業収入がリース料に相当する。

　このように、巨額の借り入れを行うことなく、一種の使用料を支払い続けることで、最終的に公有資産を保有できることは、特に、巨額の債務を抱える政府にとっては、公有資産を見えない借金で手に入れることができるありがたい仕組みである[11]。しかしながら、その代償として、民間事業者が資金調達を行うことになるので、政府は、民間事業者への手数料も含めて、みず

---

[10] 日本語では「割賦販売」が最も近い考え方であるが、こちらは最初に所有権が消費者に移転する BTO 型のPFIに近いと言えるかもしれない。Rent-To-Own 方式は所有権に関しては一定期間後に移転されるので、BOT 型のPFIに近いと考えられる。

[11] このように資産を所有するために、リース料だけを支払えばよいという仕組みでは、政府は形式的には債務を抱えていないことになる。しかし、そのような PFI 契約を結ぶということは、その後の使用料支払いの現在価値の分だけの債務を担うことと同じである。現在の日本の地方財政制度では、「PFI 事業における債務負担行為に係る支出のうち、施設整備費や用地取得費に相当するもの等公債費に準ずるもの」は、起債制限比率の計算の対象とすることとされている。つまり、地方自治体に関しては、現在、PFI 契約に付随する隠れた債務は、地方の債務の1つとして明示的に考慮されることになっている。しかし、一般市民からは見えにくい債務になっていると思われる。

から資金調達を行うときよりも高いリース料を支払うことになる。

　言うまでもなく、そのような資金調達を民間事業者が行う際に、民間事業者が事業のリスクを担うのであれば、資金の貸し手は、事業の収益性や安定性を精査することになるとともに、事業のモニタリングを行い続けると考えられるため、事業の質が向上すると考えられる。このようなプロジェクト・ファイナンスの手法がとられることが、PFIのメリットと考えられている。

3　PFI、財投、民営化の比較

　以上のように説明される「民間の資金調達（PFI方式）」による公共性の高い資本整備の望ましさについて、次に、他の手法との比較において考察したい。以下では、事業としては、経営を民間委託できる事業のみを考察する[12]。この場合、図5-2で見たように、「公有民営」の場合と「民有民営」の場合がある。ここで、公的資本の整備の問題を考えると、「設計・施工」と「資金調達」を誰が行うかで、図5-3のような図を描くことができる。

　この図で出発点となるのが、公的資本の「設計・施工」と「資金調達」を政府が行う「従来の公共事業方式」である。この方式に付随するさまざまな問題を改善するために考えられたのが、「設計・施工」と「資金調達」を民間に行ってもらうPFI方式である。しかしながら、よく考えると「設計・施工」を民間に委託する一方で、「資金調達」は政府が行う方式が考えられる。この方式は、政府の資金調達・融資により、民間の公的資本整備を支援してきた財政投融資制度の1つと考えられるので、本章では「財投方式」と呼ぶ（図5-3）。

　さて、ここで、資本を民間が「所有」する可能性まで考えれば、図5-3に新しい次元が加えられる。そこで考察したいのは、「設計・施工」と「資金調達」と「所有」のすべてを民間が行う完全な「民営化方式」である（図5-

---

12)　公有公営事業として継続する必要がある事業も少なくない（一般行政サービスなど）。その場合は、エージェンシー化などの手法によって、「政府の失敗」の問題を改善することが重要となる。

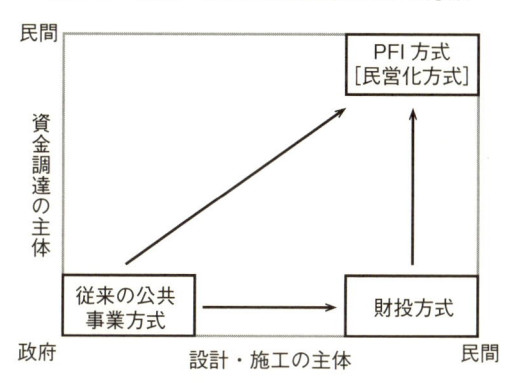

図5-3　設計・施工と資金調達による分類

出所：筆者作成。

3では3次元のグラフを描かずに「PFI方式」の下に［民営化方式］を書き加えてある[13]）。

以下では、PFI方式を、財投方式と民営化方式とそれぞれ比較することで、望ましい公民連携のあり方について考察する。

(1) PFI方式 vs. 財投方式

まず、PFI方式による公的資本整備のメリットとデメリットを、伝統的な公的資金調達（財投方式）との比較で、整理しておきたい。前節では、PFI方式のメリットとして次のようなものを指摘した。

（M1）民間の貸し手が事業の精査や監視を行うことで、効率性が高まる。
（M2）政府部門の負債が見た目は増加しない。

なお、PFIの特徴として、施設の設計の段階から事業経営を担う民間事業者に提案してもらうことで、事業全体の効率性が高まるということが強調さ

13）所有が民間となる民有民営の場合でも、資金調達を公的に行う可能性があるが、これは典型的な「財投方式」なので、［財投方式］は書き加えていない。

れることがあるが、これは「民間資金の活用」とは基本的に別の話である。上述のように、施設の設計・施工から実際の経営までを一括で民間事業者に任せて、資金は公的に財投方式で調達することも可能だからである。PFI 方式でなければ実現できないメリットではないのである。

一方、PFI 方式のデメリットとして次のようなものが考えられる。

(D1) 資金調達を行う民間事業者への手数料支払いが必要となる。
(D2) 民間事業者が担うリスクの分の資金調達コスト（金利）が上昇する。
(D3) 公的資金調達以外の手法を可能にすることで、不必要な資本整備が行われやすくなる。

まず、元利払いが完全に政府からの使用料支払いによってまかなわれる場合、理論的には、調達金利は政府が資金調達する場合と同じになると考えられるが、政府が支払うリース料（使用料）は、資金調達を行う民間事業者に対する手数料を含むことになる (D1)。つまりみずから資金調達を行う場合よりコストは高くなる[14]。しかも、貸し手はリスクを負わないため、事業の精査や監視を行うこともない。したがって、PFI のメリットも発露しない。民間事業者は、このような手数料を含む安定収入が得られる PFI の推進を望むだろう。

一方、民間事業者が返済のリスクを負い、貸し手による民間事業者のガバナンスが期待される場合、そのリスクの分だけ、資金調達コスト（金利）が上昇すると考えられる (D2)。

さらに、耐久財の購入において、"Rent-To-Own" という仕組みや割賦販売を利用できることが、多重債務問題の温床になりやすいように、PFI という手法の推進は、社会全体の効率性や健全性を低下させ、将来の国民負担を

---

14) 言うまでもなく、政府部門が資金調達のノウハウや人員を持たない場合には、そのような手数料を民間事業者に支払うことには合理性がある。しかし、現在の日本の状況では、政府が何らかの理由でみずから資金調達を行うことが難しいときに、隠れ借金の形で PFI を活用し、その分、余計なコストを納税者が負担するということになりやすい。

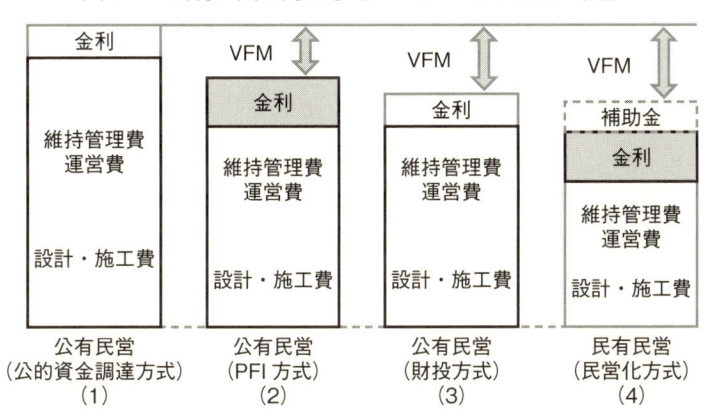

図 5-4　所有と資金調達方式による VFM の比較（例）

公有民営 （公的資金調達方式） (1)	公有民営 （PFI 方式） (2)	公有民営 （財投方式） (3)	民有民営 （民営化方式） (4)
金利／維持管理費・運営費／設計・施工費	金利／維持管理費・運営費／設計・施工費	金利／維持管理費・運営費／設計・施工費	補助金／金利／維持管理費・運営費／設計・施工費

出所：筆者作成。

さらに増やしてしまう可能性もある（D3）。現在は、巨額の公的債務の存在が、非効率的な公共投資の追加を抑制する要因となっているが、その抑制要因が消えてしまう可能性もある。公共投資をさらに拡大したい政治家は、PFI の推進を望むだろう。

以上、PFI 方式と財投方式の比較を考えた場合に、日本のように政府の返済能力への信頼が高い国では、民間事業者がリスクをとらないですむような PFI は、長期的には住民・国民が余計な費用を支払うことになるので、行わないほうがよい。

この点を、従来の公的資本整備の方式と比較したときに、PFI などの新しい方式が、どれくらいの総費用の節約を生み出すかを表す VFM（Value for Money）の考え方を使って説明してみよう。

一般に、公的資金調達と公的な設計・施工・経営で行われる従来型の資本整備方式と、PFI 方式を比較して、VFM が計算されるが（図 5-4 (2)）、設計・施工・経営をすべて民間に委託する一方で、資金調達については政府が行う「財投方式」についても VFM を計算することができる（図 5-4 (3)）。低い費用で資金調達を行える「財投方式」は、図 5-4 が示唆するように、

PFI方式よりも高いVFMを生み出す可能性がある[15]。

一方、「財投方式」の問題は、事業失敗による返済のリスクを政府が負うため、政府が民間事業者の事業の精査や監視をしっかり行う必要があることである。政府によるガバナンスが弱い場合には、民間による設計・施工・経営の費用の削減額（VFM）は、PFI方式のもとで民間によるガバナンスが期待される場合のそれよりも小さくなる可能性がある。その場合には、図5-4のPFI方式と財投方式のVFMは、逆転する可能性がある。

したがって、民間事業者にリスクを担ってもらうことが、PFIが意味あるものとなるための大前提である。そして、PFI方式のVFMが財投方式のそれより大きくなるのは、政府による民間事業者の精査や監視の能力が、民間よりもかなり劣る場合である[16]。

(2) PFI方式 vs. 民営化方式

さて、以上の議論では、所有については最終的には「公有」とすることを前提に議論を行ってきたが、以下では、所有も民間に移転する「完全民営化」を考え、PFI方式と民営化方式の比較を行ってみたい。

日本の伝統的な財政投融資制度では、民間企業への公的融資も行ってきた。長期低金利での融資は、一種の補助金を与えることであり、これもまた公民連携の1つである。言うまでもなく、補助金を与えることは公的融資以外の方法でも可能である。

---

15) VFM（Value for Money）は、従来の公共事業方式とは異なる方式（PFI方式）を導入することで生み出される価値であり、社会的な望ましさを議論する際には、新しい方式によって社会的に節約される費用と考えられる。内閣府の資料など（http://www8.cao.go.jp/pfi/tebiki/kiso/kiso13_01.html）では、民間事業者が負担する税金はVFMの一部とみなさないという説明になっている。しかし、納税者の観点から見れば、事業者が納める税金はVFMの1つの要素と考えられるので、ここではVFMの中に含めて考える。

16) ただし、そのような介入を行うということは、結局は「政府の失敗」の温床になるので、財投方式だけが「政府の失敗」の問題が大きいとは言えないことにも注意が必要だろう。公共性のある事業に対して、政府が公共性を確保するための何らかの介入をする限り、民間が大きな役割を果たすようになっても、「政府の失敗」の問題はどうしても避けられない。「政府の失敗」の問題を、政府部門のガバナンス改革を通じて、小さくすることが重要と言えるだろう。このようなガバナンスの観点からの考察については、赤井（2006）や山重（2005）も参照のこと。

資産を公有から民有とすることのメリットは、経営を担う民間事業者が、資産を長期的な観点から最大限活用することができる点にある。逆に言えば、PFI方式では、公有資産の使用に関する制約のために、効率的な経営が行えない状況が生まれるのである。たとえば、経営を任された民間事業者は、経営契約の終了時点が近づくにつれて、資産の維持管理や投資を減少させることになりやすい。

　このような非効率的な資本活用を抑制するためには、可能であれば、完全民営化を行うことが望ましい。たとえば、日本では、財政投融資制度などを活用しながら、多くの交通事業の資本整備と経営を民間事業者が担い、政府は間接的に介入する方式をとってきた。経済学的な観点からは、そのような方式には、効率的に公共性を確保するという観点から合理性があり、日本の交通事業のレベルの高さを支える仕組みとなっていたと考えられる。

　なお、補助金の与え方としては、直接的な補助金や低金利での融資のみならず、土地や施設の無償譲渡や、事業者の債務の公的引き受けのような形も可能である。たとえば、従来、公有公営で行ってきた日本国有鉄道や日本道路公団の民営化に際しても、それが抱えてきた債務は基本的に政府部門が担ったままで、所有と経営を民間に移譲した。これは、民営化に際して、政府が民間事業者に補助金を与えたと解釈できる。

　したがって、効率性の観点からは、PFI方式よりも民営化方式のほうが優れていると考えられる。イメージで言えば、図5-4の右端(4)に見られるように、民有民営化することで、維持管理費や運営費などがさらに下がり、民間事業者が担うリスクを反映した高い資本調達コスト、そして公共性を確保するための補助金を勘案してもなお、最大のVFMを実現できる可能性があるということである。

　ただし、資産の所有権を政府が手放す場合、公共性を確保するための規制や補助金政策を適切に実施することは、間接的となるがゆえに、難しくなる。また、政府が公的資産を民間に売却・譲渡することに対して、あるいは補助金を与えることに対して、住民や国民による強い反対がある場合もあるだろう。理論的には望ましいと考えられる場合でも、実際に完全民営化を行うこ

とは難しい場合は少なくない。

そのような場合には、資産は公的所有としたままで、施設等の設計・施工から経営まで民間事業者に委託する形で、公共性の高い事業を行うことが望ましいと考えられる。その際、公有資産を整備するための資金を民間事業者が調達する PFI 方式が良いか、公的に調達する財投方式のいずれが良いかは、社会的な望ましさの観点からは、「政府の失敗」と民間による資金調達に伴う追加的費用のいずれが大きいかによる。

実際には、公的債務の累積により追加的な公的債務の増加が政治的に難しい場合も少なくないため、PFI 方式に頼らざるを得ないということもありうる。その場合、PFI 方式の良さを活かすためには、やはり民間事業者にもリスクを担ってもらい、民間の貸し手にも事業経営のガバナンス（規律づけ）をしっかり行ってもらうことが重要になるだろう。

4 交通事業と PFI

最後に、これまでの議論が、これからの交通事業のあり方を考えるうえで、どのように適用されるかについて考えてみたい。

交通事業の例としては、道路、鉄道、空港、港湾などの交通インフラの整備・維持管理事業と、バス、航空、海運などの運輸事業がある。その中でも、特に大きな資金調達が必要となるのが、交通インフラの整備・維持管理である。

交通事業において、PFI 方式を採用するか否かという問題を考えるときに、まず問うべき質問は、完全民営化はできないかということであろう。もし完全民営化が可能であれば、長期的には、完全民営化のほうが PFI 方式よりも望ましいと考えられる（図 5-4）。

このような交通事業と関連する「市場の失敗」の問題としては、多額の初期投資費用が必要なので「規模の経済性」があることや、それが地域および日本全体に対して（市場を通じない）大きな影響を与えるという「外部性」があることなどがよく知られている。

さらに、その事業の収益性に関しては、人口動態、他の交通事業者との競争、技術進歩あるいは規制政策など、複雑な要因が絡んでくるため、事業に関する「情報の非対称性」の問題が深刻な事業の1つであると考えられる。この「情報の非対称性」の問題は、特に交通インフラ事業においては、巨額の資金需要が存在しているにもかかわらず、資金の貸し手を不安にさせる要因として働き、民間事業者に対しては十分な資金供給が行われないという深刻な問題を引き起こすことになる。

一方で、交通事業は、私たちが日常生活を営むために必要な「移動」を可能にするための基本財として、基本的人権の問題や一国の経済発展とも大きく関わる「公共性の高い事業」である。そこで、多くの国で、多くの交通事業が公有公営事業として「直接介入」の形で行われてきた。

しかしながら、民間経済の成長とともに、民間でも、事業を経営したり、みずから資金調達を行って事業資産を所有したりすることが可能になる環境が生まれてきた。そこで、日本では早い段階から、交通事業の完全民営化が行われ、市場の失敗の問題への対応は、規制・課税・補助金等を用いた政府による「間接介入」によって緩和されてきた。

ところで、完全民営化ではなく、事業資産を公有のままにしておくことが望ましい状況と考えられるケースとしては、①適切な間接介入を行うために必要な正確な情報を民間事業者から取得することが難しいので、公有として直接事業経営に関与できることが望ましい場合、②間接介入は可能であるが、間接介入において必要となる補助金等を特定事業者に与えることに批判が存在すると考えられる場合、③有事の際の対応に関する懸念も含めて、公有財産を民間譲渡することに対する強い懸念が存在する場合、などが考えられる。

たしかに、交通事業の中には、社会経済の重要なインフラとして、③に該当すると思われる場合もあるが、①や②の問題は、工夫をすることで回避できる状況であり、完全民営化はそれほど難しくないと考えられる。また、③の例と考えられる有事の際の対応についても、政府は権力を持っており、規制などを通じて、民間事業者をコントロールすることは可能であると考えられる。交通事業に関しては、プライバシーの問題も少なく、どうしても公有

で行わなければならないという事業は、あまり思いつかない。

　とは言え、現在の法律や制度のもとで、やはり公有事業とするほうが望ましい場合も存在するだろう。たとえば、国立公園などの公有地において、その一部を民間交通事業者に売却することが難しい場合などは、それに該当するかもしれない。その場合は、資金調達は従来どおり政府が行う一方で、施設の設計・整備から経営まで一括して競争入札で民間委託することが考えられる。その際、事業者には、事業収入に関して一定のリスクを負わせるとともに、事業経営の明確な目標を定めるなどして、事業経営の質の向上の努力を引き出す契約を結ぶべきであろう。

　この方式（財投方式）では、政府（国民・住民）の借金で民間事業者が施設整備を行うことになるので、民間事業者のリスクは小さくなり、参入はしやすいが、事業失敗のリスクも高まる。発注に際しては、当該企業がきちんとしたガバナンスの仕組みを持つか否かの審査や、事業の失敗に対して何らかの制裁が行われるような契約を結ぶことが重要である。この仕組みは、政府が総合評価方式の競争入札で発注する公共投資と民間委託を組み合わせた方式であり、日本では、国や多くの自治体でノウハウの蓄積がある。ただし、実際には、さまざまな「政府の失敗」も見られる方式でもある。

　PFI方式は、事業者自身が資金調達を行うので、民間事業者が担うリスクは大きくなる。それゆえ、上記のような審査や制裁は、民間事業者への貸し手（金融機関）が行うことになるので、政府の失敗の問題を改善することになる。これが、高い手数料や金利を支払ってまでPFIを実施することの最大のメリットである。政府の失敗の問題が大きいと考えられる場合には、次善の意味で望ましい方式であると言えるだろう。

　ただし、PFIを実施する場合でも、参入を容易にするために、民間が調達する資金の利払いを実質的に政府がサービス購入料の形で保証する場合には、貸し手による事業の精査や監督は行われることはないだろう。このようなPFIでは、高い手数料あるいは金利を民間事業者に支払うだけに終わってしまう可能性が高い。

5　おわりに

　日本の交通事業の多くは、安全性や快適性などの面で、国際的にも高い評価を得ている。また、民営化された交通事業の多くは、事業者の努力により、サービスの質や効率性の向上が見られ、収益性にも改善が見られる。しかしながら、高齢化や人口減少が進行し、国および地方の財政状況がきわめて厳しくなる中で、日本の交通事業者は、事業の収益性の低下や老朽化した交通インフラの維持管理の問題など、さまざまな課題にも直面している。

　さらに、経済の高度なグローバル化の流れの中で、日本が今後とも成長を遂げていくためには、日本の交通事業の質のさらなる向上や、利用料の引き下げなどを行っていくことが重要である。空港など、近隣のアジア諸国との比較で見劣りする事業も多い（森地、2005なども参照のこと）。この面でも日本の交通事業には課題がある。

　そのような課題を解決していくためには、まだまだ公的事業に依存する部分が多い日本の交通事業を、これまで以上に民間の力を活用しながら改善することが重要になる（山重、2007も参照）。本章では、そのような公民連携の手法の中で、PFIという手法を取り上げて、交通事業への活用という観点から、その有用性に関して理論的考察を行った。

　本章の基本的な主張は、最終的に公有民営という事業形態をめざすPFIよりも、民有民営をめざす完全民営化を推進するほうが、高いVFMを実現できるだろうというものである。しかしながら、交通事業の中には、少なくとも現時点では、公有民営が望ましいと思われる事業もある。その場合には、PFIは事業の効率性と質の向上を図る1つの有効な手法と考えられる。ただ、その場合でも、日本のように政府の安定性が高く公的資金調達の金利のほうが民間のそれよりも低い場合は、PFIのもとで発生する高い借り入れ金利と手数料を考えると、PFI方式よりも財投方式が望ましい場合があるとの議論も行った[17]。

　公有民営の場合でも、低い金利で公的資金調達を行い、施設整備とサービス供給を一体的に行う民間事業者を競争入札で選び、事業経営の目標を与え、

収益変動のリスクをある程度負わせることで、公共性の高い事業の効率性と質を向上させられる可能性が十分にあると考えられるからである。

たしかに、このような公的資金調達による「財投方式」では、資金調達に付随するリスクを民間事業者が負わないですむので、安易な入札が行われ「政府の失敗」の問題が発生する可能性が残る。しかし、PFI方式でも、政府が、民間事業者の負うリスクがまったくないような契約を結んでしまう可能性があり、「政府の失敗」の問題は完全には回避できない。とすれば、公的資金調達のほうが、総費用が低くなるとともに、公的債務が明確に可視化されるため、望ましいと考えられる場合があるというのが、本章における議論であった。

一方、日本以外の国、特に途上国に目を向ければ、政府が十分な資金調達を行うことができない国々も多い。その場合には、PFI方式が財投方式よりも効率的な方法になりうることを、本章での議論は強く示唆している。特に、日本の民間事業者の中には、大きな資金を比較的低いコストで調達できる大企業も少なくない。そして、交通事業をはじめ、公共性の高い資本の整備・維持管理・経営の高い技術を持っている日本の事業者は多い。今後、PFIの手法を活用して、途上国の公的資本整備を行うことは、途上国にとっても、日本にとっても、有益であると考えられる（加賀、2013）。

なお、公的資金調達による財投方式においても、PFI方式と同じくらい高度な契約を結ぶことが求められる。PFIを含むすべての公民連携の成功のためには、公と民の間でリスクの適正な分配が行われるか否かが決定的に重要であり、それは政府と民間事業者の間で結ばれる契約によって決まる。

過去のPFIの失敗事例を精査していくと、最終的には、その契約が不適切であったという結論に行き着くことが多いが、これは、PFI以外の公民連携においても必ず残る問題である。公民連携を通じて、公共性の高い事業の効率性と質の向上を図るという戦略を望ましいものと考える限り、政府が契約

---

17) たとえば途上国のように、政府の安定性が低く、政府が高い利子率や借り入れ制約に直面する場合、PFIの方が金利負担が低くてすむため高いVFMを実現できるということはありうる。公的債務が累積してきた日本でも、今後同様の状況は起こりうるかもしれない。

の技術を磨くことは、避けては通れないし、避けて通るべきではないだろう。

　本章で最も望ましいと主張する完全民営化においても、交通事業の公共性の高さゆえに、規制・補助・課税といった形で、政府による間接介入が求められるが、そこでも政府と民間事業者の間に一種の契約関係が生まれることになる。そのような観点からは、公民連携（PPP）において「どのような契約を結ぶか？」という問いかけを行い、それについて突き詰めて考えていくことが重要になる。今後の研究の課題としたい。

［山重慎二］

参考文献

赤井伸郎（2006）『行政組織とガバナンスの経済学――官民分担と統治システムを考える』有斐閣。
石井晴夫（2001）『交通ネットワークの公共政策（第2版）』中央経済社。
井堀利宏・土居丈朗（2001）『財政読本（第6版）』東洋経済新報社。
大住莊四郎（1999）『ニュー・パブリック・マネジメント――理念・ビジョン・戦略』日本評論社。
尾林芳匡・入谷貴夫（2009）『PFI神話の崩壊』自治体研究社。
加賀隆一（2013）『実践　アジアのインフラ・ビジネス――最前線の現場から見た制度・市場・企業とファイナンス』日本評論社。
行政管理研究センター監修・今村都南雄編著（1997）『民営化の効果と現実――NTTとJR』中央法規出版。
建設政策研究所編（2002）『検証・日本版PFI』自治体研究社。
第一勧業銀行国際金融部編（1999）『PFIとプロジェクトファイナンス』東洋経済新報社。
野田由美子（2004）『民営化の戦略と手法――PFIからPPPへ』日本経済新聞社。
福田隆之・赤羽貴・黒石匡昭・日本政策投資銀行PFIチーム編著（2011）『改正PFI法解説――法改正でこう変わる』東洋経済新報社。
森地茂（2005）『国土の未来――アジアの時代における国土整備プラン』日本経済新聞社。
柳川範之（2000）『契約と組織の経済学』東洋経済新報社。
山重慎二（2005）「公益企業のガバナンス」『経営戦略研究』4号、14-27頁。
―――（2007）「交通ネットワーク事業と日本経済の再生――改革の展望」『経営戦略研究』11号、41-57頁。

─── (2011)「補完性と代替性」『高速道路と自動車』12月号、13頁。

山重慎二・大和総研経営戦略研究所共同編著 (2007)『日本の交通ネットワーク』中央経済社。

吉野直行・Frank Robaschik (2004)「レベニュー・ボンド（事業別歳入債）による財政規律の構築」財務省財務総合政策研究所『フィナンシャル・レビュー』November, 2004.

Schmidt, K. (1996) "The Costs and Benefits of Privatization: An Incomplete Contracts Approach," *Journal of Law, Economics and Organization*, Vol. 12, pp. 1–24.

第 6 章

ファイナンス・スキームの選択
――民営化関連法と PFI 法

1 はじめに

(1) 本章の目的

　運輸・交通インフラを従来型の公共事業によって整備する場合、事業のファイナンスは公共部門（政府・自治体）が担う。これに対して、同様の事業を PFI（Private Finance Initiative）によって実施する場合には、事業のファイナンスは民間部門（民間事業者）が担うことになる。

　もっとも、運輸・交通インフラの供給は民間部門による供給が困難であるからこそ公的部門が担うという側面も強い。このため、正木・松野尾（2011）も指摘するように、PFI を利用するとしても、民間部門が独力で必要な資金調達を完全に行うことが可能なケースというものは実際には限定的と言える。これは、PFI における民間部門のファイナンスに対して公的部門が一定の関与をすることが事実上不可欠であることを意味しており、こうした公的部門と民間部門との協働は PFI の特徴の 1 つとも言える。

　本章の目的は、高速道路の新設ファイナンスを題材として、PFI のスキームと特別法上のスキームの基本的構造を概観し、両スキームの特色や相互関係を分析することで、運輸・交通インフラの整備におけるファイナンス・スキームの選択における着眼点を提示しようとするものである。

(2) 新設ファイナンスとPFI

　高速道路の新設・保有は、大規模な資金を長期間にわたり安定的に調達することが要請され、高速道路の新設・保有に関わるファイナンス（以下、「新設ファイナンス」という）には特別な制度的手当てが講じられてきた。たとえば、わが国の場合、新設ファイナンスは長らく高速道路の新設・保有主体である道路関係4公団が道路債券（道路債）を通じて行ってきた。その後、2005年に高速道路株式会社法（以下、「道路会社法」という）、独立行政法人日本高速道路保有・債務返済機構法（以下、「機構法」という）、日本道路公団等の民営化に伴う道路関係法律の整備等に関する法律、日本道路公団等民営化関係法施行法のいわゆる道路関係4公団民営化関係法（以下、「民営化関係法」という）が制定・施行されて、高速道路の新設・管理は高速道路株式会社（以下、「道路会社」という）の事業（道路会社法5条1項1号）、保有は独立行政法人日本高速道路保有・債務返済機構（以下、「機構」という）の業務（機構法12条1項1号）とされた。民営化関連法においては、新設ファイナンスは新設主体である道路会社が担う形で制度的に設計されており、道路会社が会社法上の社債（以下、道路会社の発行する社債を「道路会社債」という）の発行を通じて資金を調達し、それを機構が引き受けるという特別なファイナンス・スキームが採用されている。

　一方、海外のケースを見ると、民営化関連法のような高速道路固有の特別な制度的枠組みを設けるものは管見の限り見当たらず、PFIが利用されるケースが多い。たとえば、イギリスにおけるロンドン～ニューキャッスル間の高速道路路線、ベトナムにおけるファッバン～カウゼー間およびマイジック～ノイバイ間の高速道路路線、韓国における仁川国際空港高速道路や大邱～大東間の高速道路路線などはすべてこのタイプである（詳細は、第8章・第9章参照）。わが国の場合はというと、1999年の民間資金等の活用による公共施設等の整備等の促進に関する法律（以下、「PFI法」という）の制定後に民営化関連法が制定されていることから、（少なくとも時系列的には）民営化関連法はPFI法の存在を前提としていることになる。また、PFI法は対象となる公共施設から高速道路を明確に除外しておらず、またPFIによる高速道

路の新設を禁止しているわけでもない（同様に、民営化関連法も PFI による高速道路の新設を禁止していない）。このため、少なくとも観念的・抽象的には、新設ファイナンスは民営化関連法のスキームと PFI のスキームとが併存しうる状態となっている。

2　民営化関連法のスキーム

(1)　新設の決定と道路会社債の発行

　高速道路を新設して当該道路について料金を徴収する場合、道路会社は機構と協定を締結して当該協定に基づき国土交通大臣の許可を受けなくてはならない（道路整備特別措置法3条1項）。大塚・谷中（2005）によると、協定の締結は許可申請の前提条件として位置づけられているため、道路会社と機構との一体的な運営が事実上要求されているとされる。必要な手続きを経て高速道路の新設を開始する場合、新設ファイナンスは道路会社が主体となって行う。道路会社は株式会社であるから、ファイナンスの選択肢としては、株式、道路会社債、金融機関からの借入れといったものが考えられるが、実務上は道路会社債が主流である（図6-1）。

　道路会社が道路会社債を募集する場合、国土交通大臣の認可を受けなくてはならない（道路会社法11条1項、道路会社法施行規則12条）。これは、道路会社債の募集が道路会社にとって長期の債務負担の意味合いを有することから、道路会社の財務体質の健全化を図る観点から課された制約である。道路会社法上、道路会社債権者は、道路会社の財産について他の債権者に先立って自己の債権の弁済を受ける権利を有している（道路会社法8条1項）。発行会社のすべての財産を対象とする優先弁済権（法的性質は先取特権である）が社債権者に付与されている社債のことを一般担保債（一般担保付社債）というが、道路会社債はこれに該当するものである。道路会社法上、道路会社が発行可能な道路会社債の内容については特段の制限がない。このため、国土交通大臣の認可を受ければ、道路会社は利率の設定や償還条件などについて多様な道路会社債を発行することができる。道路会社債の募集は、一般募集による

図 6-1　道路会社債の発行

投資家（道路会社債権者） ←道路会社債の発行／資金→ 道路会社（新設・管理主体）

出所：筆者作成。

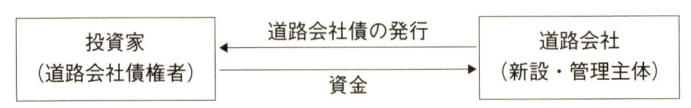

表 6-1　中日本高速道路株式会社における社債発行実績（2012年分）

発行回	募集開始日	発行日	償還期間(年)	発行額(億円)
第46回	2012年11月2日	2012年11月9日	5	600
第45回	2012年9月6日	2012年9月20日	10	350
第44回	2012年9月6日	2012年9月20日	7	150
第43回	2012年9月6日	2012年9月20日	5	300
第42回	2012年5月17日	2012年5月23日	10	400
第41回	2012年5月17日	2012年5月23日	7	200
第40回	2012年5月17日	2012年5月23日	4	400
第39回	2012年2月21日	2012年2月28日	10	500
第38回	2012年2月21日	2012年2月28日	7	150
第37回	2012年2月21日	2012年2月28日	4	350

出所：中日本高速道路株式会社ホームページ。http://www.c-nexco.co.jp/corporate/ir/corporate_bond/

ことが多く[1]、基本的に市中消化が前提とされている。たとえば、中日本高速道路株式会社の道路会社債の発行状況を見ると、2007年3月から2012年11月にかけて計46回行われており、償還期間は3年から10年、1回の発行額は100億円から600億円となっている（表6-1）。

(2) 道路完成後における道路資産と道路会社債の移転

先述したように、高速道路の新設は道路会社の事業であるが、その保有は機構の業務である。このため、工事の完了後、道路会社は完成した道路資産を機構に移転しなくてはならない。しかし、道路会社は道路会社債の発行を

---

[1] 中日本高速道路株式会社第46回社債についての『発行登録追補目論見書（2012年11月）』第一部第1【募集要項】1【新規発行社債（短期社債を除く。）】参照。

図6-2　道路資産と道路会社債の移転

```
┌──────────┐   道路資産の移転    ┌──────────┐
│ 道路会社  │ ─────────────────→ │   機構   │
│(新設主体)│ ←───────────────── │(保有主体)│
└──────────┘ 道路会社債の債務引受 └──────────┘
```

出所：筆者作成。

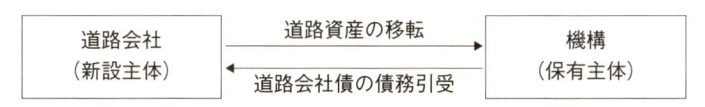

図6-3　道路資産の移転と債務引受

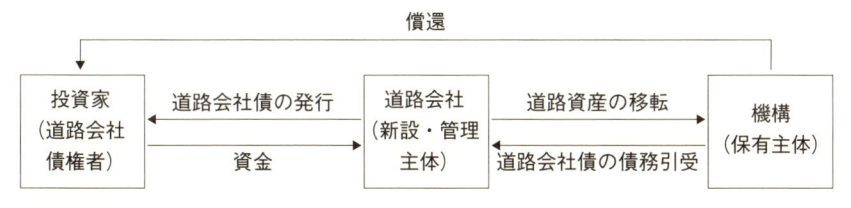

```
                    償還
       ┌─────────────────────────────────┐
       ↓                                   │
┌──────────┐ 道路会社債の発行 ┌──────────┐ 道路資産の移転  ┌──────────┐
│ 投資家   │←───────────────│ 道路会社  │───────────────→│   機構   │
│(道路会社 │                 │(新設・管理│                │(保有主体)│
│ 債権者) │────────────────→│  主体)   │←───────────────│          │
└──────────┘      資金        └──────────┘道路会社債の債務引受└──────────┘
```

出所：筆者作成。

通じて道路会社債権者に対して新設に関わる債務をすでに負担しているため、道路資産を機構に移転するとしても、その対価を何らかの形で収受することが必要となる。民営化関連法のスキームの場合、この対価取得の方法として、金銭の授受ではなく、道路会社債の債務引受という方法が採用されている（図6-2）。

その基本的な枠組みは以下のとおりである。まず、協定において対象となる高速道路の路線について新設工事に要する費用に関わる債務（以下、「新設債務」という）であって機構が道路会社から引き受けることとなるものの限度額（以下、「引受限度額」という）を定める（機構法13条1項2号・3号）。機構法上、機構には道路資産の帰属時[2]において引受限度額の範囲内で新設債務を引き受ける義務が課されており（機構法15条1項）、その履行によって引き受けられた道路会社債については機構が第一義的な償還義務を負う（図6-3）。道路会社の観点からすると、こうした枠組みは道路会社債の償還を機構に肩代わりさせることを通じて道路資産の対価を実質的に収受するものと

---

2) 原則として、工事完了日の翌日であり（道路整備特別措置法51条2項）、それ以外の場合には個別に定められる（道路整備特別措置法51条4項）。

図 6-4　道路資産の移転後の関係

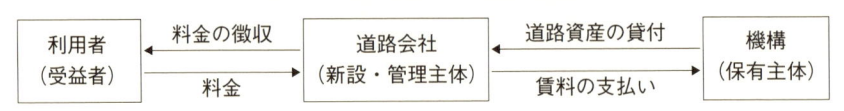

```
[利用者      ] ← 料金の徴収 →  [道路会社      ] ← 道路資産の貸付 →  [機構      ]
(受益者)        料金            (新設・管理主体)  賃料の支払い         (保有主体)
```

出所：筆者作成。

見ることができる。

　債務引受は、債務を引き渡した者が債務引受後もなお当該債務について履行責任を負担するか否かによって重畳的債務引受と免責的債務引受とに分けられる。機構法15条1項は「債務を引き受けなければならない」と規定するのみで、いずれの債務引受を指すものなのかについては明確ではない。しかし、同項が債務引受の範囲を限定していない以上、債務引受の範囲を特に限定する必然性は低いことから、同項にいう債務引受には重畳的債務引受と免責的債務引受の双方が含まれると考えるのが素直であろう。ただ、実務上は重畳的債務引受が利用されるのが一般的であり[3]、免責的債務引受が利用されたケースは管見の限り知らない[4]。

(3) 道路資産の移転後

　道路資産が道路会社から機構に移転されると、道路会社は機構から道路資産を賃借する形で料金の徴収といった管理を行う。そして、道路会社は機構に道路資産の賃料を支払い、当該賃料が機構によって引き受けられた道路会社債の償還原資となる（図6-4）。

---

[3]　中日本高速道路株式会社第46回社債についての『発行登録追補目論見書（2012年11月）』第一部第2【売出要項】【募集又は売出しに関する特別記載事項】参照。
[4]　水島（2012）は、重畳的債務引受が利用される背景として、道路会社債の格付けのレバレッジや金融商品としての安定性といった点を指摘している。

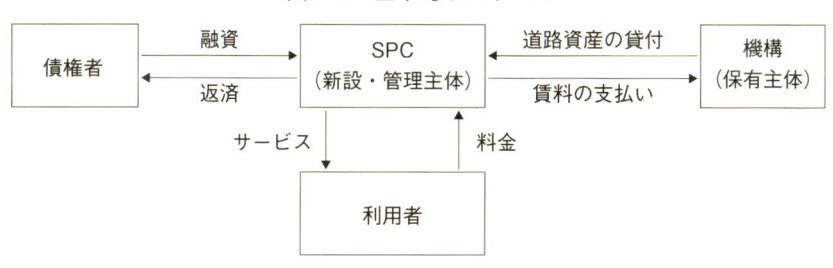

図6-5　基本的なスキーム

債権者 —融資→ SPC（新設・管理主体） ←道路資産の貸付— 機構（保有主体）
債権者 ←返済— SPC ―賃料の支払い→ 機構

SPC ―サービス→ 利用者
SPC ←料金— 利用者

出所：筆者作成。

3　PFIのスキーム

(1) 基本的な構造と検討すべき問題

　民営化関連法のスキームの場合、道路会社と機構との間において、高速道路の新設・管理と保有とが分離されるという現象が生じる。一方、こうした現象は、PFI事業者が公共施設を建設し完成後に公的部門に当該施設の所有権を移転し、その後の維持管理および運営を行うというBTO（Build-Transfer-Operate）型のPFIにおいても生じる。

　BTO型のPFIにおいては、事業のファイナンスや運営の形式的主体として特別目的会社（Special Purpose Company: SPC）が設立されることが多いが、これを考慮して基本的なスキームの概要を示したのが図6-5である。

(2) PFI法2条1項1号にいう「道路」と高速道路

　PFI法2条1項1号はPFIの対象となる公共施設として道路を挙げている。しかし、PFI法は道路の定義規定を設けていないため、対象となる道路の範囲がどこまでなのかは必ずしも明確ではない。仮にPFI法2条1項1号にいう「道路」に高速道路が含まれないとすると、新設ファイナンスにおいてPFIのスキームを利用する余地はないことになる。そこで、高速道路の新設にPFIを利用する場合、その前提として、高速道路がPFIの対象となる公共施設などに含まれるのかを確認しておく必要がある。

高速道路の定義については、道路会社法がこれを定めている。まず、道路会社法は、道路を「道路法（昭和二十七年法律第百八十号）第二条第一項に規定する道路」と規定して、道路法における道路の定義をそのまま道路会社法上の道路の定義としている（道路会社法2条1項）。道路法における「道路」とは、「一般交通の用に供する道で……トンネル、橋、渡船施設、道路用エレベーター等道路と一体となつてその効用を全うする施設又は工作物及び道路の附属物で当該道路に附属して設けられているもの」のことであり（道路法2条1項）、高速自動車国道、一般国道、都道府県道、市町村道の4つがある（道路法3条1～4号）。

　次に、道路会社法は、上記の道路の定義を前提として、①高速自動車国道および②道路法48条の4に規定する自動車専用道路並びにこれと同等の規格および機能を有する道路を高速道路と定義している（道路会社法2条2項）。高速自動車国道とは、自動車の高速交通の用に供する道路で、全国的な自動車交通網の枢要部分を構成し、かつ、政治・経済・文化上特に重要な地域を連絡するものその他国の利害に特に重大な関係を有するもので、国土開発幹線自動車道の予定路線のうちから政令でその路線を指定したものまたは高速自動車国道法3条3項により告示された予定路線のうちから政令でその路線を指定したもののことである（高速自動車国道法4条1項）。自動車専用道路とは、道路法48条の2第1項または第2項の規定により指定を受けた道路または道路の部分と定義されるが（道路法48条の4柱書）、混合交通で生じるさまざまな障害を排除するため、特定の道路について、自動車のみの一般交通の用に供することとされた道路のことである[5]。つまり、道路会社法における高速道路は、道路法上の道路の一部として構成されている。

　これを前提として、PFI法2条1項1号にいう「道路」に高速道路が含まれるかを検討する。PFI法はその対象となる公共施設としての道路を定義していない以上、ここから道路の範囲を限定することはできない。しかし、両

---

[5]　道路法48条の2第1項と第2項の自動車専用道路の差異は、前者が大都市地域の交通の円滑化を目的としているのに対して、後者が特定の道路の区間内の車両の能率的な運行への支障や道路交通騒音により生ずる障害の防止を目的としている点にある。

法令の趣旨という点からすると、道路法上の道路の整備は、公共施設の整備の促進を図ることにより効率的かつ効果的な社会資本整備を行い、国民経済の健全な発展を図ろうとするPFI法の目的（PFI法1条）とも整合性を有している。このため、道路法上の道路はPFI法2条1項1号にいう「道路」に含まれ、その一部として定義される高速道路も同号にいう「道路」に含まれると考えるべきであろう。

なお、道路法上の道路のうち、道路整備特別措置法によって通行または利用について料金を徴収することができる道路のことを有料道路といい（道路整備特別措置法1条）、それ以外の道路を一般道路という。このように道路を有料道路と一般道路に区別することを前提として、前者がPFI法2条1項1号にいう「道路」に含まれないと考えることによって、同号にいう「道路」から高速道路が除外されると考える余地もないではない。しかし、PFI法は対象となる公共施設の範囲を当該施設が有料か無料かで区別していない以上、PFI法2条1項1号にいう「道路」から有料道路だけを特に排除する必然性は乏しいようにも思われる。

(3) 高速道路の運営と公共施設等運営事業

高速道路がPFI法2条1項1号にいう「道路」に含まれるとすると、新設ファイナンスにPFIのスキームを一応利用することができる。しかし、BTO型のPFIの場合、公的部門に対する賃借料の支払いや調達資金の償還の関係から、PFI事業者は高速道路の料金をみずからの収入として収受することが不可欠となる。公共施設の管理者が所有権を有する公共施設について、運営などを行い、公共施設の利用に関わる料金をみずからの収入として収受することを公共施設等運営事業というが（PFI法2条6項、10条の10第1項）、高速道路の新設にBTO型のPFIを利用する場合、道路会社が現在行っている高速道路の管理を公共施設等運営事業として構成することができるのかという点を確認しておく必要がある

公共施設等運営事業においては、公共施設等運営権者が利用料金をみずからの収入として収受するだけではなく、当該利用料金それ自体を実施方針に

従ってみずから定めることができる（PFI法10条の10第2項前段）[6]。このため、高速道路の新設にBTO型のPFIを利用する場合、PFI事業者は公共施設運営権者として対象となる高速道路の料金をみずから決定・収受できることになる。しかし、高速道路の料金については民営化関連法が独自の規定を設けていることから、高速道路の管理を公共施設等運営事業として構成しようとすれば、当該料金制度（料金体系）とPFI法上の料金制度（料金体系）とが併存する状態となる。高速道路の料金は将来的に無料化が予定されており、それとの関係で（無料化を想定していない）PFI法上の料金制度との整合性をどのように調整するかという問題はかなり難しい。このため、仮に高速道路がPFI法2条1項1号にいう「道路」に含まれるとしても、PFI法2条7項にいう「公共施設等の利用に係る料金」との関係で当該事業を公共施設等運営事業として構成することは現状では難しいと言えよう[7]。

　おそらく、わが国における高速道路の新設においてPFIが利用されたケースがないのは、高速道路それ自体の公共施設の該当性という資産的な側面に由来するのではなく、公共施設等運営事業という非資産的な側面に由来していると理解するべきであろう。土木学会建設マネジメント委員会（2012）は、現行法における道路事業へのPFIの適用について、「有料道路については、現時点で、改正PFI法における公共施設等運営事業の適用対象とはなっていない」と指摘している。PFI法は公共施設等運営権事業の適用対象から直接的に有料道路事業を排除しているわけではないので、表現が若干強いようにも思われるが、本章のような理解を前提とすると、その趣旨ないし結論は妥当なものと言える。

---

[6] ただし、公共施設等運営権者は、あらかじめ、当該利用料金を公共施設等の管理者等に届け出なければならない（PFI法10条の10第2項後段）。
[7] こうした現象は、PFIの利用促進を考える際に、PFIという制度それ自体の利便性向上だけではなく、PFIの対象となる公共施設に対するさまざまな法規制との調整が非常に重要な意味を有していることを示唆している。

4 分析と検討

(1) 総説

　第3節の検討からすると、わが国における高速道路の新設に PFI を利用することは難しい。しかし、仮に高速道路事業を公共施設等運営事業として構成できるとした場合、民営化関係法のスキームと PFI のスキームがどのような関係にあるのかを検討することには、一定の意味があるようにも思われる。
　そこで、以下では、いくつかの観点から、この問題を検討したい。

(2) ファイナンス手法の観点からの分析

　民営化関連法のスキームの場合、道路会社は道路会社債の発行を通じて資本市場から資金を調達する直接金融の手法が利用される。このスキームの場合、債務引受を通じて道路会社から機構へのリスク移転が行われる。このため、債務引受を行った道路会社債の償還可能性は、道路会社ではなく機構の信用状態にリンクされ、道路会社の信用状態の変動が引き受けられた道路会社債の償還可能性に影響を及ぼすことはない。格付けという観点からすると、こうした特徴は道路会社債の格付けが機構債（ひいては国債）の格付けまで事実上レバレッジされることを意味している。実際、道路会社債の債券格付けは機構の発行する機構債（ひいては国債）のそれと同格とされることが多い。このように考えていくと、民営化関連法のスキームは、直接金融の手法を利用して、インフラ整備に必要な大規模かつ長期の資金を安定的にファイナンスする仕組みとして評価することができる。
　他方、PFI のスキームの場合、SPC が金融機関などから必要な資金を借り入れる形で調達する間接金融の手法が利用される[8]。資金の調達およびその返済は、形式的には SPC（実質的には、その背後に存在する PFI 事業者）が主体となっており、返済に関わる責任も SPC が原則的に負担する。このスキームの場合、民営化関連法におけるスキームのようなリスク移転の手段は組

---

8) PFI 法は債券の発行を通じて資金調達することを禁止しているわけではない。あくまでも一般的な実務上の処理としては間接金融が利用されているという意味である。

み込まれていないことから、借入金の返済可能性はSPCの信用状態にリンクされたままの状態となる。このため、PFIのスキームは、そのままの状態では、民営化関連法のスキームよりもファイナンス能力が見劣りすることは否めない。PFIのスキームのファイナンス能力を向上させようとすると、信用補完の措置を別途講じる必要がある。信用補完の方法としては、大きく2つ考えられる。第1の方法としては、人的信用補完の利用がある。たとえば、SPCが金融機関から資金を借り入れる際に公的部門が債務保証を行うようなケースがこれに該当する。とりわけ、明示的または黙示的に政府保証が行われるような場合、PFIのスキームのファイナンス能力は民営化関連法のスキームのそれと比較しても事実上遜色ないものとなろう。たとえば、わが国の場合でも、中央合同庁舎第7号館整備事業（落札金額882億7,134万2,874円）[9]や次期Xバンド衛星通信整備事業（落札金額1,220億7,402万6,613円）[10]といったPFI事業においては、大規模な資金が調達されている。第2の方法としては、物的信用補完の利用がある[11]。PFI法上、公共施設等運営権は物権とされており、不動産に関する規定が準用され（PFI法10条の11）、抵当権の目的とすることができる（PFI法10条の12）[12]。杉本（2012）は、公共施設等運営権に抵当権（根抵当権）を設定することによってPFI事業について円滑なファイナンスが可能となると指摘している[13]。もっとも、公共施設等運営権の担保化が法的に可能であるとしても、当該運営権の競落者が施設の運営等を実際に行おうとすれば相応のノウハウが不可欠となる。このため、公共施設等運営権の抵当権評価額が調達すべき金額に相応するかは微妙なケースも想定され、公共施設等運営権の担保化が制度として可能となったことが人的信用補完の必要性を単純に低下させるとまでは言えないであろう。

---

9) 詳細は、十河（2003）参照。
10) 詳細は、防衛省（2013）参照。
11) 杉本（2012）は、2012年改正前における担保提供の方法として、事業契約上の債権譲渡や契約上の地位譲渡予約、SPCの株式に対する質権設定などを指摘している。
12) ただし、公共施設等運営権を目的とする抵当権の設定、移転、変更、消滅および処分などには公共施設等運営権登録簿に登録する必要がある（PFI法10条の14）。
13) 国土交通省総合政策局政策課（2002）においても、PFI事業者のファイナンスにあたって、公物管理法の規定が支障になるということはないとしている。

直接金融か間接金融かというファイナンス手法の差異は、両スキーム間にいくつかの派生的な差異を生み出す。たとえば、民営化関連法のスキームの場合、事業者に対するモニタリングは基本的に債券市場が行う。これに対して、PFI のスキームの場合には、事業者に対するモニタリングは金融機関（融資債権者）が行うことになる。また、民営化関連法のスキームの場合、ファイナンスに際して金融商品取引法上の開示規制が適用される可能性が高く、ファイナンス時の開示コストが相対的に増加する。これに対して、PFI のスキームの場合、金融機関などに対する個別の開示のみで足りるため、開示コストは相対的に少なくなることが予想される。

(3) 償還原資の観点からの分析

いずれのスキームの場合においても、償還原資が高速道路の利用料金に求められる点に差異はない。しかし、償還原資と利用料金との関係については、両スキームには差異がある。

民営化関連法のスキームの場合、料金プール制が採用されている。福田（2004）によると、料金プール制とは、ネットワーク全体での収支を合算して、それを原資としてネットワークに属するすべての路線の債務が一体的に償還されるという枠組みのこととされる。つまり、民営化関連法のスキームは、各路線から生じるキャッシュフローを合算したキャッシュフロー（ネットワーク全体のキャッシュフロー）に基づいて償還を考えるものである。杉本（2012）によると、複数の事業を行う会社がその保有するすべての資産を償還原資として行うファイナンスのことをコーポレート・ファイナンスというが、民営化関連法のスキームの発想はコーポレート・ファイナンス的なものと言える。他方、PFI のスキームの場合、償還原資は個別路線のキャッシュフローに基づいて考える。たとえば、ある PFI 事業者が A と B という異なる路線を対象として別個の PFI 事業（以下、路線 A を対象とする PFI 事業を「A 事業」、路線 B を対象とする PFI 事業を「B 事業」という）を行う場合、A 事業のファイナンスについての償還は A 事業から生じるキャッシュフローのみが引当てとなり、B 事業のキャッシュフローが引当てとなることはない[14]。

正木・松野尾（2011）や杉本（2012）によると、特定のプロジェクトから生み出されるキャッシュフローを償還原資として、当該プロジェクトへの利用に資金使途を限定して当該プロジェクトの実施のみを目的とする会社に対して行われるファイナンスのことをプロジェクト・ファイナンスというが、PFIのスキームの発想はプロジェクト・ファイナンス的なものである。

　次に、コーポレート・ファイナンス型の民営化関連法のスキームとプロジェクト・ファイナンス型のPFIのスキームの関係をもう少し詳細に分析する。まず、償還原資の規模という点からすると、プロジェクト・ファイナンス型のPFIのスキームはコーポレート・ファイナンス型の民営化関連法のスキームよりも少し不利であるようにも見える。しかし、杉本（2012）は、コーポレート・ファイナンスの場合、既存会社の全事業から生み出されるキャッシュフローや固定資産の総体が償還原資となるため、他事業の業績や資産評価によって償還原資は常に変動し、その変動幅も相対的に大きいのに対して、プロジェクト・ファイナンスの場合、当該プロジェクトから生まれるキャッシュフローは相対的に変動要素が少なく安定していると指摘して、両者の優劣関係は必ずしもないとしている。そのうえで、PFIのスキームについて、①利用料金がSPC名義のプロジェクト口座に入金されて、それが融資金融機関によって厳格に運用されることから、事業者による流用のおそれがきわめて低い点、②SPCの有する資産、権利および契約上の地位の一切を担保とすることによってプロジェクトから将来的に生み出されるキャッシュフローについても担保を設定できる点を指摘して、より確実な返済を受けるスキームであるとしている。償還原資をめぐるコーポレート・ファイナンスとプロジェクト・ファイナンスの簡単な比較をしたのが表6-2である。

　このような指摘からすると、PFIのスキームが民営化関連法のスキームよりもファイナンスの能力において一概に劣るとまでは言えないようにも見える。しかし、プロジェクトからのキャッシュフロー以外の要素によってファイナンス能力がレバレッジされないというPFIのスキームの特徴は、PFIの

---

14) PFIにおけるSPCの利用は、各事業のキャッシュフローの明確な分離あるいは混入の防止という点でも意味があると言える。

表6-2　コーポレート・ファイナンスとプロジェクト・ファイナンスの比較

項目	コーポレート・ファイナンス	プロジェクト・ファイナンス
償還原資となるキャッシュフローの範囲	事業者の全事業から生じるキャッシュフロー	事業者の特定プロジェクトから生じるキャッシュフロー
他事業の業績や資産評価の影響	あり	なし
償還原資の変動頻度	高い	低い
償還原資の変動幅	大きい	小さい
償還原資の変動要素	多い	少ない
償還原資の流用リスク	あり	なし

出所：筆者作成。

利用上の問題を生じさせる可能性があることは否定できない。たとえば、先述の例でいうと、（信用補完がどの程度講じられるかにもよるが）A事業において調達可能な金額はA事業の現在および将来のキャッシュフロー総額が限度となり、必要な資金がA事業の現在および将来のキャッシュフローに満たない場合にはPFIのスキームを利用することは事実上難しくなる。プロジェクトからのキャッシュフローのみで償還原資をまかなえるような新規プロジェクトの開拓余地がそれほど残されていない場合、高速道路の新設にPFIを利用することは事実上難しくなる[15]。

ちなみに、宮本（2011）は、高速道路に限らず、PFI法2条1項1号の定める公共施設[16]はPFIの利用が進んでいないと指摘している。少なくとも同号の挙げる道路、鉄道、港湾、空港といった運輸・交通インフラについては、わが国の場合には、ある程度の水準の整備がPFIのスキーム以外の形で行われている。この結果、上記のような本来のPFIの償還原資のあり方で実現可能な新規プロジェクトの余地がそれほど残されていないということが背景にあるのかもしれない。

---

15) 逆に言えば、収益路線の開拓余地が相対的に大きな海外での高速道路事業（インフラ輸出）のような場合には、PFIのスキームの利用価値は依然として高い。
16) 具体的には、道路、鉄道、港湾、空港、河川、公園、水道、下水道、工業用水道などの公共施設である。

5　おわりに

　以上、民営化関連法のスキームとPFIのスキームについて、その基本的な構造を概観したうえで、ファイナンス・スキームとしての両者の関係を分析してきた。

　両スキームの差異については、現状では本章のような整理になろう。しかし、わが国においても、将来的に債券市場の規模や厚みが増していくときには、PFIのスキームに直接金融的な手法を取り込むという余地もあるいは出てくるのかもしれない[17]。この場合には、本章で分析した直接金融か間接金融かという差異は相対的に縮小することになろう。また、償還原資における両スキームの差異については、償還原資の流用リスクの低下といったPFIのスキームの利点は否定できないが、公的部門による信用補完に依存しない形で必要な資金の調達をすることができるケースは必ずしも多くはない。PFIのスキームは、民営化関連法のようなリスク移転手段が組み込まれていないことから、公的部門の信用補完の程度が低ければSPC（PFI事業者）の信用リスクに対する評価も厳格にならざるを得ない。反面、公的部門の信用補完の程度が非常に高いPFIのスキームを構築した場合には、少なくとも理論的には、当該スキームと従来型の公共事業のスキームとの実質的な差異がどこまであるのかという本質論が問われよう。このため、PFIのスキームによって運輸・交通インフラを整備する場合、事業者はPFIによって事業を構成することの経営的・ファイナンス的な意義あるいは正当性を明確かつ説得的に説明することが必要となろう。

　最後に、高速道路に限らず、わが国の運輸・交通インフラはさまざまな特別法や実務運用によって独特なファイナンス・スキームがすでに形成されているケースもある。また、運輸・交通インフラのファイナンスの場合、その性質上、償還期間が長期にわたることも少なくない。このため、運輸・交通

---

[17]　債券市場の厚みがPFIを促進するのか、PFIが促進されることによって債券市場の厚みが増すと考えるのかは議論の余地があろう。なお、公社債の発行額の推移については、日本証券業協会ホームページの統計情報（http://www.jsda.or.jp/shiryo/toukei/hakkou/index.html）を参照のこと。

インフラに PFI を利用する場合、既存のファイナンス・スキームとの連続性ないし経済的な同質性を担保する付加的な工夫も必要となろう。そして、仮に利用する PFI のスキームと既存のファイナンス・スキームに質的差異が生じている場合、これによってファイナンス上のリスクにどのような影響をもたらす可能性があるのかを、PFI 事業者が金融機関などの資金供給者に対して丁寧に説明することが不可欠となろう。

［水島　治］

参考文献

大塚久司・谷中謙一（2005）「法令解説　道路関係四公団民営化関係法（1）」『時の法令』1747号、6-46頁。

経済産業省（2011）『平成22年度一般案件に係る民活インフラ案件形成等調査　ベトナム・ハノイ首都圏高速道路 PPP 事業調査（ベトナム）報告書要約』。

国土交通省総合政策局政策課（2002）「PFI 事業者の公物管理上の位置づけについての考え方」。

杉本幸孝監修（2012）『PFI の法務と実務［第 2 版］』金融財政事情研究会。

十河修（2003）「中央合同庁舎第 7 号館整備等事業について」『建設マネジメント技術』304号、8-12頁。

道路法令研究会編著（2007）『改訂 4 版　道路法解説』大成出版社。

土木学会建設マネジメント委員会（2012）『包括的道路修繕・維持管理 PFI に関する調査研究報告書（中間報告）』。

野村総合研究所（2011）『韓国における PPP／PFI 制度とインフラファンドに関する調査』。

福田理（2004）「道路公団民営化のゆくえ――民営化法案の論点」『調査と情報』446号、1-10頁。

防衛省（2013）「『X バンド衛星通信中継機能等の整備・運営事業』の民間事業者の選定について」。

正木孝英・松野尾啓文（2011）「『新たな PPP／PFI』におけるファイナンス手法とその可能性」『土木施工』652号、65-67頁。

水島治（2012）「高速道路の新設における道路会社の資金調達とその法的課題」『高速道路と自動車』55巻 6 号、21-30頁。

宮本和明（2011）「道路 PFI 事業と事業スキーム検討ツールの提案」『総研リポート』5 号、9-18頁。

第 7 章

日本のPPP／PFI制度活用の課題と方向性

1　現行PFI制度の課題

　1999年にPFI法（民間資金等の活用による公共施設等の整備等の促進に関する法律、以下「法」）が制定されてから2012年度末まで、PFI事業の実績は、事業件数418件、契約金額で約4兆1,000億円となっている。国際的に見ても、この数字自体は決して悪くないとは言えるが、しかし、その実態を見ると、PFI法が本来めざした状況となっているかといえば、大きな課題があると考えられる。本章では、その課題と原因を分析し、今後の方向性について、明らかにしていきたい。なお、本章中、意見にわたる部分は私見であることをあらかじめ申し添えておく。

　まず、PFI法がめざす目的とは何か。法第1条には、次のように書かれている。「この法律は、民間の資金、経営能力及び技術的能力を活用した公共施設等の整備等の促進を図るための措置を講ずること等により、効率的かつ効果的に社会資本を整備するとともに、国民に対する低廉かつ良好なサービスの提供を確保し、もって国民経済の健全な発展に寄与することを目的とする。」

　すなわち、「民間の資金」等を活用した公共施設等の整備等を促進し、そのため、①効率的、効果的な社会資本整備、②低廉かつ良好なサービスの提供を目的とする、とある（法第1条）。この目的はどう理解するべきか。筆者は長年PFI法の運用等に関わってきているが、これに対する一般的な理解

は、次のようなものである。「同じ施設整備、サービスを投入する場合でも、100％税金の場合に比べて、民間の資金を活用するし、効率的な経営がなされるので、行政が実施する場合に比べて、税金投入を少なくすることができる。」

実際、実務上も、ある事業をPFIで実施するかどうかを、発注者側で検討する際に、VFM（Value for Money）を判断基準とする。このVFMは、「従来の方式と比べてPFIの方が公的財政負担額をどれだけ削減できるかを示す割合」（内閣府）とされており、ここで言うvalueとは、コスト節減を重視したものになっている。

しかし、②も含めて考えれば、PFIを含むPPP（官民連携：Public-Private Partnership）の本来の意義は、Public（官）とPrivate（民）がPartnershipを結び、それぞれお互いの強みを生かすことによって、最適な公共サービスの提供を実現し、もって地域の「価値」や市民満足度の最大化を図るものであって、「官」の発想のみでは出てこない新たな「価値」が創出されることがPPPの本質である（内閣府、2012）。

最もわかりやすい例が、アメリカ・ワシントンDCのオイスタースクールの事例（根本、2012）である。ワシントンDCの公立小学校では、民間事業者が校庭の半分を活用し、マンションの整備・運営を行うとすることで、その収益で建替費用をまかなった。また事業者はスポーツジムや図書館を整備し、さまざまな付加価値をつけたことで、当該エリアの地価も上昇、まさに地域のバリューアップに貢献したのである。この事業は、民間の創意工夫により、行政も、民間事業者も、さらに地域も得をするという、win-win-winの関係になっている。PPPの本質はこのようなところにあるのではないだろうか。

では、このような本質に照らして見た場合、わが国のPFI事業の現状はどうなっているか。以下に3点の課題を挙げることとしたい。

(1) 事実上の「延べ払い」方式

PFI事業の約4分の3は、「サービス購入型」と呼ばれる方式である。こ

れは、民間事業者が整備した施設等の費用と事業期間中の管理費等を、施設管理者が税財源から「延べ払い」で支払う方式であり、この方式によらず税財源以外の収入（利用料金など）により費用を回収する事業はわずかである。施設管理者にしてみれば、単年度の負担が少なくて済むという利点があるが、後年度負担が気になるところであるし、お世辞にも「民間資金の活用」とは言えないところが最大の問題である。

(2) 官が企画・発注

　法では、公共施設管理者等が実施方針を策定することが出発点であり、2011年の法改正で民間提案制度が創設されたものの、現行制度では、公共サイドがイニシアチブを有していることに変わりはなく、管理者等がPFIを実施するという判断をしたうえで、従来の公共事業・維持管理と同様の発想で「発注」がなされるという傾向が強い。民間の視点から見れば、優良なPPP案件になりうる事業でも、その検討がされることなく直営（公共事業）のまま行われる、あるいは事業化されないという例も多いと考えられる。根本祐二氏はこれを「官の決定権問題」と呼び、以下の指摘をしている。

　「官が意思決定することによって、本来であればより高いVFMをもたらしうるにもかかわらず、低いVFMで止まってしまう可能性が生じる。具体的には、民の自由度が著しく小さい例、事実上の仕様発注の例、民間にリスクを移転しすぎて民間も対応できない例などである。また、PPPに適しているにもかかわらず直営のままとなっている例も指摘できる」（根本、2012）。

(3) PFI未経験自治体が大多数

　わが国では、地方公共団体のじつに9割がPFI事業を経験したことがない。地方公共団体の担当者と意見交換する機会の多い筆者が、本音ベースで耳にした主な原因は後述するが、ここでもう1つ指摘したい。PFIのメリットとされるVFMは、前述のとおりコスト削減に特化しているが、事業実施前に

算出される縮減率は、せいぜい数％の場合が多い。一方で、最近の公共事業は、低価格で落札される場合が多く、これまでのVFMではPFIのメリットがまったく感じられないというのが本音なのではないだろうか。

2 原因は何か

以上が、筆者が見る従来型PFI事業、現行制度の課題であり、次にその原因を考えてみたい。以下の原因分析は、筆者がこれまで長年、直接・間接にPFIに関わってきた中で、関係者との意見交換や数多くの現場視察などから得られたものであり、必ずしも学術的なものではないことをお断りしておく。

(1) リスク・アバースなデットプロバイダー

PFI事業者の資金調達の大半は、事業者によるエクイティと銀行からの借り入れである。デットプロバイダーは、わが国に限らず、預金が原資であるという性格からして、一般的にリスクをとることに対し消極的（リスク・アバース）である。仮に、PFI事業者が100％税財源に頼るのではなく、事業者の才覚で収益事業も併せて行うこととして、そこからの収益で税財源による負担を軽減する、という、PFIが本来想定している本当の意味での「官民連携事業」を企画しても、デットプロバイダーにとって、収益事業は安定した収益が見込めるかがわからないビジネスとみなされ、その部分については融資が厳しいという対応になるようである。一方で、発注者である施設管理者のほうにも、収益事業で税財源負担を軽減するという発想があまりないことから、デットプロバイダーの意向どおり、リスクゼロの100％税財源負担の事業に落ち着いてしまう。

当該事業が本来の目的である、地域に価値をもたらすものであると同時に、投資家にとっても魅力と価値がある必要がある。一般的にインフラ自体からの収益が多く見込まれないものであっても、工夫次第で、魅力と価値のあるプロジェクトにすることは可能である。

たとえば、公共施設等の一部を活用して収益施設を併設したり、副産物の

売却を認めたりすることなどにより、運営権や事業の収益性を高めることができる。このことは、公共施設自体の魅力を高めることにつながり、より多くの利用者が期待されるなど、本来の公共目的からも望ましいことである。

(2) 「公共施設」前提の法制度

法の仕組みでは、公共施設管理者が実施方針を示すところからPFI事業がスタートする。つまり「公共施設」単位の事業であることが問題である。たとえば公有地の有効活用を図ろうとする場合、そこに図書館を整備するという意思決定を「官」の側で行ったうえで、実施手法としてPFIを活用するかどうかの判断がなされる。

一方で、岩手県紫波町では、町有地の利活用について、民間からの自由な提案を募ったうえで、町民も含めた検討を重ねて、町の財政負担を最小に抑え、公共的目的を最大限達成することをめざした計画を官民連携で策定した。PRE（Public Real Estate）戦略とも言われるが、企画・計画段階で民の発想を活用するということが、現行制度に内在されていないところが問題であろう。

(3) 地方債との関係

地方公共団体の担当者に、なぜPFIを活用しないかを聞くと、公式なヒアリングではなく、本音ベースの議論では、大半の担当者が「起債のほうが楽だし、コストも安い」と答える。このあたりは、筆者も立場上、断言しにくいところであるが、上山信一氏は以下のように指摘している。

「最大の障害は、低利で際限なく調達可能な地方債との競争である。インフラ事業は投資規模が大きく資金回収に時間がかかる。そのため国や自治体が事業主体となることが多い。その場合、わが国の今の制度では、政府の暗黙の信用保証を背景に超低利で資金調達ができる。だから新たな資金調達方法への関心が高まらない」（上山、2012）。

3　今後の方向性

　上記までは現状の分析である。しかし、近年の社会経済状況を踏まえると、PPP／PFIについて、本来の趣旨に立ち返って、真の意味での「官民連携」として活用する必要性がいっそう高まってきていると感じられる。

　その第1の理由は、厳しい財政状況のもと、公共事業費がこれまで削減され、少なくとも今後大幅な増加が見込まれないという中にあって、事前防災や国際競争力強化の観点から、必要なインフラ整備を行っていくうえで、真の意味で民間資金を大いに活用することが必要であるし、そうせざるを得ない状況にあるということである。単なる借り入れとしての民間資金ではなく、官民連携で事業を仕組むことにより、民間事業者が収益を上げることを許容し、その収益の一部を公的負担の軽減にあてるという、本来の形態を積極的に推進する必要がある。

　その際の最大のネックは、前述のとおり、収益事業についてリスクがあるとみなされ、レンダーが資金提供に慎重になるということであるが、諸外国では、レンダーだけではなく、リスクをとってでもリターンを期待して投資するリスクマネーが供給されている。このようなインフラ投資市場をわが国でも育てていくことが、中長期的に、財政健全化と必要なインフラ整備を両立させる道であると思われる。『日本の社会資本2012』（内閣府）によれば、わが国のインフラストックは786兆円であり（図7-1）、うちPFI事業は1999年以降のすべての実績の累計でも約4兆円にすぎない。逆に言えば、今後のインフラ投資市場の可能性はきわめて大きいとも考えられる。

　第2に、わが国のインフラは1960年代、70年代の短期間に急速に整備されたため、今後、更新の時期を迎える施設が一斉に発生することが見込まれることである。国土交通省が行っている予測によれば、2011年度から2060年度までに国土交通省の所管する社会資本の更新費は約190兆円と推計される。仮に社会資本の投資水準総額が横ばいであると仮定すると、2037年時点で維持管理・更新費すらまかなえなくなる可能性がある。また、同省以外の分野でも、学校施設や上水道では、近い将来での維持管理・更新費用の負担増大

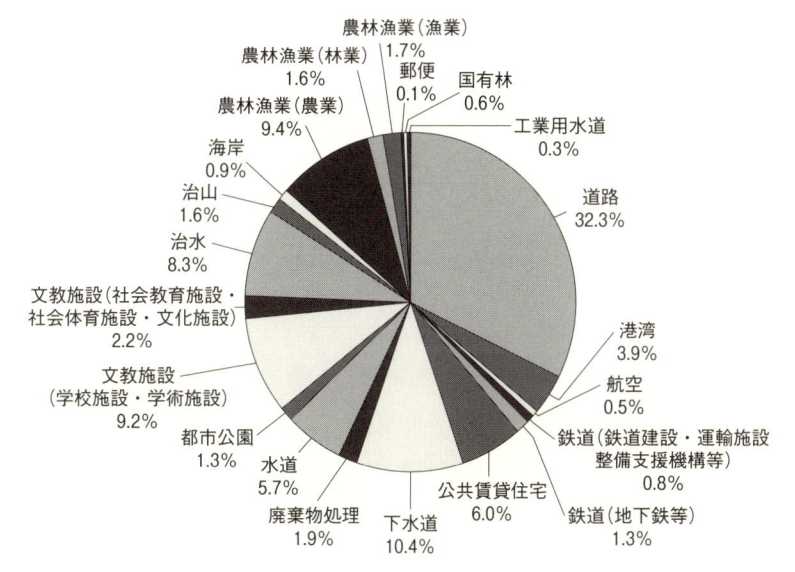

図7–1　わが国のインフラ粗資本ストック＝786兆円（2009年度）

- 農林漁業（漁業）1.7%
- 農林漁業（林業）1.6%
- 農林漁業（農業）9.4%
- 郵便 0.1%
- 国有林 0.6%
- 海岸 0.9%
- 治山 1.6%
- 治水 8.3%
- 文教施設（社会教育施設・社会体育施設・文化施設）2.2%
- 文教施設（学校施設・学術施設）9.2%
- 都市公園 1.3%
- 水道 5.7%
- 廃棄物処理 1.9%
- 下水道 10.4%
- 公共賃貸住宅 6.0%
- 鉄道（地下鉄等）1.3%
- 鉄道（鉄道建設・運輸施設整備支援機構等）0.8%
- 航空 0.5%
- 港湾 3.9%
- 道路 32.3%
- 工業用水道 0.3%

出所：内閣府資料。

が予測されている。1990年代末より公共事業予算が減少してきている中で、どのように公共施設や社会資本の維持管理・更新を図っていくかはきわめて重要な課題である。

　その際、これまで起債を活用して施設整備を行ってきた地方公共団体にとっても、今後、インフラの維持管理・更新等の負担が増加することが見込まれる中、起債以外の方法で資金調達をすることを真剣に考えるべき時期にきているのである。

　第3に、人口減少・超高齢社会を迎え、社会全体が成熟型と言うべき段階に達している中で経済成長を実現していくには、資産（ストック）に新しい民間の知恵を投入してその価値を高めること、しかも、かつてのバブルとは異なり、実質的な価値を高め（バリューアップ）、生活者がより高いステージの満足を得られる魅力ある都市・地域を創造していくことにこそ成長の原動力があると考えられる。インフラというストックについて、真の意味で「官

民連携」によりバリューアップを図ることが、地域の価値を高めることにつながる。これが本当の意味でのVFM（Value for Money）なのである。

そのような背景を踏まえ、以下に筆者が考える新しいPPP／PFIに向けた抜本改革の方向性を3点指摘することとしたい。

(1) 収益施設併設・活用型PPP

アメリカ・ワシントンDCのオイスタースクールの事例は先に紹介したが、オーストラリア・メルボルンのサザンクロス駅の再開発事業も著名である。駅の管理者は、民間事業者と30年のコンセッション契約を締結し、事業者が駅舎の建替を実施するほか、駅に併設して120店舗のショッピングセンターを建設、その収益で資金を回収する仕組みとした。ショッピングセンターに併せてバスターミナルや駐車場も整備され、駅の利用客も3.5倍に増加した。駅という公共施設の利便性が高まるということは、公共施設本来のバリューアップにもつながったということである。

上記いずれのケースも、税財源に多くを頼らずに老朽化した公共施設の建替が実現したということに加え、併設される収益施設は、単に資金回収の財源というだけではなく、公共施設の一部（校庭、駅の敷地）を有効活用することで、利用者や地域のバリューアップにつなげるという、前述のとおり、行政、民間事業者、地域も得をする、win-win-winの関係になっていることが特徴的である。

わが国のPFI事業は「公共施設」を中心に発想しがちであるが、もう少し民間の視点で、どうしたら税財源に多くを頼らずに資金調達ができるか、という視点を大切にする必要がある。わが国でも東京国際空港（羽田空港）の国際線旅客ターミナルビルは、税財源に頼らない「独立採算型」PFI事業としては、初の本格的なものである。事業期間32年間で、施設使用料、テナント料などにより建設費1,100億円を回収する計画である。

このような問題意識は、経済財政諮問会議での骨太方針の策定に関わる議論や産業競争力会議における日本再興戦略とりまとめに関する議論においてもなされたところであり、そうした議論を踏まえ、内閣府では、2013年6月

に民間資金等活用事業推進会議を開催、「PPP／PFIの抜本改革に向けたアクションプラン」をとりまとめたところである（内閣府、2013）。このアクションプランでは、民間と地域の双方にとって魅力的なPPP／PFI事業として、今後10年間（2013年〜2022年）で12兆円規模に及ぶ下記の類型ごとの事業を重点的に推進することとし、めざす類型ごとの事業規模および具体的な取り組みを盛り込んでいる。

①公共施設等運営権制度を活用したPFI事業：2〜3兆円
②収益施設の併設・活用など事業収入等で費用を回収するPFI事業等：3〜4兆円
③公的不動産の有効活用など民間の提案を活かしたPPP事業：2兆円
④その他の事業類型（業績連動の導入、複数施設の包括化など）：3兆円

　この事業規模目標は具体的な事業計画を精緻に積み上げたものではなく、官民で共有すべきストレッチターゲット（高い目標）として設定したものであるが、10年間で12兆円という規模は、コンセッションやPPPの先進国に近づくといったオーダーであり、とりまとめにあたった筆者自身も高いハードルであると認識している。官民一体、政府一体となってさまざまな環境整備などを行っていくことが重要である。
　また、上記のような税財源以外の収入等で費用を回収する方式の事業において、従来はレンダーの意向もあって、民間収益施設の活用については、仮に併設してもそれによる収益を資金回収の原資とするようなスキームには消極的であった。今後、アクションプランを推進していくには、このようなスキームに対する新たなファイナンスを拡大していくことが必要となる。それが、次項のインフラファンドである。

(2) インフラファンド
　2011年に法が改正され、「公共施設等運営権」制度（いわゆる「コンセッション」方式）が導入された（図7-2）。これは、インフラの建設とその資金調

図7-2 公共施設等運営権について

```
公共施設等運営権とは
・利用料金の徴収を行う公共施設について、施設の所有権を公共
 主体が有したまま、施設の運営権を民間事業者に設定する方式
・既存の施設においても新設の施設においても設定が可能
```

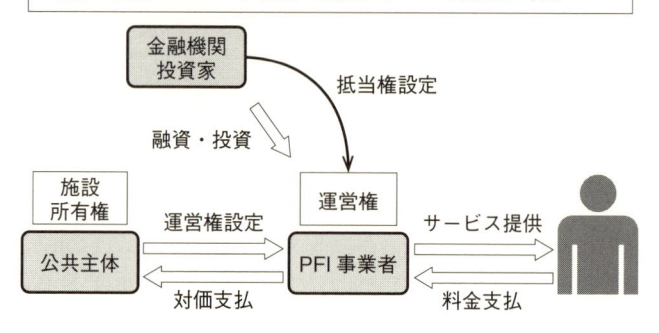

金融機関
投資家
　　融資・投資　　　　　抵当権設定

施設所有権　　　運営権設定　　　運営権　　サービス提供
公共主体　←──────→　PFI事業者　←─────→（利用者）
　　　　　　対価支払　　　　　　　　料金支払

出所：内閣府資料。

達だけではなく運営（利用料金の収受を含む）を行う「権利」を民間事業者に付与するもので、まさに民間の創意工夫によって既存インフラの価値（バリュー）を高め利用促進を図ることで、利用者と民間事業者双方がwin-winの関係になることを狙ったものである。2013年6月、上記のアクションプランと併せ、コンセッション方式を活用する具体的な手続き等のガイドラインが制定され、7月には国管理空港等におけるコンセッション方式の活用を定めた法律が施行されたところであり、制度の活用に向けた土台づくりが着々と整ってきている。

　このようなコンセッション方式も含めた独立採算型のプロジェクトは、プロジェクトの中に複数の事業を包含する（公共施設と民間収益施設等）ことが多く、その場合、レンダーはリスクの小さい部分に対し資金提供はするが、リスクが相対的に高い部分（民間収益施設等）については、いわゆるリスクマネーの提供が期待されるところである。

　インフラ整備にかかる資金調達に関しては、ヨーロッパや北米を中心にインフラファンドが発展し、現在では2,000億ドル規模に達している。しかし、

わが国ではまだ本格的なインフラファンドが国内に存在せず、投資家とインフラ投資をつなぐ市場環境が未整備な状態である。そもそもPPP／PFIによるインフラ投資は、公共と民間が連携して実施されるものであるが、市場環境整備のためには、マネーサイドでも官民が連携する仕組みが求められている。その場合の手法としては、さまざまな選択肢が考えられるが、今後期待されるコンセッションによる事業のように、実績の乏しいPPP／PFI事業に対する民間資金の誘導（呼び水）と、運用者の育成を目的として、官民が連携して出資する官民連携インフラファンドを創設することが考えられる。

　このため、2013年6月に法改正が行われ、「民間資金等活用事業推進機構」（以下、「PFI推進機構」という）の設立と財政措置等が盛り込まれた。本法に基づき、10月にはPFI推進機構が発足したところである。PFI推進機構（官民連携インフラファンド）の設立にあたっては、政府による出資（100億円）に加え、民間からも出資（87億5,000万円）を受けているが、幸いなことにPFI推進機構は他の官民ファンドに比べ民間出資割合が高く、市場関係者からの期待値の高さがうかがえる。今後、PFI推進機構は、独立採算型等（コンセッション方式を含む）のPFI事業等に対する出融資（優先株・劣後債の取得等）を行うこととしている。つまり、レンダーによるシニアローンと、エクイティの中間にある、ミドルリスク部分（メザニン）についてのファイナンスを行うスキームであり、これまでの市場で不足していたリスクマネーの供給を、民間金融機関を補完する形で行おうとするものである（図7-3）。

　もちろん、今後、民間のインフラファンドが組成されるようになれば、PFI推進機構は、事業に直接投融資をするのではなく、ファンドへの支援（ファンド・オブ・ファンズ）という形で、ファンド市場を育成することに主眼を置くことが期待される。その意味で、PFI推進機構はあくまで呼び水的なものであって、法律でも、15年間（2028年3月末）を目途に業務を終了することとしている。

　また、PFI推進機構は、PFI事業者等に対する専門家の派遣および助言も業務として行うこととしており、官民連携プラットフォームの役割も期待されている。

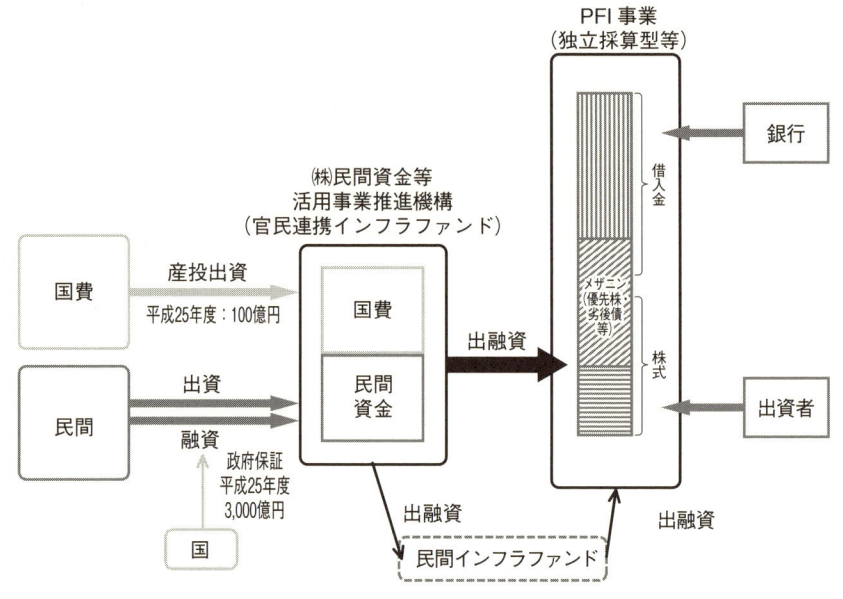

図7-3　官民連携インフラファンドの仕組み

［図：国費→産投出資（平成25年度：100億円）→㈱民間資金等活用事業推進機構（官民連携インフラファンド）、民間→出資・融資、国→政府保証（平成25年度3,000億円）、機構（国費・民間資金）→出融資→PFI事業（独立採算型等）（借入金／メザニン（優先株劣後債等）／株式）、銀行→借入金、出資者→株式、民間インフラファンド→出融資］

出所：内閣府資料。

　インフラファンド市場が活性化される効果として、従来公的セクターが運営していた分野の事業にファンドの資金が入ることで、市場関係者の目にさらされることとなり、情報開示や経営改革が求められることになる。それにより収益が改善されれば、投資側にとっても魅力が向上するし、地域や社会の価値を高めることにつながることが期待される。

　諸外国の例を見ると、インフラファンドが投資する案件として、新興国では、開発段階での資金調達市場であるグリーンフィールド市場が活発なのに対し、成熟国では、施設の運営段階にあるブラウンフィールド市場のニーズが高いと言われている。ブラウンフィールド市場は、施設の建設が終了し、施設の稼働・運営の段階に入っている時点でのインフラファイナンス分野であるが、安定的な収益を上げていれば、収益率がグリーンフィールドに比べて低くても投資対象になりうる。わが国においても、今後は新規整備よりも

維持管理・更新のニーズが高いことと、いわゆるコンセッション制度が導入されたことで、本格的なブラウンフィールド市場が形成されることが見込まれる。

　今後は、ブラウンフィールド市場の活性化とプレーヤーの育成を意識した政策を推進することとしており、たとえば、流動化を推進し長期安定的な資金の導入を図るために、PFI事業にかかる株式・債権を投資家等に譲渡すること等について昨今ガイドラインの改定を行ったところである。また、前述の「PPP／PFIの抜本改革に向けたアクションプラン」においても、複数の公共施設等について包括的に整備・運営等を行うものについて、重点的に推進を図ることとしている。

　従来は、個別の公共施設ごとにPFI事業の手続きを行っていたが、手続き面での負担が大きいことや小規模な施設の場合、民間のノウハウや経営能力を発揮する局面が小さくメリットも小さいと考えられてきた。しかし、たとえば京都市のように、複数の学校の耐震改修や維持管理等を束ねて1つのPFI事業としたり、事業期間を長期間としたりすることで、民間事業者が手を上げやすくする工夫が一部の地方公共団体でなされている。このように、複数の公共施設等について、段階的な整備・改修を含めた包括的な整備・運営を認めることで、民間事業者の創意工夫の余地を高めることができる。

(3) サービスとしてのインフラと民間提案

　前述のとおり、従来のわが国のPFI事業の多くは、「サービス購入型」と呼ばれる、公共施設の整備・維持管理に関わる事業であるが、実際はサービスの購入ではなく、公共施設を延べ払いで購入するという形態であった。しかし、国・地方公共団体において財政状況が厳しくなっている中で、今後高まる公共インフラの維持管理・更新需要にどのように応えていくかが大きな課題となっている。その際には、国と地方公共団体が連携しながら、どのような施設が、ではなく、どのようなサービスが必要か、という公共経営の観点から、今後の公共施設の維持管理・更新を考えることが重要となってくる。

　施設を「購入する」従来型PFIから、契約によりサービスの提供を求める

図7-4 民間提案制度

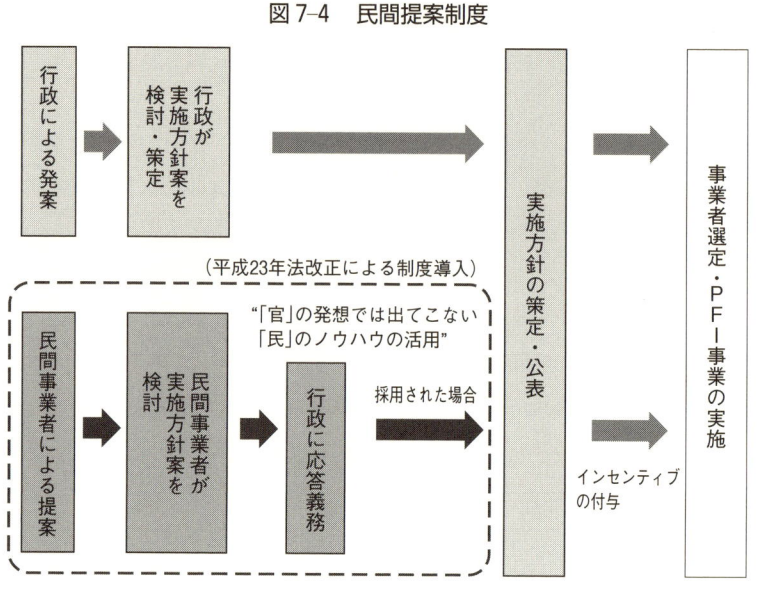

出所：内閣府資料。

　PPPへの変革を進めることが必要であると筆者は考えている。それは、資産（アセット）としてのインフラをどうするか、ということにとどまらず、インフラの運営を含めた事業自体を市場に出すということでもある。今後は、コンセッション方式などを活用した、新しい「事業証券化（Whole Business Securitization）」としてのPPPをめざしていくべきであろう。その場合、どのように事業を企画するかが特に重要となるため、行政があらかじめ企画、設計を行って発注する従来の手法ではなく、企画段階から民間が参画することが必須である。

　2011年の法改正で、民間提案制度が拡充された（図7-4）が、今後はさらに一歩進めて、世界各国で行われているように、公共側からの要請なしに民間から自由に持ち込まれてくる持ち込み型提案（"Unsolicited Proposal"）を積極的に受け入れ、良い提案についてはPPP／PFIに移行していく体制を築くことも検討する必要があろう。このような観点から、積極的な提案を誘導す

ることをめざし、民間提案を求めるための制度や体制の整備、提案者の知的財産保護、提案者へのインセンティブの付与についての実務上の手続きをガイドラインとしてまとめたところであり、制度の普及が重要だと考えられる。

4 おわりに

　イギリス財務省は、これまでのPFI制度を抜本的に見直す報告書を2012年12月5日に公表している。「パブリックプライベートパートナシップへの新たなアプローチ」と題する報告書は俗に「PF2（Private Finance Two）」と呼ばれているようであるが、筆者が興味を持ったのは、これまでのイギリスのPFIは、官民連携と言いながら「民」の性格が強すぎたことでさまざまな問題が起きていることから、今後は、PFI事業者に対して政府が出資することでパートナーシップを強化しようという点である。わが国と正反対のアプローチであるが、政府の財政支出により官民連携を進めようという発想は期せずして同一である。

　アメリカのオバマ大統領が2013年4月12日に行った予算教書演説では、老朽化したインフラの補修を重点的に実施する「Fix-It-Firstプログラム」が盛り込まれ、それをファイナンスする仕組みとして、官民連携のファンドである「Rebuild America Partnership」の設立を提案している。

　欧米では、リーマン・ショック後、いわゆるリスクマネーについても、投資に慎重さが目立つようになり、長期にわたるファイナンスを行うインフラ投資市場において、官民連携の方向性がより強く出てくるようになっている。真の意味でのPPP市場が形成されているか、ということについては、わが国は先進国の中で数周遅れの感は否めないが、今後めざす方向性は先進諸国と完全に共通である。筆者は民間資金等活用事業推進室長の立場でPFI推進機構の設立やアクションプランの策定といった、わが国におけるPPP／PFI制度の抜本改革の一歩を担ったわけだが、今後は民間セクターが制度を活用して市場を充実させていくことが期待される。

［渋谷和久］

参考文献

上山信一(2012)「なぜ、日本の改革に「インフラファンド」が必要なのか」『日経ガバメントテクノロジー』。http://itpro.nikkeibp.co.jp/article/COLUMN/20111026/371436/

内閣府(2012)『不動産・インフラ投資市場活性化方策に関する有識者会議報告書』。http://www5.cao.go.jp/keizai2/keizai-syakai/re-infra-invest/shiryou/houkoku/houkoku.pdf

─── (2013)『PPP／PFI の抜本改革に向けたアクションプラン』。http://www8.cao.go.jp/pfi/action.pdf

根本祐二(2012)「PPP 研究の枠組みについての考察 (2)」『東洋大学 PPP 研究センター紀要』No. 2。

第III部

イギリスの代表事例と実施スキーム

第8章

イギリスのPPP／PFIの動向とその特徴

1　はじめに

　イギリスはオーストラリアと並んでPFI事業の先進国とみなされており、2013年3月時点で総計725事業が実施され、うち665事業が現在も運用中である。725事業の資本価値は合計で547億ポンドに達している。ただし、現在イギリスではPFI事業の再検証が行われており、過去1年間に新たにPFI事業の締結に至ったのは15事業（約15.5億ポンド）とリーマン・ショック直後とほぼ同じレベルで低迷している（HM Treasury, 2013）。

　本章では、第2節でイギリスの歴代の保守党、労働党と現在の保守党連立政権がどのようにPFIに取り組んできたのかを概説し、第3節で2008年の下院の報告書および2010年の貴族院報告書をもとに、期待されたPFI事業の長所と実施過程で浮上した問題点を吟味したうえで、第4節において2012年の連立政権による新たなPF2（Private Finance Two）に関する報告書に基づき、今後のイギリスにおけるPF2の方向性を紹介する。最後に第5節では、イギリスにおいて提起されたPFIに関する新たな改革の方向性が、わが国の今後のPFI事業の推進にあたって、どの程度参考に値するものか検討を行う。

2　イギリスにおける PPP／PFI の導入と発展の経緯

(1) PFI 導入以前の公共事業への民間資金導入の考え方

　1989年以前、保守党政権は国営企業の民営化には熱心であっても、公共事業に民間資本を導入することに積極的ではなかった。このような考え方は、1981年に策定されたいわゆる「ライリー規則（Ryrie-Rules）」(House of Commons Library, 1981) に規定されている。この規則は国営企業に民間資金を導入する際の基準として創設されたもので、具体的には、次のような条件を規定していた。すなわち、第1に、国営企業への民間投資が、政府諸機関との特別な関係や政府保証の裏づけなどによって、他の民間企業への投資より著しく有利な条件とならないこと。第2に、国営企業への民間投資を認めることによって、金融市場からリスクマネーを調達するコストに見合う効率化や利益を上げられること。

　この規則は、旧国営企業の民営化や民間への外注の促進、官民共同出資といった新たな制度の導入に伴って1988年2月に改定され、民間投資を公共事業に用いる場合の条件として、第1に、民間投資はコスト面での効率化が図られる場合に限り導入することが可能なこと、第2に、民間資金による公共事業を行った場合には、そのぶん公共事業予算を減らすことにより、公共事業の総額を増加させないこととされた。結果として、民間資本を公共事業に導入することによって、公共事業の効率化は図られたが、公共事業の総額を増加させる効果はなかった (PA Grout, 1997: pp. 53–66)。

　しかし、1989年5月、John Mayor 財務副大臣はライリー規則を廃止し、道路の使用者と納税者にとって Value for Money (VFM) がある場合には、民間資金による道路建設を促進すると宣言した (HM Treasury, 1989)。

(2) 保守党政権による PFI の導入

　1992年秋の国会演説で Norman Lamont 財務大臣は PFI (Private Finance Initiative) を導入することを宣言した (HC Deb, 1992)。これにより、VFM がある限り民間資金による事業は認められ、民間セクターに適正なリスク移転が図られ

るものについては民間とのジョイントベンチャーが促進された。そして、民間事業者と契約を行う公共部門は、当該事業に見合う予算を減らさずにリース契約を締結できるようになり、結果として公共事業の総額を増やすことが可能となった。

1993年秋にはKenneth Clark蔵相によって、Private Finance Panel（PFP）が設置され、PFIを活用できる新たな行政分野の洗い出しなどが行われた。Clark蔵相はさらに、1994年11月には、すべての公共事業についてPFIによる事業執行が可能であるか否かの検討を義務づけるいわゆる「ユニバーサルテスティング」制度の導入を決定した（HM Treasury, 1994）。こうして1995年の予算では、総額94億ポンドにのぼるPFI優先事業が発表された（HM Treasury, 1995）。

(3) 労働党政権によって導入された変更点

労働党政権移行後の1997年5月、Geoffrey Robinson主計局長はBates委員会を設置し、PFI執行方法の速やかな再検討を行うとともに、膨大なコストと時間がかかる「ユニバーサルテスティング」制度の廃止を宣言した（HM Treasury, 1997a）。そして同年6月に第1次Bates報告書が提出され、PFI事業遂行の合理化と改善のために政府内にPFIの専門家を育てることとし、財務省内にPFIタスクフォースを設置することを含め27項目の勧告が提出された（HM Treasury, 1997b）。

① 財務省タスクフォース

財務省タスクフォースは、政府全体のすべてのPFI事業を統括する部門として1997年に財務省内に設置された。タスクフォースは、所管各省庁による事業の優先順位づけを支援し、PFI事業者との交渉を円滑化し、VFMの確保を図った。タスクフォースによって、政府からPFIに関するいくつものガイドライン、政策方針、技術指針、ケーススタディの紹介などが発刊された。1997年11月には、第1次Bates報告書の指摘事項に応えて、PFI事業に対する政府の支援内容や財務省民間金融タスクフォースの役割などを説明した

"Partners for Prosperity"（HM Treasury, 1997c）が発表された。

② Partnerships UK

1999年7月に出された第2次 Bates 報告書（House of Commons Library, 1999）は、財務省タスクフォースの事業部門に代えて、Partnerships UK を設立することを勧告した。Partnerships UK は「政府資源と勘定に関する2000年の法律（The Government Resources and Accounts Act 2000）」に基づき、2000年6月に設立された。Partnerships UK は PPP（Public-Private Partnership）事業の計画、交渉、実施の過程を改善するために、個々の PPP 事業について、発注主体である公共側と、事業主体である民間側双方のために働いている。Partnerships UK 内における公共側の利益は、主たる発注官庁の代表から構成される諮問委員会によって確保されている。2001年3月には、Partnerships UK の51%を民間に売却し（49%は公共側が保持）、Partnerships UK 自体が PPP となった。

③ 公共調達本部（The Office of Government Commerce: OGC）の設立

Peter Gershon による中央政府の調達制度の再検討（HM Treasury, 2000）を受けて、財務省タスクフォースの政策部門の後継組織として2000年4月に OGC が設立された。OGC は政府全体の調達制度の近代化と EU や WTO における政府調達問題に関する交渉を所掌し、財務副大臣の所管に属する。OGC は、財務副大臣が議長となり国立監査庁（National Audit Office: NAO）（「会計検査院」と訳される場合もある）の事務次官や外部有識者から構成される監査委員会と、広範な事業執行官庁などによって構成される諮問委員会から構成される。OGC の中では PFU（Private Finance Unit）が公共側の PFI に関する政策の促進を担当している。

④ PFI 事業評価方法の変更

財務省は2004年に PFI 事業の評価方法を大幅に変更し（HM Treasury, 2004: Chapters 4-7）、「計画」「事業」「購入」の各段階へと3分類した。まず計画段階の評価では、質的な評価として従来型の公共事業と比較して PFI が適当と

判断できるか、数量的な判断として VFM が十分確保できるかについて検討する。事業段階では、従来の Public Sector Comparator（PSC）分析の代わりに VFM を生み出す基本的な要素について検討を行う。購入段階の評価では、市場の失敗（応札者が少なくて競争が成立しない場合）や市場の乱用（入札価格が通常の価格よりはるかに高い場合）の有無について検討を行うこととした。

(4) リーマン・ショックの影響

2008年のリーマン・ショックの影響で、総額130億ポンドに及ぶ PFI 事業は民間金融機関からの借り入れがきわめて困難な状況に陥った。このため政府は財務省インフラ金融部門（Treasury Infrastructure Finance Unit: TIFU）を創設し、既存の PFI 事業に対して民間の金融機関と同じ条件で金融支援を行うこととしたが、結果としてわずか1事業に対して融資を行っただけで終わった[1]。また2009年には民間金融機関が一斉に貸出金利を20～33％引き上げたため、この影響を受けて2009年に設定された PFI 事業は事業執行期間（30～35年間）の総額で10億ポンド以上の金利負担増となった（House of Commons, Committee of Public Accounts, 2010）。公共部門の支払い能力は逼迫したにもかかわらず、既存の PFI 事業契約に基づく事業者への支払いは継続せざるを得なかったため、結果として PFI 事業以外の公共事業・サービスにしわ寄せが及ぶこととなった。

3　PFI 事業の検証

こうした背景から、リーマン・ショックを経て、PFI 事業を検証する動きが活発化した。ここでは問題点を最も体系的にまとめている、2010年に貴族院経済問題委員会に提出された報告書（House of Lords, Select Committee on Economic Affairs, 2009）に基づき、PFI 事業の課題を検証する。

---

[1] 2009年4月に The Great Manchester の清掃 PFI 事業に1億2,000万ポンドを融資しただけで、その後民間融資が再開されたため、TIFU による融資は行われていない。

(1) PFI 事業の金融上の枠組み

① VFM の有無について

　PFI の基本的な存在意義として従来型の公共事業と比べて VFM があることが前提条件とされてきた（HM Treasury, 2006）が、公共部門が一般的な政府債により低廉な資金を調達できるのに比べ、PFI 事業では個々の事業が失敗した場合のリスクを考慮して、より高い金利でしか資金を調達できない。したがって、PFI 事業で VFM を達成するには、事業全般にわたるコストやリスクをより効率的に把握して事業管理コストを引き下げ、また高品質の優れた事業を行うことが求められる。公共事業の実施にあたり、公共部門は財務省の手引書（Green Book）（HM Treasury, 2011）に従って、従来型の公共事業と PFI との双方のコストを算出し、どちらの方法で事業を執行するか選択しなくてはならない。従来型の公共事業の手法を使った場合の事業コストの算出には PSC（Public Sector Comparator）が用いられる。なお、事業コストの予測にあたっては、以下の3点が重要である。

・資金調達コスト

　上記のとおり、従来型の公共事業のほうが PFI 方式よりも資金調達コストが低い。リーマン・ショック以前では、PFI 事業の借り入れコストは政府債に比べて平均して約1％（0.6〜1.5％）高いだけであったが（NAO, 2009b: Para2.7 (a)）、10年間から15年間にわたる PFI の事業期間全体で見ると政府債より1.5〜2％割高なコストとなっている（HM Treasury, 2003a）。

・割引率

　従来型の公共事業では、公共部門はインフラ建設時に一括して費用を負担しなくてはならなかったが、PFI では財政負担を PFI の契約期間にわたって均等に分散させることができる。さらに PFI の総事業費を見積もる際には、財務省の規定に従って、割引現在価値（Net Present Value: NPV）が用いられるため、将来の支払いに適用される割引率が高くなるほど、また PFI 契約期間が長くなるほど、PFI 契約に関わる包括的なコストが従来型の公共事業より

も割安に見積もられることとなる。

・楽観的な見積もり（Optimism Bias）に対する加算
　従来型の公共事業のコスト見積もりにあたっては、楽観的な調達価格や施工期間が採用されがちであるという理由から、PSCの算定ではその補正措置として見積もり額の数パーセントを加算することが財務省によって求められている（HM Treasury, 2003b）。財務省は各公共部門に対して、過去の実績に基づいて当該加算率を決定するように求めているが、2002年の平均的な予算超過率は13％であったので、この実績値をそのまま加算率として用いると、PSCの算定額が過大になる。従来型の公共事業とPFI事業のコストを公正に比較するには、PFI事業のコストの算定にあたっても楽観的な見積もりを修正するための加算率を導入すべきである[2]。

② 転売市場の功罪
　通常、PFI事業に対する投資の転売はインフラが完成した時点で行われる。PFI事業のリスクの多くは建設段階のもので、インフラの完成後はより安全な投資とみなされるため、ローリスクを望む投資家にとってPFI事業は良い投資対象となる。また、PFI事業債などの流通市場が存在することは、PFI事業期間中における投資資金の回収機会を保証することになるので、PFI事業への投資を促進する効果が期待できる。さらに、こうしてPFI事業に対する投資家数と投資額を増加させて競争原理を促し、投資を集めるコストを下げるという効果がある。
　なお、複数のPFI事業に対する資本を一括して保有する巨大投資家が現れると、転売市場におけるその影響力が過大になる恐れがある反面、こうした巨大投資家のすぐれた経験と知識が、個々の事業管理に良い影響を及ぼすことも考えられる。いずれにせよ、PFI事業契約やサービスを実施する提携会社は転売後も変更されることはないので、出資者の変更は事業の運営面では

---

[2]　Chris Edwards博士（East Anglia大学）の貴族院における陳述による（House of Lords, 2009: Para37）。

大きな変更をもたらさない[3]。

③ VFM と PSC の限界
・公共部門のコストに関する情報の欠落

　PFI 事業については契約期間中の保守管理費用をはじめとする包括的なコストが算定できるが、当該 PFI 事業と比較される従来型の公共事業については事業期間全体にわたる保守管理費用などが統計として収集されていないため、PFI 事業の VFM と意味のある比較が困難である（NAO, 2009b: Para4.18）。

・PSC の信頼性

　VFM の算出にあたっては、PSC を用いた従来型の公共事業のコストと PFI 事業のコストが比較されるだけで、事業完成までの期間などが評価に反映されないので、公共部門が調達方法を決定するにあたっては PSC のみに依拠すべきでない（NAO, 2009b: Para4.9）。

・PFI 事業の公共部門における会計処理方法

　公共部門は PFI に頼らなければ必要な資金を調達できないことも多く、また、PFI を活用すれば会計処理上は負債に計上しなくても済むので、公共部門の担当者は事業方法の決定にあたって、できるだけ PFI を活用すべきとのプレッシャーを感じている（NAO, 2009b: Para2.4(c)）。

・国民勘定と政府勘定

　公共部門の純債務残高を含む国全体の経済に関する国民勘定に PFI 事業をどのように計上するかを決定する会計規則として、イギリスの一般会計慣行（Generally Accepted Accounting Practice: GAAP）が使用されている。さらに2009

---

3) なお、PFI 事業の転売が可能になると、事業者がインフラの生涯コストを最小化する努力を怠り、建設・運用一括契約のメリットが損なわれるという指摘や、転売市場の投資家は特にそれが証券化された場合には、PFI 事業への適正な注意義務が払われなくなるとする議論もある。ただし、現実には証明されていない（House of Lords, 2010: Para117）。

年4月までは GAAP が政府勘定にも適用されていたため、PFI 事業は国民勘定と政府勘定で同一基準によって処理されていた。GAAP によると、勘定に計上されるべき債務は公共部門が事業リスクを負担するものに限り、民間部門にリスクが移転されているような PFI 事業については勘定に計上する必要がなかった。このため、イギリスで運用中の PFI 事業の78％（約230億ポンド）がこれらの勘定に計上されていない（NAO, 2009b: Para3.6）。

しかし、2009年4月から政府勘定については国際会計基準（International Financial Reporting Standards: IFRS）が適用されることとなり、大多数の PFI 事業にかかる債務は各省庁の貸借対照表に計上することが義務づけられた。この結果、各省庁は財務省の指導により2つの異なった会計基準に基づく会計報告書を作成することとなったが、公共部門純債務残高は国民勘定に含まれるために GAAP が基準として適用されており、PFI 事業の大半に関する政府債務は依然として公共部門純債務残高に計上されていない。

このような二重の会計処理は不自然であり、国民勘定から大半の PFI 事業を除外することは、政府全体の包括的な債務を把握するうえで不適切であるので、政府は公共部門純債務残高とは別に、PFI 事業に関する公共部門の総債務残高を公表すべきである。これによって、公共部門の債務隠しを目的として PFI 事業を選択するという制度的な問題点を解消し、公共部門が個々の事業について VFM に従い、最も適切な調達方法を選択できるようになる（House of Lords, 2009: Para59–61）。

(2) PFI 事業の実施上の問題点

① PFI 事業による予算・工期の目標達成度

PFI 事業の必要性の1つに、従来型の公共事業における予算・工期超過問題の改善が挙げられる。1999年に行われた調査（NAO, 2003: Page 3）によれば、従来型の公共事業の73％は当初予算を超過し、70％は予定工期が遵守されていなかった[4]。PFI 事業では、竣工後でないと支払いが受けられないことや、出融資者からの要請もあって、2003年の NAO の調査によれば、予算超過や工期の延長となった PFI 事業は全体の4分の1以下にすぎなかった。ただし、

近年の調査[5]では、予算超過と工期遅延に関する従来型公共事業と PFI 事業との格差は減少傾向にある（House of Lords, 2009: Para69）。

② PFI 交渉期間中の契約価格の増加

従来型の公共事業ではインフラの建設に関する契約のみを行うが、PFI 事業では、25～30年の事業期間中の事業の運営・保守管理に関する契約も含むため、入札手続きに必要な期間がより長くなる。特に契約手続きが単独の入札者に絞られる優先契約期間では他の入札者との競争がなくなり、発注者側の交渉力が弱くなることが指摘されている[6]。また、「競争的対話（Competitive Dialogue）」として知られる EU 共通の入札手続きでも、手続き終盤における契約価格や工期の変更を排除しようとしているが、当該規則によっても依然として優先契約期間における価格の変更は存在している（NAO, 2009b: Para5.9）。

③ リスクの移転

PFI 事業の主たる利点として、事業リスクの公共から民間への移転が挙げられる。ただし、PFI 事業はそれぞれのリスクを最もよく管理できるものに分配することを目的としている（NAO, 2009b: Para2.12）ので、すべてのリスクを民間に移転できないし、すべきでもない（House of Lords, 2009: Para77）。

---

4) こうした問題はイギリス国内の公共事業に限定されたものではなく、ヨーロッパと北米を中心に1927年から1998年にかけて行われた交通関係の公共事業について、ほとんどの事業で予算超過が見られ、予算超過額の平均はそれぞれ、鉄道事業（45％）、トンネル・橋梁事業（34％）、道路事業（20％）とされている（Flyvbjerg et al., 2003）。
5) 2003年から2008年の間に竣工した事業について比較を行うと、工期延長の割合は従来型が37％に対し PFI は31％、予算超過の割合は従来型が46％に対して、PFI は35％となっている（NAO, 2009a: Pages 7-8）。
6) NAO の調査によると、2004年から2006年の間に契約が成立した PFI 事業においては、優先契約期間の交渉に平均で約15カ月かかっており、当初予定されていた入札価格と比較して最終契約価格が平均して17％変動したとされている（NAO, 2009b: Para5.8）。

・民間部門に移転すべきリスク

　PFI 事業の対象となったインフラが完成しないと事業者は支払いを受けられないし、長期にわたる保守管理コストを最小限にするため高品質で保守管理の費用が低廉なインフラを建設しようとするので、インフラの建設と保守管理に関するリスクは PFI 事業者に移転するのが望ましい。一方、PFI 事業者がまったくリスクを管理できないような需要リスク（地域住民の減少など）は公共側が保持し、PFI 事業によって建設された学校や病院が住民の減少により閉鎖されるような場合には、公共部門がその補償を行うべきである（House of Lords, 2009: Para77, 79）。

・債務の借り換え

　通常、PFI 事業の特別目的事業体（Special Purpose Vehicles: SPV）はインフラが完成した時点で、建設リスクがなくなったぶん低い金利で借り換えを行う。この借り換えによって生じた利益は一義的には SPV が保持するが、公共部門はその利益の一部を公共部門にも分配するように交渉を行ってきた。2002年以前は、契約上の定めがなかったものの、利益の30％が公共部門に分配されていた。また、2002年以降は公共部門が利益の50％の分配を受けることが契約上定められ、さらに2008年にはこの比率が70％に引き上げられている（NAO, 2009b: Para5.28）。

・PFI 事業破綻時の民間へのリスク移転

　労働組合など PFI 事業に批判的な人たちは、PFI 事業における破綻リスクが民間に移転されるというのは幻想であり、多くの場合破綻処理のため公共部門は追加的な支出を余儀なくされていると指摘する（UNION's report, 2004）。一方、PPP フォーラムによれば、国立物理学研究所、コンウォールの学校建設事業、ダドレイ病院、クロイドンのトラム事業で、PFI 事業者は多くの損失を負担したとしている（PPP Forum, 2009: Para3）。NAO も国立物理学研究所事業の破綻については契約上のリスク移転条項により納税者は適正に保護され、事業中止の判断は VFM に従ったものだとしている（NAO, 2009b: Para2.17）。

・ロンドン地下鉄 PFI 事業失敗からの教訓

　ロンドン地下鉄 PFI 事業はきわめて特殊なケースであり、事業会社である Metronet は新たなインフラを建設せず、既存の施設の機能向上と維持管理を目的としていた。またロンドン市交通局（Transport for London）は Metronet に対し95％の債務保証をしていたが、このような公的部門による債務の大部分の保証は通常行われていない。NAO によれば、この大規模な債務保証によって出資者は 5 ％のリスクしか負わなかったために、Metronet に対する期待された監督を怠ったとしている。この結果、運輸省は Metronet の破綻に伴うロンドン市交通局の支払い義務を支援するため17億ポンドを支払ったが、これによって 1 億7,000万から 4 億1,000万ポンドの血税が失われたとされる（NAO, 2009b: Para2.14）。この事業のように公共部門が大きな割合の債務保証をしなくては執行できないような大規模かつ複雑な事業では、期待される民間へのリスク移転が限定されてしまうので、PFI 以外の手法を用いることが望ましい（House of Lords, 2009: Para101）。

・PFI の革新性とその限界

　PFI 事業は、公共部門がサービスの要求基準のみを提示することによって、民間事業者の革新的なアイデアや優れたデザインを引き出すことを目的としている。ただし、PFI 事業者はリスクを避けるために、革新的なアイデアよりも実績のある安全な方法を採用する傾向があることも指摘されている（NAO, 2009b: Para2.24-2.25）。

④ インフラの建設と運営・維持管理の一括契約に関する課題

・より良い保守管理とそのコスト

　PFI 事業の根本的な要素は、インフラを建設した事業者が、PFI 契約期間にわたって、当該インフラを運営・維持管理する義務を建設事業費と合算した一括契約として請け負うということである。これにより、第 1 に、建設後の運営・維持管理コストの適正化が図られるようなインフラの設計・建築が促され、第 2 に、公共部門の財政状況に左右されず一定水準の施設運営・維

持管理が保証されることとなった。

　一方、PFI 契約による維持管理費は毎年の競争入札で契約される場合に比べて一般的には割高となり、財政上の柔軟性を失うという短所もあるし、PFI 以外の契約手法でも安定的な維持管理費を確保することはできるという指摘もある（NAO, 2009b: Para2.20–2.23）。

・**PFI 事業契約の柔軟性の欠如**

　25～30年といった長期にわたる PFI 事業では、期間中に発生する行政ニーズの変化に応じて契約内容を変更するのは困難であり、変更できたとしても違約金の支払いなど多大なコストが発生する。病院を例にとってみれば、20～30年先の医療技術の進歩に伴う診療方法の変更や、その間の周辺地域の人口変動を予測し、変更余地のない契約を締結することは困難である。PFI 事業契約の柔軟性の欠如は、単に当該 PFI 事業のみならず、地域の行政サービスに広範な影響を及ぼす可能性もある。たとえば、地域医療予算の縮減によって地域内の複数の病院を閉鎖しなければならない場合、PFI 病院は契約の変更・中止が難しいため、実際の医療ニーズの多寡にかかわらず、PFI を利用していない病院にすべてつけが回され、地域医療体制全体にゆがみを発生させることも考えられる（House of Lords, 2009: Para132, 137）。

・**高額な入札コストと複雑な契約による競争の制限**

　PFI 契約は資金調達、建設とその運営を一括した契約なので複雑である。また、入札過程の当初から詳細な提案を行わなくてはならず、長い入札期間にわたって多くの人間と時間を投入しなければならない。このため、ジョイトベンチャーを組んだとしても、契約に応札できる事業者数は従来型の公共事業に比べて限られており、競争が抑制される可能性がある（House of Lords, 2009: Para140）。

⑤ 人材をめぐる課題

・契約管理に関わる公的部門の人材養成

　公共部門はPFI事業の管理に十分な関心と人材を当てる必要がある。公共部門はPFI事業の締結作業ばかり重視して、効率的に契約を管理する人材と経験の必要性を最近まで認識してこなかった。公共部門における商業的な事業管理の能力の欠如は各事業のVFMの低下や事業の遅延をもたらしており、こうした職員の能力不足を補うために外部専門家などに頼りすぎることは、公共部門における知識と経験の蓄積を妨げている（NAO, 2009b: Memorundum Para18-19）。

・PFI事業と労働問題

　公共部門によって提供されていたサービスをPFI事業に転換した場合、生産性の向上や労働慣行の見直しによるサービス水準の向上を図ることができる。たとえばPFIによって運営されている刑務所では、囚人とスタッフとの関係がより建設的になり、スタッフの勤務シフトを変更することにより面会可能時間の改善を図ることができた。しかし、労働者の労働条件を引き下げかねない労働慣行の見直しには注意を払わなくてはならない。政府は基本方針[7]として「PFI事業は既存の労働慣行に相当な革新を与えることはできるが、PFI事業のVFMは労働者の労働条件の悪化によってもたらされてはならない」ことを明確にしている。したがって労働関連法規はPFI事業化に伴って公共部門から民間部門に配置転換された公務員の労働条件が悪化しないように保護することを規定している。

　NAOが243件のPFI事業について公務員の雇用条件について調査（NAO, 2008）したところ、熟練した管理職の職員は民間に移ってむしろ収入が増加した一方、非熟練公務員についてはわずかながら雇用条件が悪化した。ただし、このような待遇上の差は事業化から数年以内に縮小した（NAO, 2009b: Para2.34-2.36）。

---

7) HM Treasury (2003); HM Treasury (2006).

4 PPPに対する新たな取り組み

　2010年の総選挙の結果、イギリスでは13年ぶりに保守党・自由民主党の連立政権が誕生した。同政権は、2008年の金融危機以来、顕在化していたPFIの問題点に対処するため、PFIに関する意見調査（Call for Evidence）を実施し、2012年12月に財務省が「PPPに対する新たな取り組み（A new approach to public-private partnerships）」という報告書をまとめた。本節では本報告書の内容に沿って、イギリス政府のめざす新たなPF2について概説する。

(1) 2012年までに実施された改革
　政府は前節で分析したPFIの問題点や近年の経済情勢に対応するため、2012年までに以下の政策を実施した。

① 政府勘定の全容（The Whole of Government Account: WGA）
　PFI事業に関する支払い義務の透明性確保を図るため、2011年7月より政府はWGAの中ではじめてPFI事業に関する将来的な支払い義務を明確にした[8]。WGAはすべての公共部門の将来的な収入や支出も統合した会計勘定で、NAOの監査を受けている。WGAは中央政府、開発公社、医療基金、地方公共団体、公共企業など1,500の会計を統合し、国際会計基準（IFRS）に従ってPPP事業を処理している。

② 運用中のPFI事業節約計画（The Operational PFI Savings Programme）
　現在運用中のPFI事業の経費効率性・VFM・透明性を向上させるために、政府は2011年7月に「運用中のPFI事業節約計画」を開始した。資産の効率的で柔軟な運用や提供されるサービスの範囲の見直しなどの方法により、イングランドで運用中のPFI事業について、目標である15億ポンドの効率化と節約に成功し、さらに10億ポンドを節約するために計画を実施中である。

---

[8] 支払い義務は清掃、給食、維持管理、警備といったサービス面での事業運営費と、建物建設費の年間延べ払い分と借り入れ利子によって構成される。

このため政府は運用中のPFI事業から節約を生み出すため、2013年6月に民間事業者と公的部門の優良事例をまとめた自主的な行動規範（Code of Conduct）を作成し、すでに約50の投資家、融資者、建設事業者、運営管理事業者がこの規範に署名した。民間事業者の誓約事項として事業に携わる多くの民間事業者の行動を調整し、意見を集約するための責任者を設置することや、情報の透明性を確保するための多くのガイドラインが含まれている。

③ PFI特別枠の廃止

2010年の「政府支出の見直し（the Spending Review）」からPFI特別枠（PFIクレジットの財源）を廃止し、すべての調達方法間で競争条件の均衡化を図った。特別枠の廃止によって、PFI事業を支援しようとする官庁は各省庁に与えられた予算の枠内でPFI事業を実施するかどうかを検討しなくてはならなくなった。

④ 大規模事業の審査と承認

PFIが最適な事業方式であることを確認し、支出の監査と管理を強化するために、政府は2011年4月より、新たに統合された審査・承認制度を導入した。この新制度は大規模事業庁（Major Projects Authority: MPA）の審査と強化された財務省承認手続き（Treasury Approval Processes）を統合したもので、事業の進展に応じて3段階の財務省の承認が必要となる。

⑤ PPP事業に対する暫定貸付制度と政府による追加出資

不況が続く中で、PPP事業が市場から資金を調達できずに事業の完成が遅れるのを防ぐため、政府は2012年7月に新たな暫定貸付制度を創設した。政府はまた建設中のPFI事業が借入金を調達しやすくするため、いくつかの事業について追加出資を行っている[9]。

(2) PFI 事業の資本構成
① 公共部門の出資の促進

公共部門と民間部門の間の連携を強化するため、政府は新たな事業については過半数に満たない出資者として共同出資する。このことにより以下のことが実現する。

- 公共部門と民間出資者の間の利害調整を円滑化し、事業の成果を向上させリスクを管理するために、より協調的な手法がとれる。
- 財務省 PF2 収支担当部門が任命した取締役が PFI 事業会社の取締役会に参加することにより、事業の完成と運用に関するより良い情報の公開と説明責任の向上を図る。
- 出資に対する配当や利子収入を公共部門が受け取ることによって、事業の VFM が向上する。
- PFI 事業者に十分なリスク移転がなされることを確保したうえで、民間出資者が過半数を出資することにより、事業の効率化を達成するという民間出資者のインセンティブも保持する。

なお、公共部門の出資者としての立場とサービス購入者としての立場との間で利害相反を生じないように、公共部門の出資については、調達事業官庁とは隔離された財務省内に設置される投資専門組織（Treasury PF2 Equity Unit）に委ねられる。この専門組織は政府の投資を管理し、商業的な決定ができる専門的な技能を持った職員によって運営される。政府の投資は個々の事業において民間投資家と同じ条件のもとに行われる。

さらに調達事業官庁または地域の代表がオブザーバーとして PF2 事業会

---

9) なお、PPP／PFI に限定されるものではないが、金融貸出市場の制約に対応し、重要なインフラ事業を促進するため、政府は2012年7月に英国保証制度（UK Guarantee）を創設し、優先事業に対し総額400億ポンドを上限とする保証枠を設定した。この保証制度は交通、水道・電気・ガス、エネルギー、通信などの広範な事業を対象としており、2013年4月に、最初の案件としてDrax Power 社に対して、既存の石炭発電所をバイオマス発電所に改造する事業に対して7,500万ポンドの保証を行ったほか、2013年10月には17件の事業について保証を行うことが内定した。

社の取締役会に参加し、地域の事情など必要な情報を提供することで、事業会社と地域のより良い連携を進め、事業の効果的な管理が可能となるよう支援する。

　また事業に共同出資するということは、公共部門が利益と同時に事業リスクを負うことになる。そのため政府の出資前に、2011年4月に定められた大規模事業承認保証ガイダンス（Major project approval and assurance guidance）に従い、事業自体の実行可能性、VFM、事業完成可能性について事業実施の3段階において審査が行われる。さらに、詳細なデュー・ディリジェンス（due diligence）が公共部門・民間部門の出資者および融資者（債券購入者）によってなされる。財務省内に設置される政府出資を管理する専門組織は、リスクの分散を図り全体として政府のリスクを下げるためにポートフォリオ的な投資行動をとる。

② 民間部門の出資

　民間投資家がPFI事業の転売により過剰な利益を得ているのではないかとの懸念から、PFI事業のVFMに対する国民の信任が揺らいでいる。このような懸念に対処するため、政府は年金基金など長期安定志向の投資家がPFI事業の初期段階から参加することを望んでいる。しかし、このような長期的な機関投資家は、組織内に初期段階の事業を管理する経験や人材が存在しないうえに、入札にかかる時間・リスク・コストを嫌っていた。

　そこで政府は、必要に応じて、優先交渉権者が確定した時点で、出資に関する競争入札制度を導入することとした。この段階では事業の仕様書や商業的・資金的な手はずはすべて調達機関と優先交渉権者との間で合意されているので、機関投資家の負担を抑えることができる。この競争入札は公共部門の承認のもと、優先交渉権者によって行われる。

　なお、過剰な転売益を防止するため、以下の手段が講じられている。

- PFI事業契約期間中に事業の転売によって利益が発生した場合、公共部門が当該転売益の分配を受けるために2012年4月に導入した仕組みを新

たな PF2 にも適用する。
- 事業の生涯コストのための基金に余剰が発生した場合、その余剰は公共部門にも分配される。

③ PF2 に対する公共部門の契約・出資に関する標準書類の作成

2013年7月に政府は「PF2事業に対する公共部門の収支に関する条件について」意見照会を実施した。その内容は、投資の評価基準や due diligence の検証方法といった一般的な事項のほか、民間開発事業者、第三者的民間出資者、出資者たる公的部門（財務省）など出資者や事業実施会社（事業実施のためのホールディング会社を含む）といった PF2 事業実施に関わる利害関係者間の協定案（Shareholders Agreement）とホールディング会社の定款案（Articles of Association）、事業会社の借り入れ契約書（Loan Note Instrument）について、政府からのいくつかの質問に答える形式で行われた。

2013年10月には、意見照会の結果とそれらに対する政府の見解が示されるとともに、今後政府が PF2 事業について契約・出資する際の標準文書として、上記3文書の最終版が決定・公表された。この標準文書は PF2 契約に伴う標準的な商業上および法律的な問題の処理にかかる時間と経費を最小限とすることを目的として作成されており、財務省の PF2 担当部署は事業発注官庁と協力して、これらの標準文書をもとに個々の事業の個別事情を勘案して個別の契約文書を作成する。

(3) 情報公開の向上

① PF2 事業の情報の国民への公開

PF2 事業が VFM を生み出していることについて納税者の理解を得るために、以下のような情報公開を進める。

- 政府は PFI 事業に投資する民間事業者に対して、獲得した転売益や獲得する見込みの転売益について情報を公開することを求めていく。
- 公共部門は PFI 事業の出資者として事業運営会社の取締役会に参画し、

事業の実施状況に関する情報を入手することによって、事業についての情報の公開と事業の完成と運営に関する説明責任の向上を実現する。
● 政府包括勘定（Whole of Government Accounts）において政府の PFI 事業に関する既存の債務につき分析し公開することによって、政府はすでに契約を締結したが貸借対照表に記載されていない PF2 事業に関わるすべての債務の総計を管理する。

② PF2 事業入札申請に対する政府の審査状況の公表

PF2 事業の入札審査状況に関して、より多くの情報を公開してほしいとする民間部門からの要望を受けて、PFI と PF2 事業の調達に関わる個々の申請に対する政府の審査状況を把握できるサイト（project approvals tracker）を財務省のホームページ上に公開する。

(4) 政府調達手続きの効率化

PFI 改革に関する意見募集の結果、公共部門の調達方法を改善すべきという意見が多かった。内閣官房は政府全体として政府調達手続きの効率化を図るために以下の施策を講じている[10]。

① 集中的な調達制度

上記の意見照会の結果、公共部門の調達能力の不足に関して最も多く寄せられた意見は公共調達部門の集中と専門化であった。イギリスにおいても導

---

10) もっとも、こうした課題は PFI 事業に限られるものではない。以下の諸施策のほか、成長戦略の重点としてのインフラ投資を加速させるため、政府は Infrastructure UK（IUK）の権限を強化し、政府全体の商業的な能力の向上を図っている。IUK は大規模事業庁（Major Projects Authority: MPA）とともに、既存のインフラ・建物に関する実績をもとに、事業発注官庁の事業遂行能力について詳細な調査を実施した。内閣府は同様に政府全体の広範囲にわたる商業的な技能の欠如に対応するため、以下の事項をはじめとするいくつもの改革策を実施している。
・全省庁を対象として調達能力の向上のためにどのような技術・能力が不足し、その不足部分をどのように補うべきかを特定するため「能力改善 5 カ年計画（capabilities plan）」を策定。
・大規模事業の責任者となる人間を訓練するために「大規模事業指導者学院（the Major Projects Leadership Academy）」を設置。将来的にはこのコースにおいて良い成績で修了した者だけが大規模事業の責任者となれるようにする。

入すべき海外の先進事例としてカナダにおける Infrastructure Ontario のような統合された調達部門が例示された。PFI 事業は、通常は地方公共団体や NHS（国営健康保険制度）信託、財団信託、政府の事業官庁が契約の主体となっている。しかし、最初の PF2 事業である優先的な学校を建設する計画（the Priority Schools Building Programme）については教育省と教育基金庁の専門部署（Education Funding Agency: EFA）が調達を担当する。他の省庁においても新たに PF2 の事業に取り組むときは専門的な調達組織を立ち上げるように奨励される。

政府としては、こうした省庁別の専門組織の立ち上げは大きな進展であるとしつつも、政府全体をカバーする単一の PFI 調達機関の創設には至っていないと認識している。このような政府全体の専門組織の立ち上げに関する経営上の判断は IUK と MPA の再検討作業の結果を待って判断されることとなる。

② 事業調達官庁における審査期間の短縮化

各事業調達官庁が財務省に PF2 事業の承認を申請する以前の段階における調達期間を短縮するため、PF2 事業の競争入札にあたっては、入札から優先入札者の決定までの期間を18カ月以内とし、これを超過した場合は、原則として財務省の認可は下りない。

③ PF2 契約書の標準化（Standardisation of PF2 Contracts）

2012年12月、財務省は「PPP に対する新たな取り組み（A new approach to public private partnerships）」報告書と同時に PF2 契約書を作成するためのガイダンスとして「PF2 契約の標準化（Standardisation of PF2 Contracts）」を発出した。これは2007年3月に発表された「PFI 契約の標準化（改訂4版）」を置き換え[11]、2007年以降の法令改正と市場環境の変化を踏まえたものである。契約書の標準化により、PF2 契約における公的部門と民間部門の間のリスクの分配について整合性を図り、併せて調達手続き期間の短縮とコストの縮減を

---

11) 両者の細かな相違点については、Infrastructure UK（2012）を参照。

目的としている。このガイダンス中の規定は、同じ文言を契約書で使用しなくてはいけない強行規定的なものと、そのような義務づけはない勧告的なものに分かれている。

④ 政府調達手続きの効率化を PF2 にも適用

2010年末に内閣官房長官は政府調達に関する意味のない慣行と不必要な複雑性を特定し、排除するための「無駄の見直し（Lean Review）」を開始し、効率的で効果的な調達方法を採用することにより、調達期間の短縮とコストの削減が可能であることがわかった。こうして中央政府の調達については「無駄の見直し手続き（Lean Sourcing Process）」が標準的で効率的な手法として採用されることとなったが、政府は PF2 事業の複雑性などを勘案して、調達手続き開始前の準備の充実、市場調査の実施、交渉期間の短縮など PF2 に対応した改正手続きが発表される予定である。

⑤ 財務省による調達開始前準備審査の導入

事業計画が十分に準備されずに入札手続きが開始されることを防止するために、入札手続きを EU 官報に公示する前に、財務省の認可手続きの一部として、以下を含む財務省による追加的な審査を導入する。

- 事業対象地域の用地買収の必要性を含む十分な情報を得ているか？
- 事業に関する市場関心調査を行っているか？
- 標準契約約款などの標準書類に合致しているか？
- 調達機関と手順について大臣または高官レベルの承認を得ているか？
- 調達にあたる構成員の技能チェックは行われているか？　など

(5) 柔軟なサービスの提供

① PF2 本体契約に含まれるサービス業務の限定

サービスの提供に関する柔軟性を向上させるためには、PF2 の本体契約自体に含まれるサービスの範囲を限定する必要がある。本体契約から除外され

表8-1　PF2本体契約に含まれるサービス業務の限定

PF2本体契約に含まれる重要サービス業務	・維持管理業務全体の計画・運営や法定維持管理業務等の主たる維持管理業務 ・電気・ガス等の使用量の管理・報告等のエネルギー管理業務 ・利用者からの問い合わせに答えるヘルプデスク業務 ・ボイラーの交換や建物の外装の保持等恒久的な建物保存業務
事業開始時点に公共部門をPF2本体契約に含むか否かを判断する小規模維持管理業務	・壁・天井・床材のリノベーション ・ドアや窓の修理 ・消耗品である電球等の交換等
事業開始後、毎年公共部門がPF2事業者自身に委託するか判断できるサービス	・窓の外側の清掃 ・積雪の除去 ・敷地の管理等 ＊上記のように、毎年選択が可能なサービスの範囲と提供価格については、PF2契約締結時までに、公共部門と事業者との間で合意する必要がある。
PF2の本体契約から除外されるべき日常サービス業務	・洗濯・清掃・ごみの管理 ・給食 ・警備業務等

たサービスについては、需要の変動などに対応し、PF2事業者または別の事業者と短期契約を締結したり、公共部門自身が実施したほうが安ければ公共部門自身が行うこととする（表8-1）。

② PF2契約終了時の資産引き渡し条件の変更

従来からPF2契約終了時に資産を公共部門に返還する際の条件については契約締結時に事業者と合意していたが、事後的な事情の変更や公共部門が経費を節約するために、公共部門が資産引き渡し条件を変更できるようにする。

(6) 公的部門と事業者間の適正なリスク分配

PF2においては、従来はPFI事業者に移転されていたリスクのうち、一定のリスクを公共部門が保持・管理することによりVFMを向上させる。

① 法令変更リスク

　きわめて稀に発生する一般的な法令変更に伴う追加的な資本コストの増加に関するリスクについても、従来はPFI事業者が負担することとなっていたため、このリスクを負担するために高額の保険が必要となり、これが間接的に公共部門の負担となって事業のVFMを減少させていた。PF2事業においては法令リスクを公共部門が負うことによって、保険料負担を減らして事業のVFMを向上させる。

② 光熱費・水道などの公共料金に関するリスク

　従来のPFIガイダンスは公共料金に関するリスクをPFI事業者に移転することを推奨していた。しかし、典型的な箱モノ型のPF2事業においては、事業者は建物の設計と建築およびハード面での保守管理のみに責任を負う一方、公共部門が建物の使用に関する権限を有し、ソフト面での保守管理がPF2事業契約から除外されるような場合には、PF2事業者は当該施設に常駐しないため、施設利用者の行動について責任を持つ公共部門が公共料金に関するリスクを負うのが望ましく、PF2事業者は建物の設計・建設が事業契約の段階で合意された効率的な基準に合致することを担保すればよい。

　このような公共部門への公共料金リスクの移転は2年間の試行期間を経て行われるべきで、PF2事業者の設計・建築が合意された効率的な基準に達していない場合は、PF2事業者は施設の改修または保証を行う義務がある。公共料金の引き上げリスクについても、通常公共部門のほうが大口使用者として料金交渉能力が高いので、公共部門がリスクを負うのが望ましい（HM Treasury, 2012）。

③ 事業用地に関するリスク

　公共部門によって手当てされた用地が外部的要因で汚染されるようなリスクは公共部門が負うべきである。また、土地の法律的な権利関係についても公共部門がPF2契約前に責任を持って調査し、権利関係に問題のないことを保証すべきである。

(7) 将来的なデットファイナンス

① PF2事業における融資者の役割

　PFI事業の融資者によるデュー・ディリジェンスや事業管理は依然として有益であるが、過去のPFI事業のような過度に借り入れに依存する資金構成はPFI事業の運用の柔軟性を制限するきらいがあった。また金融市場が不安定化したことにより、VFMに基づく長期債の発行を確保するために、資金調達先をより広範囲に拡大するような借り入れ構造の見直しを加速した。

② 世界的な金融市場の状況

　2008年以前においては、イギリスや国際的なPPPの債券市場は活性化していた。これらの債券の発行は金融保証保険会社による保証に依存していた。しかし2007年の金融危機によって、欧州事業債市場で活動していた金融保証保険会社の格付けが引き下げられ、投資家は金融保証保険会社が保証する事業債に投資するのを中止した。それ以降、PFI事業は長期資金調達の大部分を銀行に依存してきた。しかし、欧州金融危機、世界的な景気の低迷、新たな銀行規制の導入によって、インフラ事業に関わる長期借り入れコストが急激に上昇し、銀行からの長期借り入れも利ざやが高騰して、しばしば事業者がVFMを確保できないレベルまで達した。

　銀行は短期ローンへの借り換えを提案しているが、政府は長期から短期への借り換えによってVFMが実現するとは考えていない。しかし、銀行は長期貸し出しあるいは建設保証や与信能力を強化するメザニン（Mezzanine：エクイティと借入の間に位置する証券で、他の債権に比べて返済順位は劣るが、金利が高めに設定された融資）の供与などの機関投資の支援によって、依然としてPF2金融において重要な役割を果たすと考えられる。

③ 広範な資金調達源の確保

　インフラ事業の実施を支援する代替的な資金調達の方法や投資家の要求を満たす信用条件や事業の内容について精査するために、政府は機関投資家、銀行、信用評価機関、欧州投資銀行（European Investment Bank: EIB）と直接協

議を行った。この結果、PF2事業は以下のように構成される。

- 機関投資家や他の長期投資家の選好に合わせることにより、資本市場への浸透を促進する。公的または民間の金融市場においては、相対的にリスクの低い資産を好む投資家が多く存在する。
- 機関投資家による投資を促進するため、リスクの公共部門への再配分や一定の運用上のリスクの除去を図るとともに、公共部門の共同出資によって自己資本比率を向上させる。
- 商業銀行、EIB、その他の金融機関による融資、保証、与信強化措置などの代替的な資金調達源の拡大を継続する。

以上のような目的を達成するため、入札手続きにおいては、入札者に対して、銀行が事業に必要な過半数の資金を融資しない場合は、代替的な長期資金調達手段の確保を求めることになろう。したがって、機関投資家がPF2の重要な資金供給源になる見込みである。

(8) 今後予定されているPF2事業

最初にPF2が適用されることが確定した事業は、民間部門が17.5億ポンドを出資する「優先的な学校建設計画（the Priority Schools Building Programme: PSBP）である。この計画によって46校が建設される予定であり、教育基金庁（Education Funding Authority）によって2013年6月から調達が開始された。

さらに、防衛省が「2020年の軍隊」計画に合致したより経費効率の高い用地を確保するための基地配置戦略とインフラ投資計画を策定するにあたり、財務省と防衛省は建設と維持管理を含めたこれらの投資のうちどこまでPF2で実施できるか作業中である。

健康分野においては、「サンドウェルと西バーミンガム病院に関わる国民保健サービス信託事業（the Sandwell and West Birmingham Hospitals NHS Trust Project）」について、複数の場所におけるサービスの統合や病院と地域の間の業務の再構成を可能とするための新たな投資を行うにあたり、PF2が適当

か否か厚生省と検討中である。

　PF2事業については、当面PFI改革の焦点ともなっているハコモノ事業が先行しているが、政府としてはハコモノに限定せず、PF2にふさわしいすべての事業がPF2の利点を活用できるようにしたいと考えている。

5　イギリスにおける教訓とわが国への示唆

　本節では、わが国におけるPFI事業の発展のために、イギリスにおけるPFIの教訓とPF2への取り組み施策から学ぶべき点、わが国への適用可能性について検討する。

(1) 公共部門の出資の促進について
① 民間資金等活用事業推進機構との比較

　わが国においても、官民共同出資の民間資金等活用事業推進機構（以下、「機構」）が「独立採算型等のPFI事業のリスクマネーを拠出（優先株の取得（出資）、劣後債の取得（融資））することによって、わが国における独立採算型等のPFI事業の推進を行うとともに、インフラに対してリスクマネーを供給する自立的な市場が形成されていく」[12]ことを目標に2013年10月に設置され、公的な資金のPFI事業者への出資という意味では、4(2)で前述したイギリス政府の新たな施策と同じ方向性を持つようにも見えるが、公的資本の出資目的がまったく異なることがわかる。

② 公的部門がPFI事業に出資することのメリット

　イギリスにおける公的部門の出資目的は主として、PFI事業の透明性の確保と出資を通じて公的部門が配当を受け取ることに伴う事業のVFMの向上である。出資を通じて事業会社の取締役会に公的部門の利益を代表する役員を送り込むことは、事業会社の情報収集の一手段であり、イギリスでの問題

---

12)　民間資金等活用事業推進機構ホームページより。

点として強く非難された PFI 事業の転売による事業者の不当利得の独占を防止したり、PFI 事業の実施にあたり地域のニーズを反映させることに有用である。また当該事業から収益が生ずるとすれば、その収益の一定割合を公共部門に還元する手段としての役割を期待することは可能であろう。

③ 公的部門が PFI 事業に出資し、取締役会に参画することの問題点

一方で、公的部門が出資を行うとしても、イギリスの新たなスキームにおいてはあくまで少数出資者（収支比率が15～49％）としての出資であり、わが国における社外取締役が取締役会において実際に果たしている役割を考えると、公的部門から1～2人の取締役を PFI 事業会社に送り込んだとして、どの程度の有意義な事業管理ができるのか疑問である。そもそもわが国においては、官業に対するアンチテーゼとして PFI 事業が促進されている側面があり、これまでの第三セクターの失敗事例を考慮すれば、公的部門が取締役を送り込むことは、かえって民による創意工夫を阻害する要因とみなされる可能性が高い。出資を行ったり、取締役として公的部門が PFI 事業者の事業に参画したりしなくても、PFI 事業者の情報開示は、従来どおり、法令に基づく届出義務や問題が発生した際の立ち入り監査などによれば十分と考えられる。

また、PFI 事業そのものに出資するということは、事業リスクの一部を公的部門が分担するということであり、事業リスクの民間への移転という PFI 事業本来の目的を制限することにもなる。そもそも確実に利益が出る事業については、PFI ではなく100％民間事業として行えば足りるわけで、機構がメザニンを出さないとリスクマネーがつかないような事業について不用意に公的部門が出資することは、事業リスクの移転どころか、公的部門の将来的な財政負担を増やす不確定要因になりかねない。

(2) 情報公開の向上

① サービス提供型 PFI に関わる情報の公開

わが国においては、PFI 事業の転売に伴う事業者の不当利得や、PFI 事業

を利用した地方公共団体の債務隠しは、現在のところ大きな問題となっていない。そもそもPFI事業は、事業の中長期的な維持管理・補修コストを確定するという面では、従来型の公共事業より透明性に優れたものである。わが国で大多数を占めるサービス提供型のPFI事業について、定期的に支払うコストの公表を徹底していくことは、PFI事業の説明責任を向上させる意味において、わが国でも積極的に取り組むべき課題である。

② 政府による審査・承認手続き状況の公開
　なお、PFI固有の問題ではないが、政府に提出された申請の審査状況の透明化を図ることにより、行政サービスの迅速化・向上をめざすことはわが国においても重要である。

(3) 政府調達手続きの効率化
　① 公的部門における専門組織の設置と人材育成
　イギリスにおいても、保守党政権下ではPFI事業の運営を外部の専門家に依存しており、労働党政権になって政府部内にPFIの専門家を育成するため財務省タスクフォースが設置された。わが国は、PFIに関する外部専門家に多くを依存しているのが現状であり、イギリスの保守党政権時代のレベルにあると言える。
　わが国では、地方公共団体におけるPFI事業の専門家の不足が従来から指摘されており、内閣府や新たに設置された機構においてもマニュアルの作成やPFI民間専門家の派遣に努めてきた。ただし、地方公共団体はもとより国の事業官庁の出先機関を考えてみても、事業を発注する各公的部門に専門家を配置することは、公務員の人事ローテーション制度を前提とすると現実的には不可能である。このような観点からは、まずは国レベルで事業官庁ごとにPFI推進の専門組織を作って集中的に効率的な調達作業を進めることが、当を得た政策である。また、一定規模以上の大規模な公共事業の責任者に対する専門教育・資格制度についても、わが国では土木・建築技術面では優秀でも調達面の専門知識を取得している人材がほとんどいないので、公共政策

大学院の活用も含め積極的な検討に値する政策である。

② 承認審査期間の標準化と短縮
　わが国でも、以前からPFIの問題点として従来型の公共事業より契約手続きに長期の時間とコストがかかることが指摘されてきた。審査期間の標準化と短縮はわが国にとっても共通の課題である。

③ 財務省による調達開始前審査手続きの強化
　イギリスでは、財務省がPFI創設当初から主管官庁として関与してきており、地方公共団体や事業所管官庁は財務省の承認を得ることなしにPFI事業を実施できない。このような仕組みを前提とすれば、事業所管官庁によるPFI事業執行適正化の観点から財務省の審査権限を強化することも理屈として成り立つ。しかし、各事業所管官庁においてPFI調達手続き開始前に十分な準備を求め、これを財務省が審査することは、公的部門内での審査手続きをさらに複雑化することによって、PFI事業手続きの遅延を促進しかねないことにも注意が必要である。

(4) 柔軟なサービス提供の確保
　イギリスでは、20～30年間といった長期間にわたってPFI事業の運営・維持管理・補修コストが定められていたため、サービス利用者数の変動や技術革新に契約の内容が対応できず、従来型の調達方式に比べてPFI事業のほうが高くつくという批判が多かった。わが国では、予算の単年度主義の観点から、公共事業の調達は競争入札を前提に単年度ごとに行われ、またサービス提供型のPFI事業についても通常はイギリスと比較してかなり短期間の契約期間となっており、イギリスほどこの問題は顕在化していない。ただし、今後のPFI契約締結にあたり、どのようなサービスをPFIの本体契約に含め、どのようなサービスを単年度ごとに調達するかを検討するに際し、イギリスのPF2の改革事例は参考にするところが多い。

(5) 公的部門と民間部門における適正なリスクの再分配

　今回のPF2見直し事例にあるような法令変更リスクや事業用地に関するリスクは、当然発注者である公的部門が負うべきリスクであり、わが国においても同様な配慮が必要である。一番難しいのが需要リスクであり、PFI事業の利点として民間の創意工夫に基づき需要の創出を図ることもある程度まで前提とされているため、需要が当初見通しより少なかったからといって、直ちに当該リスクを公共側に負担させるのは難しい。ただし、大きな需要の減少があった場合には、それが事業者のコントロールできる要因に起因するものか否かを契約実施期間中でも両者が協議できる仕組みを検討する必要がある。

(6) 広範な資金調達源の確保

　PFI事業の資金調達にあたり、銀行など金融機関からの融資に頼るだけではなく、年金などの長期的な機関投資家からの資金調達を促進する必要性については、わが国も同様である。この観点から、PF2で現在検討されている優先交渉権者が確定した時点での出資に関する競争入札制度（equity funding competition）の成否について注目する必要がある。

　　　　　　　　　　　　　　　　　　　　　　　　　　　　　［長谷部正道］

参考文献

Flyvbjerg, Bent, Mette K. Skamris Holm and Soren L. Buhl (2003) "How Common and How Large are Cost Overruns in Transport Infrastructure Projects?," *Transport Reviews*, Vol. 23.
HC Deb (1992) 12 November 1992, Vol. 213, c998.
HM Treasury (1989) *Private Finance for Roads*, News release 41/89, 5 May 1989.
―――― (1994) *Private Finance: Overview of Progress*, News release 118/94, 8 November 1994.
―――― (1995) *Financial Statement and Budget Report*, HC 30 1995/96, November 1995.
―――― (1997a) *Paymaster General Announces Kick-start to PFI (Public/Private Partnerships) - Review of Private Finance Machinery - End of Universal Testing*, News release 41/97, 8 May 1997.

——————（1997b）*Robinson Re-invigorates the PFI*, News release 69/97, 23 June 1997.

——————（1997c）*Partnerships for Prosperity - A New Framework for the PFI*, News release 132/97, 4 November 1997.

——————（2000）*Chief Executive-Office of Government Commerce*, News release 15/00, 11 February 2000.

——————（2003a）*PFI: Meeting the Investment Challenge*.

——————（2003b）The Green Book on Appraisal and Evaluation in Central Government. http://www.hm-treasury.gov.uk/data greenbook index.htm

——————（2004）*Value for Money Assessment*, August 2004.

——————（2006）*Value for Money Assessment Guidance*.

——————（2011）The Green Book—Appraisal and Evaluation in Central Government.http://www.hm-treasury.gov.uk/d/green_book_complete.pdf

——————（2012）"Standardisation of PF2 Contracts," Draft, Para 19.9.

——————（2013）"Private Finance Initiative Projects: 2013 summary data."

House of Commons, Committee of Public Accounts（2010）*Financing PFI Projects in the Credit Crisis and the Treasury's Response*, 1 December 2010.

House of Commons Library（1981）Deposited Paper 81/3699.

——————（1999）Deposited Paper 99/1433.

House of Lords, Select Committee on Economic Affairs（2009）1st Report of Session 2009–10, *Private Finance Projects and Off-balance Sheet Debt*, 17 March 2010.

Infrastructure UK（2012）"PF2: A User Guide."

National Audit Office（NAO）（2003）PFI: Construction Performance, Summary.

——————（2008）*Protecting Staff in PPP／PFI Deals*.

——————（2009a）Performance of PFI Construction.

——————（2009b）Memorandum by the National Audit Office: Submitted to Select Committee on Economic Affairs of House of Lords（Session 2009–10）.

——————（2009c）Supplementary Memorundum by the National Audit Office on PFI Secondary Equity Market: Submitted to Select Committee on Economic Affairs of House of Lords（Session 2009–10）.

PA Grout（1997）"The Economics of the Private Finance Initiative," *Oxford Review of Economic Policy*, Vol. 13.

PPP Forum（2009）Memorandum by the PPP Forum: Submitted to Select Committee on Economic Affairs of House of Lords（Session 2009–10）.

UNION's report（2004）"Public Risk for Private Gain?," July 2004.

◇イギリスにおける PPP／PFI の事例

　ここではイギリスにおける具体的なプロジェクトとして、鉄道、道路、空港の各分野において、PFI および PPP の円滑な実施という観点から示唆に富む事例をいくつか概観しておくこととしたい。

　イギリスでは、有料道路方式の PFI として、M25 環状道路の東部でテームズ川を横断するダートフォード横断道路、セヴァン川を横断するセヴァン横断道路が整備・運営されている。1994年に、民間事業者が利用者からでなく、政府から交通量、提供するサービスの程度に応じて、シャドー・トールを受け取る DBFO（Design Build Finance Operate）方式が導入されたが、2003年にはじめての「独立採算制」の有料高速道路である M6 Toll が開業している。ダートフォード横断道路は、もともとは有料道路事業であったが、償還の終了に伴い、現在は「2000 年交通法（Transport Act 2000）」に基づき、混雑料金としての課金が行われている。

　紹介事例の中には、事業そのものが、当初の想定どおりには円滑に進行しなかったケースもあるが、これらのケースから得られる知見と教訓を十分に踏まえつつ、交通・運輸分野における PFI および PPP の適用の現実的可能性につき理解を深めることが肝要である。

事例1　ロンドン地下鉄

　ロンドン地下鉄については、インフラ部門と運行部門との上下分離により、大規模かつ広範なインフラの改修・更新が行われるスキームが採用された。

　上下分離された両部門のうち、インフラ部門を民間コンソーシアムによる事業対象としたが、想定されたスキームによる事業遂行が行われないことから、ロンドン市交通局が当該コンソーシアムを買収して終了したケースである。

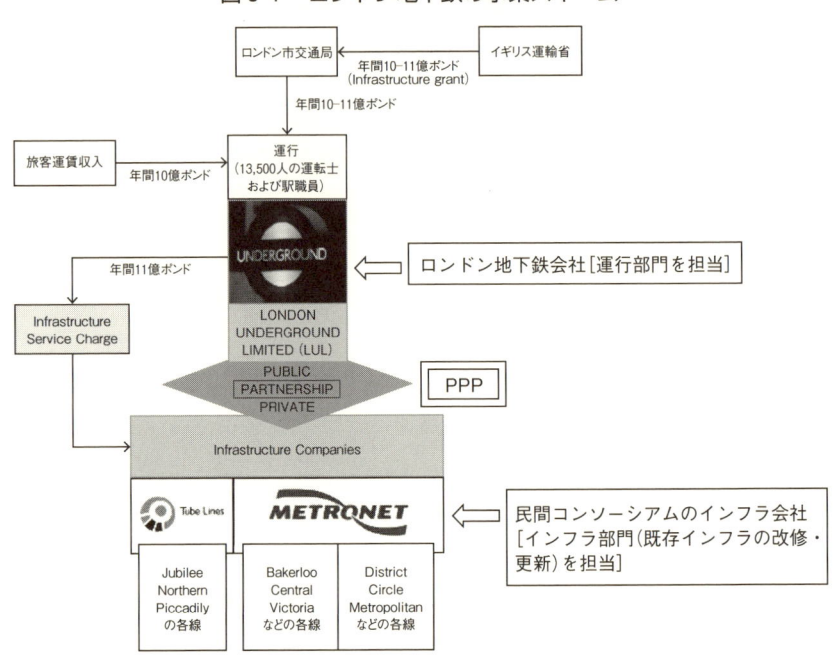

図8-1 ロンドン地下鉄の事業スキーム

出所：UK National Audit Office (2004) をもとに作成。

1 事業スキームの概要・導入背景

　ロンドン地下鉄（The London Underground）は、ロンドン（Greater London Area）をカバーする約270駅、総延長約400kmの鉄道ネットワークである。イギリス運輸省（Department for Transport）は2003年にロンドン地下鉄の所有権をロンドン市交通局に移転し、同地下鉄の運営主体は、ロンドン地下鉄会社（London Underground Limited）となった。

　1990年代に入り、ロンドン地下鉄では、インフラの老朽化が進んでいたにもかかわらず更新投資が必ずしも十分に行われておらず、インフラの改良をシステマティックに進めていくことが焦眉の現実的課題となっていた。このため、同地下鉄において、インフラの改良を円滑かつ効率的に進めていくこ

とを目的に、2004年にPPP方式が導入された。

このPPPは、線路、トンネル、信号システムの改修などを行う「インフラ部門」と列車の運行、駅構内の管理などを行う「運行部門」の分割、いわゆる「上下分離」を前提としたものである。そのうえで、具体的な役割分担として、「運行部門」はロンドン地下鉄会社において、「インフラ部門」は民間のインフラ会社により構成されたコンソーシアムにおいて、それぞれ担務するという手法を採用していた。PPPの対象となるのは、後者の「インフラ部門」であり、事業遂行の出発点となるPPP契約については、ロンドン市交通局と2つのコンソーシアムとの間で、2004年に締結されている。事業期間は契約締結より30年間にわたり、その期間中は、PPP契約に基づき、当該コンソーシアムが線路、トンネル、信号システムの改修・更新などに関わる事業を進めていくことになっていた。事業遂行に際しては、全体の事業期間である30年間を4期に分けたうえで、各期7.5年ごとに事業目標を設定し、事業の実際の進捗状況を踏まえつつ当該目標に修正を加えていく、という仕組みが採用されていた。

2　事業の状況

しかしながら、ロンドン地下鉄PPPについては、事業期間30年を待たず、第1期目の段階で、コンソーシアムの経営が破綻し、事業継続が不可能となった。この間、コンソーシアム側はロンドン市交通局に対し事業に要する予算の要求を行ったものの、その削減を求められ、計画されていた事業の遂行が困難になるという状況に至っている。その背景について、コンソーシアム側は、同市交通局の要求内容により事業コストの増大に見舞われたことを主張する一方で、交通局は、コンソーシアム側による不十分なコスト管理に起因するマネジメントの問題が一義的な要因であることを指摘している。こうした中、コンソーシアムによる事業が立ち行かなくなり、上述のスキームによる事業継続が困難であることが明確になってきたのである。

このような状況を踏まえ、ロンドン市交通局が、2つのコンソーシアムの

1つであるMetronetを2007年に、もう1つのTube Lineを2010年に、それぞれ買収することになり、PPPに関する事業は終焉を迎えるに至った。施設の改修工事が予定どおり進捗せず、線路トラブルなど、施設面の不備による列車遅延、ダイヤの乱れが頻発していた状況下において、交通局によるコンソーシアムの買収は、事態を打開するために残されていた唯一の選択肢であった。

これに伴い、ロンドン地下鉄のインフラ改修については、インフラ部門と運行部門の分割を前提とするPPPに依拠するのではなく、ロンドン市交通局が施設管理、列車運行をセットで行うというスタイルのもと、一体的に進めていくほうが、より現実的であることが明確になった。このような状況のもと、事業コストの縮減、政府による補助金の抑制、円滑で効率的な事業遂行をはじめ、ロンドン地下鉄PPPの導入に際し、当初達成が見込まれていた目標は、いずれも達成が不可能になった。

3　事業スキームの制度的特質、ガバナンスの特徴

ロンドン地下鉄PPPは、世界でも最大規模とされた広範囲に及ぶ既存インフラの改修・更新をその内容としていた。このため、他のPPP案件のように、まずは新たな施設整備を行ったうえで、一定期間、当該施設の管理・運営を行うタイプのものとは、基本的に性格を異にするものであった。さらに、PPPの対象事業そのものが多数の個別事業により構成されていることから、全体像がなかなか見えにくく、事業全体を横断的に、リアルタイムで管理することが困難な状況にあった。こうした事情は、本スキームによる事業遂行が最終的に立ち行かなくなった最大の要因の1つであると考えられる。

これに加え、本事業については、民間のコンソーシアムにおいてガバナンスやリーダーシップが欠如していたこと、分離された「インフラ部門」と「運行部門」との連携が十全に機能していなかったという問題点も考慮に入れる必要がある。現に、コンソーシアムは、事業全体のマネジメントに要する基礎データを十分に入手できておらず、政府部門に対し、事業そのもののコストパフォーマンスにつき現状報告することすら、ままならなかったとさ

れている。さらに、ガバナンスの欠如という問題はコンソーシアム内部に限定されたものではない。政府部門においても、情報不足などを背景に、PPP事業の進捗をきめ細やかに掌握し、事業全体をシステマティックに管理・監督するという基本ができていなかったのである。

　また、事業そのものもさることながら、PPP契約についても、内容的に複雑であるとともに、その意味内容や解釈が明確でない部分が含まれていた。実際問題として、当該契約については、締結の段階で、対象となるインフラの改修・更新に関わる事業を十全に特定することすらできておらず、内容的に不備がきわめて多いものであった。これらは、事業期間中において、当事者間におけるトラブルに発展し、諸々の状況変化への迅速な対応を困難にした最たる要因の1つである、と考えられている。

　さらに、ロンドン市交通局は、コンソーシアムの1つであるMetronetが負っていた債務の95％について保証をしていたところ、Metronetが経営破綻に至った際には、当該債務の処理にかかる負担を余儀なくされる結果となった。このような状況のもと、イギリス運輸省は同市交通局を財政的に支援すべく、総額17億ポンドにのぼる助成を行っている。

　こうした民間債務の保証については、これにより、民間金融機関による「デュー・ディリジェンス」（due diligence：投資対象案件の価値や収益力、リスクなどに関する多面的分析）が機能せず、PPP事業全体の収益性、実行可能性につき、財務面からの事前チェックが十全に行われなくなった可能性がある。さらに、民間金融機関からコンソーシアムに対するファイナンスに際しての不確実性が大幅に低減される一方で、事業に内在するリスクの大半が政府サイドに移転されていたことを意味するものである。上述の点を考慮すれば、本事業をめぐる最大の問題の1つが、政府部門と民間部門との間のリスク分担のあり方に存することを如実に示している。イギリスの会計検査院とも言うべき国家監査事務局（National Audit Office）（会計検査院と訳されることもある）においては、上述のコンソーシアムMetronetの経営破綻に伴う、直接的な財政上の損失（tax payer loss）は、じつに1.7億ポンドから4.1億ポンドの範囲にまで及ぶものである、とする算定結果を明らかにしている。

事例2　M6 有料道路

　事業方式としては「コンセッション」（Concession）と定義されている本プロジェクトは、いわゆる「独立採算型事業」であり、事業者は料金収入により投下資金を回収する仕組みとなっている。

　本事業においては、計画、設計、建設、収益に関わるリスクは、原則的に政府側から事業者側に移転している。

1　事業スキームの概要・導入背景

　民間資金による有料高速道路であるM6 Toll（M6有料道路）は、ウエストミッドランド州のバーミンガム北部に所在している。M6有料道路は、上下3車線（合計6車線）、全長27マイル（約44km）に及ぶものであり、道路部分のほか、サービスエリアやアメニティ施設も立地している。M6有料道路は、交通量増加による道路混雑が顕著になっていた、無料の既存道路M6の代替ルートとして、新たに整備されたものである。一部の橋梁やトンネルを除き、高速道路の無料通行が一般的であるイギリスにおいて、本プロジェクトは、道路利用者から通行料を徴収する有料道路として、初の事業であると位置づけられる。

　M6有料道路の事業形式は、いわゆる「コンセッション」であり、事業期間は2054年までの53年間（うち3年間は建設、50年間は管理・運営）とされている。折しも、道路整備に要する公的資金を十分に確保することが困難であった状況のもと、政府においては、1991年に、M6有料道路を民間資金によるプロジェクトとして整備する旨、決定した経緯がある。

　これを受け、本事業の資金構成は民間資金が100％となっており、政府からの財政支出は行われていない。高速道路の設計、建設、運営、維持管理を実施する主体も、政府機関である高速道路庁ではなく、民間の事業者であることが本事業の特徴となっている。また、高速道路の通行料を徴収する主体も当該事業者であり、初期投資にかかる投下資金は料金収入をもって回収す

図8-2　M6 Toll

出所：M6有料道路事業関係資料などにより作成。

図8-3　M6 Toll に関わる事業の基本スキーム

出所：筆者作成。

る仕組みとなっている。さらに、利用料金の設定権限は事業者に委ねられており、高速道路の利用状況などを踏まえつつ、料金の改訂を行うことも可能である。なお、M6有料道路に関する施設の所有権は、53年間の事業期間終了後、事業者側から政府側に移転されることになっている。

2　事業の状況

M6有料道路に関わる事業は、Midland Expressway Ltd. により遂行され、9億ポンドにのぼる建設費を要している。本事業は、政府機関である高速道路庁により1992年に発注されているものの、実際に建設工事が開始されたの

は、発注からじつに8年間を経過した2000年9月であった。これは、有料道路の建設に際し、実際に通行料を支払うこととなる近隣の住民が道路建設に強硬に反対し、裁判所を舞台とする訴訟が長期間にわたり継続したことによるものである。当時、イギリス国民にとって、「高速道路」と言えば原則的に無料のものを意味していた。大半の道路建設のケースにおいては、いわゆる「シャドー・トール方式」が採用され、政府が一般財源や交通プログラムファンドを利用しつつ、建設事業の実施主体にアベイラビリティ・フィーの支払いを行い、整備費用の償還を可能にするという仕組みが定着していたのである。

　こうした曲折を経て、M6有料道路は、建設工事開始の3年後である2003年12月に開通した。地域社会との関係において、環境問題への対応が重要な課題とされていたことを踏まえ、建設に際しては、低騒音アスファルト（noise reducing asphalt）が使用されているが、これは有料道路の利用者に快適な走行を約束するものでもある。M6有料道路はその北端および南端で無料の既存道路M6と合流しているため、有料道路の利用者は、そのルート途上の料金所または（既存道路との）ジャンクションの料金所のいずれかを通過することになる。2003年12月の開通時、月曜～金曜の日中における現金支払い時の通行料は、乗用車については2ポンド、重量積載物車両については10ポンドであったものの、爾後、段階的に値上げされ、2012年3月にはそれぞれ5.5ポンド、11ポンドとなっている。

　M6有料道路の開通後、乗用車交通量についてはほぼ予測どおりであった一方、トラック交通量については当初の予測に到達していない状況にあった。2011年では1日当たりの平均交通量は35,000台程度であるが、これは施設容量の半分程度にすぎないものであった。同じく2011年において、事業者は約5,590万ポンドの収入を得ているものの、これは発生した費用全体をカバーしうるものではなく、約4,170万ポンドの損失が発生しているのが実情である。

　こうした状況のもと、35億ポンドにのぼる総工費を追加的に投ずることにより、M6有料道路を、さらに北方のマンチェスター付近にまで、50マイル

（約80km）延伸させようという構想も提唱された。しかしながら、当該構想については、用地買収のために巨額の費用支出が見込まれること、延伸ルート沿線の地域住民が反対運動を展開したことを背景に、日の目を見ることなく断念されるに至っている。

3 事業スキームの制度的特質、ガバナンスの特徴

　M6有料道路に関わるプロジェクトについては、新たな道路整備のための資金調達の可能性を拡大させるべく、従来の資金調達方式に代わる新たな手法が採用されている。高速道路庁と事業者との間で締結された事業契約において、事業者は、政府資金および政府保証には依存せず、当該事業を原則的にみずからの費用負担およびリスクにおいて実施する点が明確にされている。

　このため、本プロジェクトは、Midland Expressway Ltd. による独立採算事業としての性格を有するものであることから、同社は、契約期間中、計画・設計、建設・整備、メンテナンス、運営、事業収益・財務に関わるリスクを引き受け、これらのリスクを適正に管理することが求められている。これに伴い、M6有料道路について政府機関である高速道路庁が負担すべきプロジェクトリスクは、極小化が図られている。

　ただし、本事業については、先述のとおり、事業契約締結からプロジェクト開始に伴う建設着手に至るまでの期間が当初の想定より長期化している。これに起因し、数多くの設計規格の変更を余儀なくされる結果となり、これは、プロジェクトコストにも影響を及ぼすこととなった。こうした中、このような設計変更に伴うコストについては、プロジェクト発注者である高速道路庁が負担することとなった。これは、そもそもプロジェクトの遅れは、周辺住民の反対という外生的ファクターに起因するものであり、事業者側においては制御が不可能で、彼らの帰責事由によるものでないことが明白であったためである。

　事業者であるMidland Expressway Ltd. は、毎年、事業報告書をとりまとめて発行している。また、事業開始後の事業評価については、最近では高速道

路庁が、2007年に一定のフォーマットに依拠しつつ実施している。この高速道路庁による評価は、高速道路における交通量、既存の道路ネットワークへの影響、事故の発生状況、周辺環境への影響といった視点から実施されており、本事業については「成功」であるとする肯定的な評価が下されている。こうした評価の理由、背景としては複数の要素が考えられるが、具体的には、周辺地域における経済発展、既存道路も含めトータルで見た場合における道路容量の増大、本事業への民間事業者の参加および継続的なコミットメント、本事業の遂行に際して活用された高度な技術力、環境に対する影響への配慮などを挙げることができる。また、事業全般を通じて、高速道路庁と同社との間の連携（positive partnering relationship）が緊密に図られている点にも留意すべきであろう。

4　事業の社会的効果

　M6有料道路は、渋滞が顕在化・深刻化していた既存道路のバイパス機能を有するものであることから、道路容量の拡大により、ウエストミッドランド州における車両の通行時間を大幅に短縮することが可能になった。また、実質的な経済効果という観点からも、新規の道路整備に伴い、周辺地域における関連投資は約2.7億ポンドにのぼるとともに、トータルで5,000人分の職が新たに創出された、との分析も行われている。こうした中、事業者であるMidland Expressway Ltd. においても、高速道路上のサービス・ステーションのための要員確保の必要性が生じたことを受け、地元における雇用の増加に寄与している。

　ただし、M6有料道路における交通量は漸減傾向を辿っており、その原因の１つが通行料の値上げによるものである、との指摘もある。また、下院交通委員会は、M6有料道路の料金水準の設定など、道路の運営に関するコントロールが民間セクターに委ねられているとして、この先約50年間にわたる全国レベルでの交通政策との関係という視点から懸念を示している。

事例3　ルートン空港

　本事業については、コンセッション方式により、施設整備などが行われたロンドン近郊の空港が地域経済、雇用創出の中心的存在となり、PPP の成功事例として広く認知されるに至ったケースである。現在は、外資系の民間コンソーシアムによって運営されている。
　本事業は、長期にわたるコンセッション期間中、将来の施設整備計画をめぐり、発注者と事業者との間で議論があった事例としても注目されている。

1　事業スキームの概要・導入背景

　「ルートン空港」は、ロンドン近郊に所在し、利用者数ではイギリスにおいて 5 番目に位置づけられる。同空港は、地方自治体が保有している一方で、その拡張を含めた空港施設の整備・運営は、複数の民間企業により構成されている民間のコンソーシアムが実施する、という PPP のスキームが採用されている。具体的には、空港の保有主体は地元自治体のルートン自治区議会（Luton Borough Council）である一方、空港施設の設計、整備、維持管理、運営に関わる主体は、民間のコンソーシアムである London Luton Airport Operations Ltd.（LLAOL）となっている。
　ルートン空港は、1990年代以降、その役割が重要視され始め、利用者数が顕著な増加傾向を辿ってきた。こうした中、空港利用をめぐる需要増を背景に、空港施設のさらなる増設・拡張が求められていたが、空港の保有主体である地元自治体はこれに対応しうる十分な資金を有しておらず、新たな手法による資金調達が必要不可欠な状況となっていた。こうした状況から、空港そのものは地元自治体の保有としたうえで、一定期間、空港施設の設計、整備、維持管理、運営に関わる事業を民間の主体に委ねるという手法が考案・採用されるに至ったものである。
　このような経緯を踏まえ、LLAOL は空港のマネジメントおよびオペレーションにつきライセンスを受けるとともに、同社による上記事業は、1998年

図8-4　ルートン空港（外観と位置）

出所：ルートン空港関係資料などにより作成。

図8-5　ルートン空港に関する事業の基本スキーム（2005～2013年）

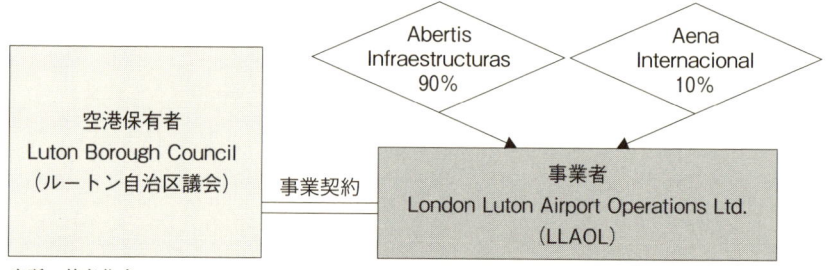

出所：筆者作成。

8月の事業契約締結後に開始され、30年間にわたるコンセッション方式により実施されている。こうした中、ルートン空港は、外資系のコンソーシアムによって運営されてきている。LLAOLの株式保有の推移を見ると、2001年3月にイギリスの空港マネジメント企業TBI社がLLAOLの過半の株式を取得したが、2005年1月にはAirport Concessions & Development Ltd.（ACDL）がTBI社を買収している。ACDLは、スペインのアベルティス社（道路・駐車場・空港事業をグローバルに展開しているスペイン最大手の有料道路経営企業）が90％、Aena Internacional社（スペインで47の空港を運営しているアエナの国際ビジネス企業）が10％の株式を保有する企業体で、TBI社が買収された後、ルートン空港は実質的にアベルティス社により運営されてきた。その後、2013年になって、アベルティス社のアセットポートフォリオ最適化戦略の一環として、ルートン空港は、アエナと民間投資企業Ardianから構成される

コンソーシアムに売却されている。

2 事業の状況

　LLAOL においては、事業契約を締結した1998年8月以降、総額2億1,500万ポンド以上に相当する投資を行い、空港施設の改良、機能充実を進めている。このうち、8,000万ポンドにのぼる初期段階の投資プログラムを、翌1999年の秋に完遂させており、新旅客ターミナルの供用、空港最寄りの鉄道駅（Luton Airport Parkway Station）の整備が実現している。

　また、その後も、誘導路の整備、航空機の格納庫の建設が進められるとともに、2005年には航空旅客用の新たな出発ホールがオープンした。これは、ルートン空港に運航している LCC（Low Cost Carrier）のライアンエアー（Ryanair）による提案を背景としたものであり、年間ベースで、追加的に1,500万人の航空旅客への対応を可能にするものであった。ルートン空港には、ライアンエアーのほかに数多くの LCC が運航しており、イージージェット（easyJet）やモナークエアライン（Monarch Airline）も同空港を本拠地としている。

　2012年になって、空港利用者数に関わる目標値および空港容量の拡大に関する方針をめぐり、Luton Borough Council と LLAOL との間に、見解の相違が生じている。具体的には、Luton Borough Council 側は空港利用者数の目標値を年間1,800万人とするとともに、施設拡張による容量の拡大を提唱したのに対し、LLAOL 側は、年間1,500万人程度が妥当であるとし、施設拡張に伴う環境影響に関して深刻な懸念を表明した、というものである。Luton Borough Council 側は、事業開始後15年を経過すれば、事前通告をもって契約解除が可能になる点に着目しつつ、LLAOL に対し、今後の事業契約終了の可能性に言及した。これに対し、LLAOL は、万一、事業契約終了という事態に至れば、Luton Borough Council 側に相当額の違約金を請求せざるを得ない旨を表明した。その後、両者は慎重に話し合いを重ね、空港容量の拡大は、既存施設の範囲内で行うこととする旨、確認するに至った。これを受け、

図 8-6　鉄道駅および空港のバスターミナル

バスターミナル（右の写真）からは、空港と空港最寄りの鉄道駅を結ぶシャトルバス、バーミンガムやスタンステッド空港などに至る national express のバスが発着している。

出所：筆者撮影。

LLAOL は現行の事業を引き続き実施することが可能になり、事業契約の終了という事態は回避された。

3　事業スキームの制度的特質、ガバナンスの特徴

　事業者である LLAOL は、いわゆるコンセッション契約に基づき、ルートン空港において空港ビジネスを行う権利を有している。LLAOL は、空港ユーザーからの利用料金をはじめ、空港ビジネスに伴う収入を得る権利も有しており、投資コストも含めた諸費用はすべて料金収入をもって回収する仕組みとなっている。さらに、同契約に基づき、LLAOL は空港の保有主体の Luton Borough Council に対し、空港における旅客数、貨物量に応じて、各年度、四半期ごとにコンセッション・フィーの支払いを行っている。元来、空港における施設整備、運営の果実である空港利用の増加に伴うメリットは事業者において享受しうるものであり、これは、ルートン空港のケースでもそのままあてはまる。そのうえで、事業者から空港の保有主体に対するコンセッション・フィーの支払いについては、具体的なフィーの金額を旅客数、貨

物量の実績値にリンクさせることを通じて、上記メリットを事業者と空港の保有主体との間でシェアさせることを狙いとするものである。

　ルートン空港における施設整備、運営に関わる事業の状況をはじめ、同空港をめぐる現状については、地元関係者の関心事項を踏まえつつ、定期的に情報提供が行われている。情報提供に際しては、地元関係者をはじめ空港に関する利害関係者により構成されている London Luton Airport Consultative Committee というチャネルが活用されている。これに合わせ、空港の保有主体である Luton Borough Council は、LLAOL と密接に連携しつつ、空港の状況に関する最新情報を記載した年次報告書を毎年度刊行し、これを広く一般に公開している。

4　事業の社会的効果

　LLAOL が空港施設の増設・拡張を含め、各種施設の充実を図った結果、LCC を中心とした新規航空会社の参入、新規航空路線の開設が進み、事業開始後の旅客数は大幅な増加を見ている。具体的には、空港利用者数は2012年には年間約960万人を数え、事業開始前における1997年の約320万人との比較において、じつに約3倍に迫る水準に到達している。2004年3月、ルートン空港は Best Public-Private Partnership の事例として表彰を受けており、イギリスにおける PPP の代表的な成功事例であると言えよう。

　先述のとおり、LLAOL から Luton Borough Council に対しては、定期的にコンセッション・フィーの支払いを行う仕組みが採用されているが、事業開始年度である1998年度以降、フィーの支払い総額は2億1,000万ポンドにのぼっている。年度ごとの支払い金額は、1998年の約400万ポンドから2011年の約2,500万ポンドに増大しており、今後とも空港利用者の増加に伴い、その増額が見込まれている。このようなコンセッション・フィーの支払いは、Luton Borough Council における実質的かつ安定的な収入源となり、地元自治体の財政収支、ひいては地域経済全体にも便益をもたらしうるものとなっている。

図8-7　ルートン空港利用者数の推移（1997～2012年）

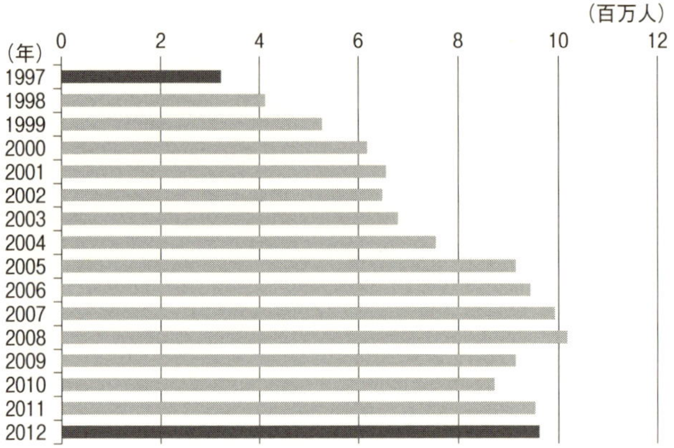

出所：同空港関係資料により作成。

■諸事例から得られる政策的含意――考察に代えて

　PFI・PPP事業は、長期にわたる施設の建設、維持・管理、運営などに関わる複数業務の集合体である。このため、当事業には、従来型の公共事業以上に多様なリスクが介在するが、これらリスクが顕在化するに至れば、事業そのものの安定的・継続的実施が困難になるおそれがある。他方、PFI事業では、ライフサイクル（設計、資金調達、建設、管理運営など）を一括管理するメリットを生かしつつ工事期間の短縮、コストを抑制した管理運営方法を実現することを通じて、全体経費を削減することが期待されている。

　しかしながら、イギリスではPFIの事業特性などに起因する問題点や課題が指摘されている。具体的には、2010年5月の連立政権発足以降、国家監査事務局や下院議院公共会計委員会（UK House of Commons, Committee of Public Accounts）により、以下のような指摘がなされている。

不十分なPFIの透明性

　PFIが従来の手法に比べて適切なファイナンス手法であることを立証する

データが十分に示されておらず、説明責任が果たされていない。民間部門は、取引上の秘密などから、PFIプロジェクトの費用・便益に関する十分なデータを開示していない。

また調達省庁は、意思決定に必要となるデータを入手できていない。このため、事業遂行に際して遅延や追加コストが発生したり、利益を期待しうる選択肢を模索することが困難などの問題に直面している。

民間と公共の資金調達コストの差

国債調達コストに比べ、民間資金調達コストが高く、特にリーマン・ショックによる経済危機後はVFM（Value for Money）の確保を困難にしている。たとえば、2009年4月以降の学校建設プロジェクトの借入コストは年率7％程度で、25年の国債利率（4～5％）を上回っている。

不十分な税収効果

PFIの投資家については、海外取引を通じて租税回避しているケースもあり、見込まれた税収効果が実現できていない。また財務省は、投資家がイギリスで収益課税分を支払っているのか、PFI企業が法人税を払っているのかを明らかにしていない。

高い民間投資家の利益

投資家がPFIプロジェクトのエクイティ持ち分の売却で高い収益を上げるなど、投資家がリスクに比して過大な利益を上げている。その一方で保有株式の売買や投資家の取得利益に関する情報が限定的である。

公的セクターの技量・能力・経験の不足

民間セクターとの交渉や契約管理の面で、公的セクターのビジネススキルが不足している。コストを要し、プロジェクトを迅速に推進する十分なインセンティブを有しない専門家に、過剰に依存する傾向がある。またPPPは長期にわたる複雑な契約であるため、キーパーソンやアドバイザーが異動し

たときに重要な知見が継承されないリスクがある。

長期プロジェクトであることによる柔軟性の不足
PFI 契約は、平均して25〜30年程度の長期契約であるが、長期にわたる状況の変化・改善などへの柔軟な対応ができていない。

競争を限定し VFM が保証されない調達手続き
事業者選定など調達手続きに時間を要し、コストがかかる。事業者側では準備コストがかかり、規模の小さい投資家の参入障壁になっている。規模の大きい事業者は契約価格に転嫁しており、結果として納税者の負担となっている。

上記のような視点を念頭に置き、かつ、本章においてケーススタディの対象とした各事例をめぐる経緯なども踏まえつつ、ここでは、交通・運輸事業における PFI・PPP 手法の活用可能性を模索していくうえで特に重要な視点として、以下の3点に言及しておきたい。

①リスクへの対処
リスクとなる事項を個別に特定したうえで、その構造的特質、顕在化・深刻化の可能性について評価・見極めを行うことが肝要である。そのうえで、個々のリスクの移転・配分の可否、最終的な帰属先、当該リスクの管理・コントロールに関する具体的方策を明確にし、関係者間であらかじめ共通の認識を形成しておくことが期待される。

②ガバナンス、契約管理
PPP プロジェクトが長期にわたる契約に基づくものである点に鑑み、状況の変化が生じた際にも事業の方向性を適正にコントロールしていくうえで、官民におけるガバナンス体制を十全に整備することが肝要である。また、事業遂行の状況を注視しつつ、契約管理・マネジメントを緻密に、継続的に行うことが期待される。

③施設利用料金、将来の施設整備計画

　運輸・交通関係プロジェクトにおいて、施設利用料金の設定のあり方や供用後の需要動向を踏まえた施設整備の方向性は、事業全体の成否を決しうる重要な要素を構成する。こうした観点から、これら事項の決定をめぐり、関係者間で見解の不一致が生じた際の調整ルール、最終的な決定権限、責任の所在の明確化を図ることが重要である。

［林　泰三・中野宏幸］

参考文献

Abertis（2013a）"Abertis agrees to sell London Luton Airport to a consortium headed by Aena," Abertis press release, 1st August 2013.
――――（2013b）"Abertis closes the sale of Luton airport to a consortium formed by AENA and Ardian," Abertis press release, 27th Novemver 2013.
London Luton Airport Operations Limited（2012）"Masterplan document," March 2012.
UK House of Commons, Committee of Public Accounts（2010）"Financing PFI projects in the credit crisis and the Treasury's response," Ninth Report of Session 2010-11, December 2010.
――――（2011）"Lessons from PFI and other projects," Forty-fourth Report of Session 2010-12, July 2011.
――――（2012）"Equity Investment in privately financed projects," Eighty-first Report of Session 2010-2012, April 2012.
UK House of Commons, Transport Committee（2005）"Transport-Seventh Report," Session 2004-05, March 2005.
UK National Audit Office（2004）"London Underground PPP: were they good deals?," June 2004.
――――（2011）"Lessons from PFI and other projects," April 2011.
US Department of Transportation, Federal Highway Administration（2007）"Case Studies of Transportation Public-Private Partnerships around the World," July 2007.

第8章補論　イギリスにおける最近の動向

1　はじめに

イギリスにおける PPP／PFI の動向については、第4章、第8章において触れられているが、行政サイドにおける動きを中心として少し補足しておきたい。

なお、本文中、意見に関わる部分は、あくまで筆者個人によるものであることを申し添える。

(1) PPP／PFI の推進体制について

第8章に触れられているとおり、財務省（HM Treasury）タスクフォースは、そのミッションを終え、その代わり、2000年6月に PUK（Partnerships UK）といういわば財務省の実務作業部隊が設立され、また、2000年4月には OGC（Office of Government Commerce：公共調達本部）が設立された。OGC は、公共部門による調達を近代的かつ効率的に進める事業手法を検討する横断的な政府組織として設立されたものである[1]。

OGC は、PPP／PFI 以外の公共部門の調達手法を所掌している。OGC は、財務省の外局ではあるものの、基本的には財務省から独立した組織であったが[2]、現在は、その所掌は、財務省から、内閣府の efficiency reform group に移っている[3]。第8章に触れられているとおり、EU の競争的対話導入のガイドラインなどについては、OGC が所掌をしている。

労働党政権のもとでは、PPP／PFI については、財務省の中に PPP／PFI 担

---

1) 野田（2003）参照。なお、イギリスにおける PPP／PFI の導入・発展の経緯については、2003年1月以前については、野田（2003）が、労働党政権全般の動きについては、町田（2009）が詳しい。
2) 筆者が、2006年、OGC よりヒアリングした結果による。
3) 筆者が、2011年に財務省よりヒアリングした結果による。なお、労働党政権当時のイギリスの PPP／PFI の推進体制については、町田（2006）参照。なお、内閣府 PFI 推進室（2006）にも、同様の記載がある。

当チーム（PFI Policy Group：いわゆる PPP Unit、制度所管部局を言う。わが国の場合、内閣府 PFI 推進室）が存在し、財務省が、PPP／PFI の政策全般について責任を有していた[4]。中央省庁のプロジェクト、大規模なプロジェクトについては、財務省の大臣が承認し、地方公共団体の事業などそれ以外については、財務省 PPP／PFI 担当チームの Head が議長である PRG（Project Review Group）がその承認を行っていた。この PRG には、各省庁（事業担当省庁を、Line Ministry と言う）の PPP／PFI のエキスパートも出席することになっていた。労働党政権時代は、国の３カ年度の歳出の上限を決める歳出計画（Spending Review）で、PFI クレジット（PFI クレジットについては、第４章参照）の３カ年度の支出額が規定されていた。地方公共団体の PFI も、PFI クレジットの申請を財務省に行い、その承認を得ない限り、実施することができず、結果として、財務省が PFI 事業総量を中央集権的にコントロールすることが可能となっていた。また、承認を行う際に、財務省、PUK により策定された VFM ガイダンス、標準契約書に合致しているかどうかも審査されるものであり、PFI 総額だけでなく、その内容についても、財務省が中央集権的にコントロールしていた。労働党政権時代、PFI が飛躍的に発展したのは、このような財務省の中央集権的なコントロールが一因であることは、第４章で触れたとおりである。

なお、PFI クレジットは、保守党と自由民主党の連立政権のもと、2010年の歳出計画（Spending Review 2010）で廃止された。この PFI クレジットは、もともと地方公共団体に対する歳入補助金として各省庁に配布される資金の10％を財務省に留保し、財務省が PFI に対するインセンティブとして活用することを可能としてきたものである。このような使途の決められた予算（Ring-fenced Budget）の廃止は、連立政権の主要施策の１つであった。現在は、財務省ではなく、各省が必要であればみずからの財源を地方公共団体の PFI に充てることになる。

2012年12月に財務省が公表した報告書『A new approach to public private

---

[4] 後述するとおり、財務省が PPP／PFI 全般について責任を有しているのは、保守党等の連立政権のもとでも変わりはない。

partnerships（いわゆる PF2）』（第4章、第8章参照）では、PFI クレジットの存在により、PFI に適した長期的に安定した事業以外についても PFI として行われていた弊害が大きかったとし、その廃止により、各省において、PFI に適しているかどうか、本来必要な評価がなされるようになったとしている。しかし、後述するように、保守党等の連立政権で行われた PPP／PFI 施策の本質は、労働党政権下で出来上がった PPP／PFI 推進メカニズムをゼロベースで見直すことにあった。PRG についても改組された。

現在は、PPP／PFI 担当チームは、IUK（Infrastructure UK：後掲参照）内の一組織であるが、IUK 自体が財務省に属する組織であり、財務省が、PPP／PFI の政策全般について責任を有していることに変わりはない。

財務省の PPP／PFI 担当チームの Head は、歴代、民間の出身であり、初代はドイツバンクの Mr. Jeferry Spence、2代目は PwC の Mr. Richard Abadie、3代目がデロイトの Mr. Gorden Machangy、4代目が PwC の Mr. Charles Lloyd であり、現在は、Ms. Jo Fox である。Ms. Joe Fox は、財務省に勤務して長いが、もともとは、民間の出身である[5]。筆者は、初代の Mr. Spence 以外の4人とは、面識があり、Ms. Fox とは、現在も意見交換などを行っている。Mr. Abadie は、現在、PwC のインフラ PPP 部門の Global Head であり、その後、2回ほど意見交換の機会を得た。

このように実務にも精通した民間出身者が政策の立案・実施に携わっているのであり、これにより、行政が名実ともにイニシアティブを持って PFI を推進することが可能となったのである。

なお、2006年当時は、PFI Policy Group は15名で、民間と公共出身者の比率は1：1であった。現在は10名程度であり、Ms. Fox 以外は全員、公務員出身である。

(2) PUK について

2000年に設立された PUK は、民間出資が51％、公共出資が49％のいわゆ

---

[5] IUK の Mr. Encinas の言による。筆者が Mr. Machangy と面会した際にも、Ms. Fox は同席していた。

るクワンゴ（Quasi Autonomous Government Organization）である。Quasiとは、部分的にという意味で、あくまで部分的に自立しているにすぎない政府組織であり、このような組織は政府のコントロールも受けることになる。その一方で、民間が出資の過半数を握ることにより、民間セクターのインプットがなされ、たとえば、従業員の給料体系は、民間のものが適用されることにより、政府のものより高いものとなる。

　PUKの場合、頻繁に変わる官僚機構に替えて長期にわたりPFIに取り組むことを可能とし、また、高いサラリーを払うことにより、優秀な民間人を雇うことを可能とするものであった。わが国でもそうであるが、たとえば年俸1,500万円でオファーするとその年俸に見合った能力のある人間しか応募してこない。優秀な民間人を確保するためには、それに見合った高給をオファーする必要があったのである。人員は80名から100名程度であり、このほとんどが民間の出身であった。

　なお、PUKのHeadのMr. James Stewartは、投資銀行出身であった[6]。

　PUKは、財務省が策定するガイドライン、標準契約などの草案作成[7]に携わる一方、今後の施策を示す財務省の報告書の作成作業にも携わった。これらにより集積したノウハウをもとに、PPP／PFI実施省庁（Line Ministry）、地方公共団体にPPP／PFIについてアドバイスを行ったのである。

　また、2000年代後半から本格化するPPP事業にも参画した。

　具体的には、第1に、イングランドの全中等学校について、21世紀にふさわしい建て替え、改築を行うために、一定の地域ごとに公共と民間が出資するジョイントベンチャーを設立し、段階的に地域内の中等学校について建て替え・改築を行うPPP事業（BSF[8]）についてである。BSFを推進するにあたり、教育技能省（当時）とPUKが半々出資して設立したPfS（Partnerships

---

6) Mr. Stewartは、IUK発足時にChief Executiveとなったが、やがて去り、先頃、Sirに次ぐ栄誉賞号を受けた。
7) 筆者は、財務省が2007年3月に発刊した標準契約第4改訂版（Standardisation of PFI Contracts Version 4 ("SOPC4")）の詳細について、2008年3月にPUKよりヒアリングを行った。
8) 将来にわたる学校建設計画（Building Schools for the Future: BSF）。BSFプログラムは、教育技能省により2003年に策定され、連立政権により廃止されるまで事業が実施された。

for Schools) もこのジョイントベンチャーに出資し、ノウハウを提供する一方、PUK は、この事業経験により、さらにノウハウを蓄積していったのである。

また、第 2 に、イングランドのプライマリーケア施設[9]の建て替え・改築を行うために、一定の地域ごとに公共と民間が出資するジョイントベンチャーを設立し、段階的に地域内のプライマリーケア施設について、建て替え・改築を実施する PPP 事業（LIFT）についてである。ここでも、厚生省と PUK が半々出資して設立した PfH（Partnerships for Health）がこのジョイントベンチャーに出資したのである。

このほか、PUK は海外のプロジェクトのアドバイスも行っていた[10]。PPP／PFI のノウハウが PUK に集中する構造になっていたのである。PUK が、イギリスの PPP／PFI の発展に寄与した功績は大きい。

しかしながら、労働党政権末期、PPP／PFI のルール化はほぼ完成し、もはや財務省による制度構築の必要性も薄れつつあった。一方、歳出の優先順位も、学校、医療施設といった社会インフラから、太陽光発電、原子力発電といった分野に移行しつつあった。

このような状況のもと、2009年12月9日、財務大臣は PUK を、イギリスのインフラ政策、また、そのファイナンスなどを所掌する IUK に、2010年に改組することを表明したのである[11]。

---

9) イギリスにおける医療は、プライマリーケアとセカンダリーケアに分けられる。プライマリーケアとは、まず、市民（国民）が病気になった際、最初に訪れる家庭医による医療である。しかしながら、当時、特に都市部において、プライマリーケア施設の老朽化が進み、かつ、医者も確保できないという状況が生じていた。このような状況を踏まえ、厚生省が、NHS（National Health Service：国営医療サービス事業）地域向上ファイナンストラスト（NHS Local Improvement Finance Trust（LIFT））を2000年に策定したのである。
10) 第 4 章で触れた世界銀行主催の PPP／PFI の国際会議である "PPPI Days" にも、PUK の Mr. Farquharson が出席していた。
11) Partnerships UK Statement on the Creation of Infrastructure UK: 09/12/2009

2　IUKと国家インフラ整備計画（National Infrastructure Plan）

　2010年5月、保守党と自由民主党との連立政権が誕生した。同年6月、IUKが財務省内の組織として設立された。

　連立政権は、クワンゴに対して否定的な意見を有していたため、多くのクワンゴが廃止された。連立政権は、クワンゴとしてのPUKが独立した法人として存続することについて否定的であり、IUKが財務省内の組織として設立されたのは、連立政権の後押しがあったからである。また、PUKが保有していたスキルとエキスパティーズを、財務省内に移したほうがよいという思惑、さらに、重要な政策課題であるインフラ政策を担うIUKは、財務省の直接のコントロール下に置きたいという思惑もあった。

　IUKの民間出身者はその大半がPUKからの移籍組である。立ち上がり当初は、公共から積極的に職員を採用したこともあり、2013年10月現在で、公共：民間は、40：60で、職員数は65名である。なお、民間出身者も公務員ではあるが、通常の公務員よりも高い給与体系となっている。

　2010年10月に、歳出計画2010（Spending Review 2010）、また、国家インフラ整備計画（National Infrastructure Plan: NIP）が公表された。

　この歳出計画2010は、第2次大戦後最大の財政支出の削減を示し、大幅な緊縮財政を打ち出す一方、経済成長の必要性を説いたものであった。

　一方、NIPは、5年間のインフラ整備の計画を示し、総額2,000億ポンド（34兆2,000億円：1ポンド＝171円）の整備の財源の7割について、民間資金を活用するとしたものである。また、労働党政権が学校、医療施設といった社会インフラに重点を置いていたのに対し、このNIPでは、経済インフラ（エネルギー、交通（特に鉄道）、水など）に特化して整備していこうという方向に大幅に舵を切った。経済インフラに特化するのは、これらに対する投資が経済成長に直接寄与するからである。なお、このNIPでは、具体的な手法は定めていない。このNIPはローリングされ、今後実施される事業が順次公表されることとされた。

　NIPには、500の事業が位置づけられているが、このうちトップ40が、最

優先して実施されるべきものとされている。

IUKは、このNIPの実施を、主なミッションとすることとなったのである。

PUK同様、PPP／PFIのアドバイスを行う一方、従来財務省本体にあったPPP／PFI担当チームも、IUKに置かれることとなったが、IUK全体の業務としては、インフラ関係にシフトしている。

2011年11月にNIP2011が公表され、2012年12月にNIP update 2012、2013年6月には、NIPの中間報告であるInvesting in Britain's futureが、2013年12月にNIP2013が公表されている。

なお、同年9月にArmitt Reviewというものが公表された。これは、Olympic Delivery Authority（ロンドンオリンピックの施設、インフラ等について所掌していた組織）の議長であったSir Armittが、労働党の要請により委員会を設立し、インフラの整備のあり方についてまとめたものである。これによれば、イギリスのインフラは、先進国の中で劣悪な状況にあり、他国の同様の組織と比較し、IUKなどイギリスの組織は、今後30年40年といった先を見据えた施策を考えていないとしている。

さて、イギリスのPFIはサービス購入型であり、学校、病院といった社会インフラをはじめとした施設ものが大半である。これらの施設ものは、連立政権の緊縮財政の影響を受け、予算がつかず、結果としてパイプラインがほとんど市場に出ないのが現実である[12]。

これに加えて、PFIクレジットの廃止、その結果として財務省がPFI事業総量を中央集権的にコントロールしえなくなったことなど、労働党政権下で出来上がったPPP／PFI推進メカニズムがゼロベースで見直されたことから、現在、イギリスにおいては、PFIの事業実施は低調である。財務省のPPP／PFI担当者も今やPPP／PFIの推進に向けてポジティブに関与することはせず、市場に任せるとのことであった[13]。

---

12) 後掲のように、金融機関が長期の融資につき萎縮している状況もあるが、PwCのMr. Paul Daviesによれば、プロジェクト（パイプライン）があれば、資金は簡単に集まるとのことであった。
13) 2011年4月のMs. Foxからのヒアリングによる。

リーマン・ショック前には、各年度おおむね60以上の新規事業があったのが、リーマン・ショック後は30程度に落ち、2011年には27であった。ロンドンオリンピックの施設についても、公共は債務がその後長期にわたって発生するのを避け、PFIで実施した事例はない。

いわゆるPF2最初の事業として、総額7億5,000万ポンドの学校事業（the Priority Schools Building Programme: PSBP）が進行中である。これは、40の学校事業を束ねて一括し、部分ごと（5地域ごと：Batchごと）に、調達プロセスに入っていくものであり、一部の事業については、公募の手続きに2013年6月に入ってはいるものの、2014年1月現在、調達手続きは終了していない。また、労働党政権時代のBSFが20億ポンドといった規模であったのに比して、小粒であることは否めない。この学校事業は、労働党政権時代のBSFとは大きく異なる。中央集権的な調達のアプローチをとり、教育基金庁（Education Funding Authority）が要求水準ほかすべてについて標準化し、一括して発注することとしている。労働党政権時代のBSFは、調達については、個々の地方公共団体がそれぞれ個別に行っている。また、BSFは、学校にコミュニティの中核施設としての機能も持たせる、といったさまざまなものを求めた、より野心的なものであった。これについては、ポジティブに評価する意見、そうでない意見の両面がある。

また、筆者が2013年9月にIUKよりヒアリングした結果によれば、今後のPF2事業の実施については、この学校事業がはたして機能するかどうか見極めてからにするとのことであった。イギリスのPFI、PF2が当面低調なのは否めないようである。

3　欧州政府債務危機とPPP／PFI

ヨーロッパでは、2011年以降、政府債務危機により、長期の貸し付けに応じるレンダー（金融機関）が激減した。むしろ、シニアローンの回収をリファイナンス時にいかに円滑に行うかということに傾注している傾向がある。

結果として、長期の資金の貸し付けが求められるPPP／PFIによるインフ

ラ整備事業については資金の供給がなされない、といった事態が生じることとなった。

これらへの対応として以下のものが挙げられる。

(1) プロジェクトボンド2020

わが国では、PPP／PFIのデット部分への資金供給は、金融機関からの融資がほぼ100％であるが、イギリスほかヨーロッパ諸国においては、債券の発行による資金調達のケースも存在する。この場合、モノライナー（金融保証専門保険会社）が債務を保証することにより、格付けを上げて、市場からの資金調達をしやすくするのが一般的な手法であった。しかしながら、リーマン・ショック以降、モノライナー保証付債券の発行がほぼ消滅した。

結果として、債券の発行による資金の調達がほぼ不可能となった。しかしながら、金融機関が長期の融資について萎縮している状況に鑑みると、このような債券の発行により、機関投資家などからの資金調達の可能性を探る必要がある。

こうした問題意識から、EIB（欧州投資銀行）がSPCのメザニン部分に融資を行うことにより、シニアローンの格付けを上げ、市場から資金の調達を可能とする枠組みが2012年より試行されている。

(2) Pension Investment Platform（PIP）

プロジェクトボンド2020がデットに関わる資金調達を可能とする枠組みであるのに対し、PIPは、エクイティに対する出資額を増やし、結果として、シニアローンのリスクを低減し、金融機関からの長期の資金調達をしやすくすることを目的としたものである。

イギリスでは、カナダなどと異なり、インフラなどのアセットクラスへの年金基金の投資（株式などエクイティ部分への出資）は、1％程度にとどまる。これは、年金基金がこれらのアセットクラスについての知識がないことによるためであり、政府は、これら年金基金のインフラなどへの投資を促進するため、プラットホームを設立した。これがPIPである。10の年金基金が2012

年にコミットメントを行い、たとえば、最大20億ポンドまでは投資するという約定を行っている。PIP には、年金基金にもインフラ投資にも通じたアセットマネージャーがついており、いわば知見のセンターとなっている。PIP はファウンデーションであるが、インフラファンドと同様の機能を果たすことが期待されている。しかしながら、PIP は投資の基準を有しており、政府がこの案件に投資してほしいと言っても拒否することがある。また、インデックスにリンクしたリターンについては選好するが、建設リスクはとりたがらない。さらに、ある程度の規模の投資（30〜40億ポンド）を選好し、高リターンを求める。格付けがシングル A のものを求めることもある。イギリスのインフラ事業の規模は小さいこともあり、政府が PIP をインフラ投資に向かわせようとしても障害が多い。したがって PIP が活用された事例は未だない。評判もあまりよくないようである。

　2013年に入り、金融機関の長期の資金の貸し出しについての状況も好転しつつある。リーマン・ショック以降、ヨーロッパにおいては、邦銀が唯一、長期の貸し付けに応じてきたが、最近はドイツ、フランスの金融機関も参入してきているとのことである。また、イギリスにおいてモノライナーも 1 社設立され、PPP／PFI をめぐるヨーロッパにおける金融環境は少しずつではあるが好転しつつある。

［町田裕彦］

参考文献
HM Treasury（2010）Spending Review 2010.
――――（2010）National Infrastructure Plan 2010.
――――（2011）National Infrastructure Plan 2011.
――――（2012）National Infrastructure Plan update 2012.
――――（2012）A new approach to public private partnerships.
――――（2013）Investing in Britain's future.
――――（2013）National Infrastructure Plan 2013.

HMTreasury (2013) New PF2: Government sets out investment strategy for public infrastructure.
Labour's Policy Review (2013) The Armitt Review.
Partnerships UK (2009) Partnerships UK Statement on the Creation of Infrastructure UK.
内閣府 PFI 推進室 (2006)「平成17年度 PFI アニュアルレポート」。
野田由美子 (2003)『PFI の知識』日本経済新聞社。
町田裕彦 (2006)「最近の PPP／PFI の欧州事情について」『人と国土』21巻32号、国土交通省。
―――― (2009)『PPP の知識』日本経済新聞出版社。

第IV部

アジアの代表事例と実施スキーム

第9章

アジアのPPP／PFIの動向とその特徴

1 はじめに

　アジアでは、旺盛な運輸・交通インフラ投資需要を背景に、PPP案件が増加している。本章では、まず現況と今後の見通しを概観する。

　次に、運輸・交通セクターにおけるPPPのうち、日本企業にとって魅力の高いビジネス分野として、都市鉄道に着目する。その理由は、調達分野として、技術的難易度の高い分野や、機器EPC（Engineering-Procurement-Construction：設計・調達・施工）およびO&M（Operation & Maintenance：運営・維持管理）の分野など、幅広いバリエーションを兼ね備えるため、日本企業の参入チャンスが高いと考えるためである。とりわけ、日本企業にとって重要なマーケットと想定される東南アジアとインドにおける都市鉄道のPPPによる整備・運営事例を見ていく。

　しかしながら、本章で見るように、これまでアジアで実施されてきた都市鉄道PPPで、すべてのステークホルダーがハッピーとなった事例はなく、何らかの問題が発生している。本章では、これらの問題を分析し、今後のアジアでのPPPファイナンス／ガバナンスの課題をとりまとめる。

2 アジアの運輸・交通インフラ市場

　アジア開発銀行は、アジアにおける2010～2020年のインフラ投資需要が、

新規・更新を合わせて約8兆米ドルにのぼると予測している[1]。セクター別の内訳を見ると、エネルギー（電力）が最も大きな需要を占める。運輸はそれに次ぐ規模であり、新規で約1兆8,000億米ドル、更新で約7,000米億ドル、合計で約2兆5,000億米ドルの需要があるものと予測されている（図9–1）。

運輸セクターをさらに細かく見ると、道路が圧倒的に大きなシェアを占めており、新規と更新を合わせて約2兆3,000億米ドルである。次いで港湾が約760億米ドル、鉄道が約390億米ドル、空港が約110億米ドルである（表9–1）。

道路では盛土・舗装などの単純な土木・建設が主流であるため、コスト競争力の観点から地場企業の受注がきわめて有利であり、基本的に日本企業の参入は厳しい[2]。

これに対して、鉄道ではシールドトンネルなど、土木・建設の中でも相対的に技術的難易度の高い分野、あるいは鉄道車両や信号機器といった機器EPCの分野、そして日本国内での高密度運転や信頼性で実績を有するO&Mの分野を含んでいる。さらに、出資を伴う事業参画や、政府系金融機関および民間金融機関からの融資も期待されている。このように、鉄道は日本企業にとって有望なインフラ輸出分野である[3]。

さらに、鉄道では表9–1に示されているとおり、新規投資のみならず、更新投資のニーズも高い。電化や信号システムの改善、車両の置き換えなど、既存の老朽施設を改善して近代的な鉄道システムを導入したいとする新興国側のニーズは高い。

なお、空港分野でも、管制システムの供給や空港運営ノウハウの提供という観点から、鉄道と同様、日本企業が有利となる特徴が見出せる。

---

1) アジア開発銀行・アジア開発銀行研究所（2010）による。対象エリアには東アジア、東南アジア、南アジア、中央アジア、大洋州諸国を含む。
2) ただし道路セクターにおいても、長大橋などの技術的難易度の高い分野や、有料道路での料金収受にかかるETC（Electronic Toll Collection System）の分野などでは日本企業が活躍するチャンスがあると考えられる。
3) 世界全体における鉄道インフラ輸出のトレンドなどは、深山（2012a）参照。

図9–1 アジアのセクター別インフラ投資需要額（2010〜2020年）

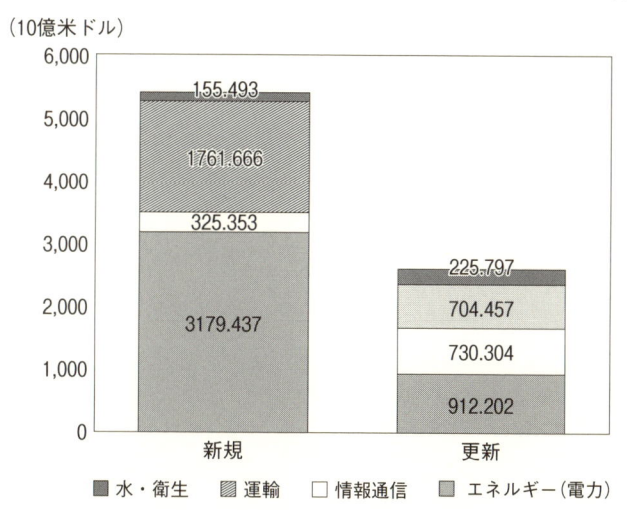

（10億米ドル）

新規：
- エネルギー（電力）：3179.437
- 情報通信：325.353
- 運輸：1761.666
- 水・衛生：155.493

更新：
- エネルギー（電力）：912.202
- 情報通信：730.304
- 運輸：704.457
- 水・衛生：225.797

出所：アジア開発銀行・アジア開発銀行研究所（2010）より筆者作成。

表9–1 アジアの運輸セクターにおけるインフラ投資需要額（2010〜2020年）

（100万米ドル）

	新規	更新	合計
空港	6,533	4,728	11,261
港湾	50,275	25,416	75,691
鉄道	2,692	35,947	38,639
道路	1,702,166	638,366	2,340,532
合計	1,761,666	704,457	2,466,123

出所：アジア開発銀行・アジア開発銀行研究所（2010）。

3 アジアの運輸・交通セクターにおけるインフラPPP

　次にアジアの運輸・交通セクターにおけるインフラPPPのこれまでの動向を見ていく。世界銀行のPPI（Private Participation in Infrastructure）データベースによると、東アジア・太平洋地域と南アジア地域におけるPPPによる運輸・交通案件の投資額実績の推移は図9–2に示すとおりである。

図9-2　東アジア・太平洋地域と南アジア地域におけるPPPによる
　　　　運輸・交通案件の投資額実績の推移（1990〜2012年）

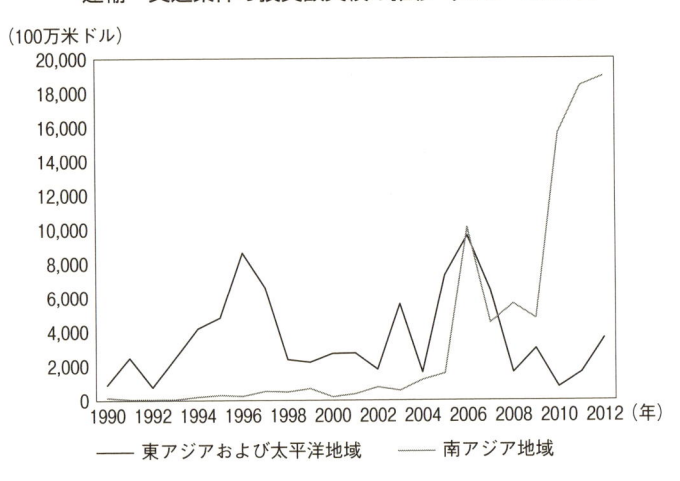

出所：世界銀行PPIデータベースより筆者作成。

　東アジアおよび太平洋地域では、中国や東南アジア諸国を中心に、1990年からPPPによる運輸・交通案件の投資額が増加し、1996年に約90億米ドルになったが、1997年に急落している。この急落は、アジア通貨危機の影響と考えられる。
　その後、投資額は回復したが、2006年に投資額が約100億米ドルとなった後、また急落している。2回目の急落の原因として考えられるのは、2007年のサブプライムローン問題や2008年のリーマン・ショックの影響による世界的な景気後退や財政問題の顕在化である。2011年以降は、投資額が回復しつつある。
　一方、南アジア地域では、2000年代から投資額が増加し、2006年に投資額が約100億米ドルとなった後に急落、その後、2010〜2012年にかけて投資額が急増し、180億米ドルを超えている。2007年の急落の原因はやはりサブプライムローン問題やリーマン・ショックの影響と考えられるが、その後の急増はインドにおける道路や鉄道セクターにおける案件増加による。
　ところで、アジアで1990年前後から、PPPによるインフラ事業がさかんに

実施されてきた背景として以下がある[4]。

- 旺盛なインフラ需要に財政資金だけでは対応できず、財政負担を軽減する意味でも民間資金を取り入れる必要があったこと。
- 民間企業が有する経営ノウハウや技術、あるいは市場の競争原理を活用したほうが、より良い事業運営が期待できること。
- 1997年に発生したアジア通貨・経済危機の際に、国際通貨基金、世界銀行、アジア開発銀行といった機関が、支援対象国に対して融資の見返りにインフラ市場の民間開放を強く求めたこと。
- 近年になりアジア主要国でPPPの制度的枠組みが整備されつつあること。

アジアにおけるPPPは、上記を背景に主に電力セクターにおいて先行的に実施された。次いで、運輸・交通セクターにおいても、フィリピン、マレーシア、タイ、中国およびインドなどにおいてPPP案件が増加していった。

4 運輸・交通セクターにおけるPPPのビジネスモデルと日本企業にとっての事業機会

先に述べたように、運輸・交通セクターのうちでも、特に鉄道や空港のPPPでは、土木・建設分野以外に機器EPCやO&M分野の調達が想定され、日本企業の事業機会として有望であると考えられる。

図9-3は、運輸・交通セクターにおけるPPPの事業モデルを示す。PPPでは、政府や公的機関との事業権協定などにより、SPC（Special Purpose Company：特別目的会社）が事業を請け負う。

まず、PPP事業の発注者としての政府・公的機関に対し、発注者支援を行うコンサルタントの役割が重要である。コンサルタントは、本節で示すよう

---

4) 加賀（2013）による。

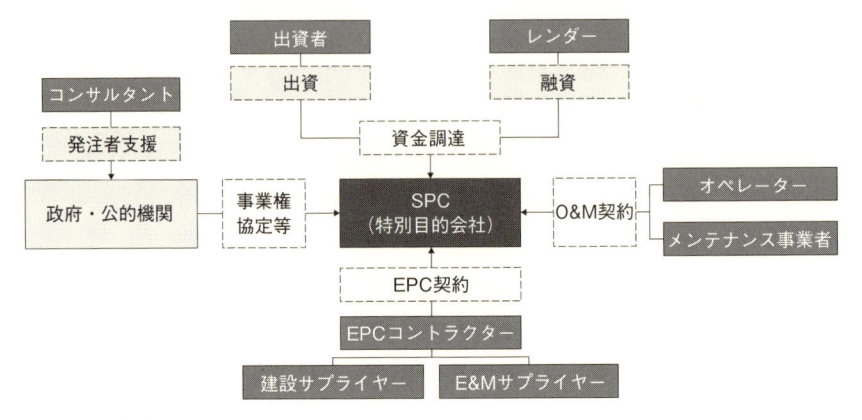

図 9-3　運輸・交通セクターにおける PPP の事業モデル

出所：筆者作成。

な事業スキームの提案や、入札図書や入札評価の作成支援を通じて、日本企業（グループ）の受注可能性に大きな影響を与えるからである。これまでコンサルタントは主に欧米系が担ってきたが、今後は日本のコンサルタントの活躍も期待される。

以下、SPC との契約関係を有するさまざまな主体について見ていく。まず、SPC との EPC 契約により、EPC コントラクターが建設や E&M（Electrical & Mechanical：電機・機械）の供給を行う。ただし鉄道では、PPP 事業の事業性を確保するため「上下分離」により土木構造物（下物）の建設が SPC の請負範囲から外され、政府・公的機関が直営で実施する場合もある[5]。

鉄道の場合、建設サプライヤーや E&M サプライヤーとして事業に参加する日本企業が多数存在する。このほか、鉄道は多くのサブシステムから構成されるため、サブシステムを統合するシステムインテグレーターの役割も重要である。鉄道の EPC では、日本企業は欧州企業（ビッグ3と呼ばれるアルストム、シーメンス、ボンバルディア）や中国企業、韓国企業との厳しい競争にさらされている。

---

5) 後述する事例4のソウル地下鉄9号線や、事例7のデリー空港線の例。

次にSPCとのO&M契約により、オペレーターとメンテナンス事業者がそれぞれ運営と、施設や車両などの維持管理を行う。ただし鉄道では運営を政府・公的機関が直営で行う場合もある[6]。鉄道の例では、日本企業が海外でメンテナンス事業を行ったケースとして、後の事例5で紹介するマニラMRT 3号線がある。他方、日本の鉄道事業者が、オペレーターとして海外で鉄道運営を行っている例は2013年10月時点ではまだ存在しない。ヨーロッパや香港の鉄道事業者は、自国外でオペレーターとして進出しており、日本の鉄道事業者の参画が期待されている[7]。

SPCの資金調達では、出資を行う投資家と融資を行うレンダーが存在する。このうち、出資者については、インフラファンドやEPCコントラクター、O&Mに参画するオペレーターやメンテナンス事業者が参加することが多い。これまでも、EPCコントラクターが事業出資に参加するケースがあったが、今後日本の鉄道事業者がO&Mに参画するとともに、出資者として事業に出資し、事業全体をコントロールすることによって、事業の実施可能性を高めることが期待される。

5　事例

前述のように、アジアでは1990年代からPPPを活用した運輸・交通インフラ整備が進展していた。中でも、都市圏における人口増加による交通ニーズの高まりや道路渋滞の解消という喫緊の政策課題が生じており、その解決策として都市鉄道の導入が多くの都市で進められた。

都市鉄道整備のための資金は、円借款などのODAでまかなわれるケースと、PPPでまかなわれるケースがある。ここでは、PPPによって都市鉄道が整備された事例として、ソウル地下鉄9号線（韓国）、マニラMRT 3号線（フィリピン）、クアラルンプールSTARなど（マレーシア）およびデリー空港線（インド）の例を取り上げる[8]。

---

6) 事例5のマニラMRT 3号線の例。
7) 柴山（2013）参照。

(1) 事例の比較

4事例について、開業年、路線延長、PPPの形態、事業期間、投資額、財源構成、需要リスクヘッジ、および事業の出口（契約解消などの契約動向や株主の移転など）を整理して比較した（表9-2）。

PPPの形態としては、ソウル地下鉄9号線がBTO（Build-Transfer-Operate）、マニラMRT3号線がBLT（Build-Lease-Transfer）、クアラルンプールSTARがBOO（Build-Own-Operate）、デリー空港線がBOT（Build-Operate-Transfer）と、多様な形態が採用されている。一般的にはBOTがPPPにおける典型的な手法であるが、各国の事情が反映されてさまざまな方法が用いられている。たとえば、韓国では補助金が投入される事業は公的所有を前提とすることからBTOが採用されている。

事業期間は25～30年が中心である。クアラルンプールSTARのみ60年であったが、実際は開業から6年後の2002年に契約がキャンセルされている。

4事例の投資額は7億～16億ドルである。財源構成は、事例によって異なる。ソウル地下鉄9号線とデリー空港線は、いずれも上下分離方式が採用されていて政府負担が相対的に大きく、それぞれ80％と50％である。マニラMRT3号線は建設当初の政府負担は0％だが、リース料として事後的に政府が100％負担している。クアラルンプールSTARでは、政府は10％の財政負担と20％の低利融資を負担していた。

次に、リスクのうち政府側と民間側の分担で鍵となる需要リスクに着目して比較する。各事例で需要リスクの官民シェアの仕組みが異なる。ソウル地下鉄9号線では政府による最低収入保証の仕組みがある。マニラMRT3号線では、BLTにより政府側がリース料を支払うので需要リスクは100％政府側にある。クアラルンプールSTARでは、政府側が補助金により収入不足の一部を補填する仕組みである。デリー空港線ではVGF（Viability Gap Funding）により、需要リスクの一部を政府側が負担している。

事業の出口としては、ソウル地下鉄9号線では、財務的に順調であったが、

---

8) 事例の詳細は、後出「事例4～7」として掲載している。なお、ここでは取り上げなかった都市のうち、バンコク（タイ）のBTSやメトロもPPPによる都市鉄道整備事例として有力である。

表9-2 アジアの都市鉄道PPP事例の比較

国	韓国	フィリピン	マレーシア	インド
都市	ソウル	マニラ	クアラルンプール	デリー
路線	地下鉄9号線	MRT3号線	STAR	空港線
開業年	2009	2000	1996	2011
路線延長	26km	17km	27km	19km
PPPの形態	BTO(上下分離)	BLT	BOO	BOT(上下分離)
事業期間	30年	25年	60年	30年
投資額（10億米ドル）	1.6	0.7	0.9	1.2
財源構成				
・政府	80%[*]	0%[**]	10%	50%[****]
・株式	7%	28%	10%	15%
・負債	13%	72%	80%[***]	35%
需要リスクヘッジ	最低収入保証	リースにより政府負担	補助金による一部補填	VGFによる補填
事業の出口	主株主が撤退	政府系金融機関に譲渡	契約解除、政府が引継ぎ	契約解除、公社が引継ぎ

注：[*]土木構造物（下物）1兆5,660億ウォンは100％政府が負担したほか、車両・システム・軌道など（上物）8,500億ウォンのうち3,560億ウォン（32％）が補助金。
　　[**]リース料として政府が事後的に100％負担。
　　[***]政府による低利貸付20％含む。
　　[****]土木構造物（下物）相当は政府負担（空港事業者からの補助金および中央政府出資）。
出所：各種情報より筆者作成。

運賃値上げに伴う政治問題化を経て、主要株主のマッコーリーが撤退した。マニラMRT3号線では、当初の民間株主から政府系金融機関に過半の株式が譲渡されている。クアラルンプールSTARでは経営不振によりBOO契約が解除され、政府が事業や債務を承継している。デリー空港線では、土木構造物（下物）にかかる瑕疵が顕在化し、列車が長期間運休したことを経て、車両・システム（上物）を運営していた民間側が契約を解除し、下物を管理していた公社が運営を引き継いでいる。

(2) 示唆

4事例から得られる示唆は以下のとおりである。

① 政府と民間の財政負担

PPPには政府側の財政面の厳しさに対し、民間資金を活用することで、より早く多くの事業を実現させようとする目的がある。この点はいずれの事例でも実現した効果であると言える。

ただし、実質的には政府が多く財政負担している。ソウル地下鉄9号線のケースでは、上下分離により80％を政府が負担している。政府負担率を日本のケースと比べると、たとえば日本の地下鉄補助の政府負担率は50％となっている。これに比べると、ソウルのケースは相対的に高い水準であると言える。マニラMRT3号線では、当初の投資は民間資金によっているが、事後的にはリース料を支払うことによって政府がすべての事業費、金利、配当などを負担していることになる。クアラルンプールSTARでは、当初の政府負担割合は10％と低めであったが、事後的には契約がキャンセルされ、事業と債務が政府に承継された結果、結局すべて政府負担となった。

都市鉄道事業では、投資規模が大きく、また運賃が低めに設定されがちであることを考えると、政府の財政負担は一定程度必要である。この手当てを事前段階で明示的に行っておくことが、PPPの制度設計において重要である。

② 需要リスクのシェア

いずれのケースでも政府側によって需要リスクは一定程度負担される仕組みとなっている。ただしその程度には差異がある。マニラMRT3号線の仕組みでは需要リスクは100％政府側が負っている。ソウル地下鉄9号線の例では最低収入保証により保証額を限度として政府が需要リスクを負っている。クアラルンプールSTARの例では補助金額が設定されており、その金額が政府のリスク負担に相当する。デリー空港線ではVGF相当が政府の需要リスク負担と言えるが、入札で最低のVGFを提案した事業者が落札するので需要リスクはより民間側にある。

需要リスクが回避できる、あるいは事前に需要リスクの範囲が明示される方法が、民間側にとっては魅力的であり、リース料方式や最低収入保証の仕組みがその点からは優れていると考えられる。ただし、政府負担が大きくなることに対して、事業開始後に議会やマスコミの批判を受けるケースが多い。このため、需要リスクの官民シェアについて政府側と民間側での事前合意と、政府側のコミットが担保される制度設計が必要である。

③ 政府側意図と民間側のインセンティブ

政府側のPPPの導入意図にはさまざまなものがあると考えられるが、特徴的な例としてソウル地下鉄9号線においては、既存の地下鉄公社の経営の非効率性に対抗する意味合いがあった。ソウル地下鉄9号線の事業権入札において民間側はさまざまな事業効率化策を提案し、それによるバリュー・フォー・マネー（VFM）が実現したと言える。

国内に都市鉄道に関する技術が確立されていない場合、PPPにより運営・維持管理も含めて外国の技術を導入する意図がある場合もある。たとえばマニラMRT3号線では、サブコントラクターに日本のインテグレーターが入ることにより、EPCにおけるインテグレーションや維持管理など、フィリピンにこれまで存在しなかった都市鉄道の技術導入が図られた。

PPPでは駅周辺開発権をセットにすることで、鉄道以外の収入を確保し、事業費の一部をまかなうことが意図される場合がある。マニラMRT3号線ではBLT契約に駅周辺開発権が付帯されていた。駅周辺で商業開発が行われるのは鉄道利用者の目的地の形成としても有効であるうえ、民間側に不動産事業者が参画するインセンティブを持つ。ただし、不動産事業からの収益を過度に期待することには注意が必要である。鉄道需要と不動産事業の需要は相乗することが想定され、両者の需要が伸びるケースは好ましいが、両者の需要が相乗して低迷するリスクも想定されるからである。

このように、PPPを導入しようとする政府側の多様な政策意図に対して、民間側が応じられるインセンティブ設計が必要である。

(3) 今後の課題

PPPでは、基本的により少ない政府の財政負担のもと、インフラを整備運営することが目的とされる。しかし、本章で紹介したアジアの都市鉄道PPPの事例で見たとおり、結局は短い期間で契約解除となり、その結果、政府や政府系機関が事業を引き継ぐことになって、事後的に大きな政府財政負担が生じているケースが多い。

今後の運輸・交通分野でのPPPの制度設計では、過去事例の蓄積をもとに、政府側と民間側の財政負担とリスク負担の上手なバランスにより、経済的で持続可能性の高い事業を実施することが必要である。そのためには、たとえば以下のようなファイナンス／ガバナンスに関わる課題に各ステークホルダーが取り組むことが必要と考えられる。

〈現地政府〉
- 事前段階での一定規模の財政手当て（上下分離やVGF）
- 運賃収入を担保する仕組みの確立（収入保証や運賃認可ルールの明確化）
- 提供されるサービスレベルに応じた対価を支払うアベイラビリティ・ペイメントの検討

〈民間〉
- 現地企業との提携によるリスクヘッジとコストダウン
- オペレーター事業への参画（既存オペレーターのM&Aも含む）
- 事業への出資を含む事業全体のコントロール

〈日本政府（政府系実施機関含む)〉
- サブソブリンローンにより地方政府が実施するPPP事業を直接支援
- 現地通貨建て借款による為替リスク回避
- 現地政府のPPPにおける発注者能力向上支援
- 貿易保険の適用拡大による契約条件変更リスクヘッジへの寄与

◇アジアにおける PPP／PFI の事例

事例 4　ソウル地下鉄 9 号線

1　PPP 導入背景

(1) 韓国の PPP[9]

　韓国では1997年のアジア通貨危機により外貨保有が底をつき、大量倒産や財閥の解体、そして失業の発生と、経済状況が大幅に悪化した。その結果、IMF の緊急支援を受けるに至り、その後の経済の回復の過程において政府の財源が不足する中、道路・鉄道・港湾といったインフラを整備する必要性が生じた。このため、韓国では1994年に PPI 法（Promotion of Private Capital in Social Overhead Capital Investment Act）を制定、その後見直しを行って1999年に新 PPI 法（The Act on Private Participation in Infrastructure）が制定されている。このように韓国では PPP の仕組みを PPI と称するが、ここでは PPP と言う。

　韓国の PPP では、BTO（Build-Transfer-Operate）および BTL（Build-Transfer-Lease）の 2 つの方式が適用されてきた。

　まず、BTO は民間が資金調達をして施設を建設（Build）した後、所有権を公共主体に移転（Transfer）し、施設の使用権を得て民間が運営（Operate）する仕組みである。運営期間中の料金で投資費用を回収する。イギリスや他のアジア諸国などでは BOT（Build-Operate-Transfer）が主流で、民間が資金調達をして施設を建設（Build）し、運営（Operate）する。料金などで投資費用を回収した後、公共に所有権を移転（Transfer）する。これに対して韓国では、公共主体が補助金を払う場合には公共主体が所有するべきという考えがあり、また公共主体が所有すると固定資産税が課税されないことなどの理由により BTO が導入されている。

　韓国の BTO の事例には有料道路、港湾、都市鉄道などが該当し、民間が

---

9)　韓国開発研究院公共投資管理センター（PIMAC）へのインタビューによる。

利用者から徴収する料金により運営する。韓国のBTOの種類には、公共発案プロジェクトおよび民間発案プロジェクトがある。

次にBTLでは民間が資金調達をして施設を建設（Build）した後、所有権を公共主体に移転（Transfer）し、民間がリースを受けたうえ（Lease）、政府から運営費を受領する。利用料金では投資費用を回収できないプロジェクトに適用され、具体的には学校、公営住宅、都市間鉄道などが対象となる。

(2) ソウル市の交通計画

ソウル市では、元大統領のイ・ミョンバクが市長を務めていた時代に、「大衆交通」と呼ばれる公共交通の整備・再編を重要な市政の1つに位置づけ、地下鉄やBRT（Bus Rapid Transit）の整備に取り組んできた。この政策目的を実現するため、ソウル市東西を結ぶ地下鉄9号線の整備が課題となっていた。

ソウル市の地下鉄は従前、市が100％出資する2つの公社により運営されており、経営は非効率的でその債務が大きく、新たな政府支出により新線整備を行うことは不可能であった。しかし、PPPの適用により地下鉄9号線の整備が可能となった。さらにPPPの仕組みによって、新規参入事業者のコスト削減努力や創意工夫から生じるバリュー・フォー・マネーの効果が期待された。

2　事業スキーム[10]

ソウル地下鉄9号線の事業スキーム（運営開始当初のスキーム）は以下のとおりである。

> ・実施主体：ソウル市
> ・PPPの方式：BTO（Build-Transfer-Operate）。ただし土木部分はソウル市

---

10)　横田・梶谷（2011）による。

が整備。
- 事業期間：30年間
- メインコントラクター：ソウルメトロ9（出資者：現物出資8社51％（現代ロテム、建設会社など）、資金出資6社49％（マッコーリー・コリア・インフラストラクチャー・ファンド、シンハン銀行など））
- サブコントラクター：10年間の運行委託先としてソウル9（出資者：ベオリア・トランスポート・コリア80％、現代ロテム20％）および7年間の車両保守委託先としてメイントランス（出資者：現代ロテム80％、ベオリア・トランスポート・コリア20％）

　ソウル地下鉄9号線では、いわゆる上下分離が導入されている。すなわち、土木部分はソウル市が整備しており、ソウルメトロ9は30年間にわたる地下鉄の運営権を付与（無償使用）される代わりに、建設した上部施設の所有権をソウル市に移転する。

　さらに、ソウル地下鉄9号線では事業者の収入変動リスクを政府が一部負担する仕組みとして最低収入保証が導入されている。30年間の契約期間のうち、15年間最低収入保証が適用される。最低収入保証により、損益分岐点収入に対し、最初の5年間は90％まで収入保証されることとなっている。

　メインコントラクターのソウルメトロ9の出資者としては、現物出資を行った鉄道車両メーカーの現代ロテムおよび建設会社など、そして資金出資を行ったインフラファンドのマッコーリー・コリア・インフラストラクチャー・ファンドおよび韓国の金融機関のシンハン銀行などがある。

　ソウルメトロ9のサブコントラクターとしては、10年間の運行委託先であるソウル9と、7年間の車両保守委託先であるメイントランスがある。これらのサブコントラクターの出資者は、グローバル交通運営企業ベオリア・トランスポートの韓国法人であるベオリア・トランスポート・コリアおよび鉄道車両メーカーの現代ロテムである。

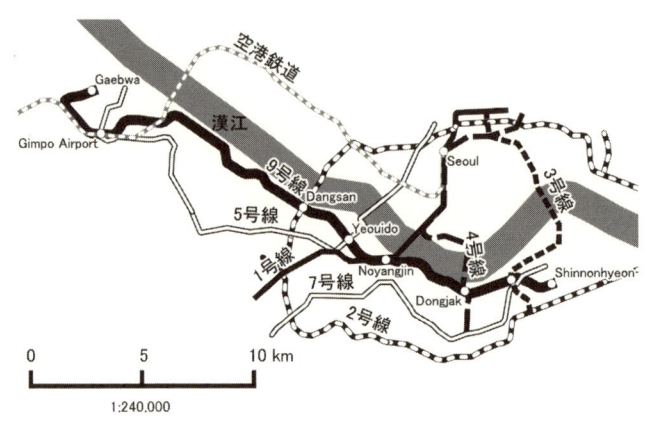

図9-4　ソウル市の都市鉄道路線図

出所：Open Street Map、Natural Earth より筆者作成。

3　事業の状況

(1) ソウル市のメトロ

　ソウル市のメトロは、1974年に1号線が開業している。それ以来、第1期の路線として、ソウルメトロ（公社）によって1～4号線が運営されている。その後、第2期の路線として、1996年に5号線が開業し、ソウル特別市都市鉄道公社によって5～8号線が運営されている。ソウルメトロ9が運営する9号線は、2009年7月に開業している。このように、ソウル市のメトロは3つの運営主体により9路線が運営されている。なお1号線や3号線など、韓国鉄道公社（KORAIL）と相互直通運転している路線もある。

(2) 地下鉄9号線の整備

　地下鉄9号線はソウル市内の漢江南部を東西に連結する路線として計画され、2009年7月に第1期開業した。第2期は2013年開業、第3期は2015年開業予定である。第1期の路線延長は約26km、駅数25、車両基地1カ所となっている。地下鉄9号線は韓国の地下鉄における初のBTO方式での整備案件

であった[11]。

　地下鉄9号線では、最新の鉄道技術が取り入れられている。運行はATO（列車自動運転）によっており、日本のJRや私鉄で見られるような追い抜き設備を持ち、急行運転も実施されており、ホームにはホームドアが導入されている。

　ソウル市の地下鉄では、従来の公社経営における高い人件費や生産性の低さが課題となっていたが、地下鉄9号線においては新たな運行主体（フランスのグローバル交通運営企業のベオリア・トランスポートおよび韓国車両メーカーの現代ロテム）が参入することによって生産性向上を図った。入札では香港MTRのグループとの競争となったが、駅周辺開発を主眼とした香港MTRより、鉄道事業自体の運営効率性を追求する提案を行った当該グループが評価されたとされる[12]。

(3) 地下鉄9号線の運営

　開業以来財務的には順調に推移しており、配当も行っていた。マッコーリー・コリア・インフラストラクチャー・ファンド（MKIF）のポートフォリオに道路など他のインフラ案件とともに組み込まれ、同ファンドのアニュアルレポートには、順調な運用成績であることが示されている[13]。

　この背景として、9号線の需要予測は全体の量としてはほぼ正確であったことが挙げられる[14]。需要予測精度が高かった理由は、すでに開業していた地下鉄1～8号線の実績（転換率など）を活用できたことであるとされる。ただし乗り継ぎ旅客数は予測より少なく、収入は想定を下回った。

　地下鉄9号線では、当初既存の地下鉄よりも高い独自の運賃体系を導入する計画であったが、実際は既存路線とのバランスを考慮して同運賃体系となった。ちなみに、ソウル市内では複数の鉄道間とバスとの間で通算運賃制が

---

11) ソウルメトロ9の資料による。
12) 元ベオリア・トランスポート・コリア社長のキム氏の講演による。
13) Macquarie Korea Infrastructure Fund 開示情報による。
14) 韓国交通研究院（KOTI）へのインタビューによる。

導入されている。当初計画との差額分は協定に従い市が負担している。これは最低収入保証による仕組みであるが、市の負担増に対する市民からの批判が生じやすく、事業者による値上げが伝えられると政治的な問題となった。

　2012年4月、9号線が6月から料金を500ウォン値上げ（初乗り1,550ウォン）することをホームページ上で発表したことをきっかけに、マッコーリーやシンハン銀行などの出資に対する配当が高すぎるのではないかとの批判がマスコミで報じられた。とりわけ当時市長のイ・ミョンバク大統領の甥がマッコーリー・コリアの代表であったことが、疑惑を深める要因となった。このことから、ソウル市議会により関係者の参考人招致がなされることとなった[15]。

　このような政治問題化を経て、2013年10月、マッコーリーは地下鉄9号線事業から完全に撤退することとなった[16]。株式の売却先は、新韓BNPパリバ社と韓花資産運用の2社になるとされている。今後はソウル市が運賃決定権を持つこととし、最低収入保証ではなく、運営事業費に対して固定収益率で収入を保証する方式を採用すると報道されている[17]。

　このように、ソウル地下鉄9号線は、2009年7月の開業から4年後に、運賃値上げに起因する政治問題化も背景に、主たる株主であるマッコーリーが事業から撤退する結果となった。ソウル地下鉄9号線のPPPスキームは、上下分離や最低収入保証により、民間投資家の立場からは収益確保やリスク管理がしやすいスキームとして評価されていた。その一方、運賃値上げを発端とした政治問題化により、契約の前提が変わることとなり、民間投資家の立場からは、長期的な鉄道PPPへの投資の困難性を示す事例となった。

---

15) 『アジア経済新聞』2013年6月14日。
16) 『アジア経済新聞』2013年10月1日。
17) 『マーケットインサイト』2013年8月29日。

事例5　マニラMRT3号線

1　PPP導入背景

(1)　フィリピンのPPP

　フィリピンのPPPの歴史は古い。1977年からフランチャイズにより国有会社が高速道路などの建設・運営・維持管理を行っていたが、1990年代にはそのような国有会社と民間事業者が共同出資してジョイントベンチャーを設立している。さらに、1990年にはアジアで最も早くBOT法が成立し、高速道路、都市鉄道、空港、水道、電力などの各セクターのインフラ整備に活用された。

　もともとフィリピンのBOT法は、電力危機と政府の財政難を背景に制定されたものである。BOT法は1990年に制定され、1994年に改正されている。BOT法は、PPPスキームの種類、事業者の国籍の制限、PPP事業の認可プロセス、民間発案方式（Unsolicited Proposal）および政府発案方式（Solicited Proposal）、政府保証および支援などについて規定している。BOT法の適用方法の詳細は、同法の実施細則である施行令・規則（Implementing Rules and Regulations: IRR）に記載されている[18]。

　都市鉄道については、1990年に旧BOT法が議会で可決されたのとほぼ時期を同じくして、MRT3号線の整備が政府発案方式として提案されている。そして、1991年にMRT3号線に関する契約が、政府とコントラクターとの間で締結された。その後、1994年にBOT法と施行令・規則の改正があり、これらもMRT3号線の事業スキームに反映されている。

(2)　マニラの交通計画

　マニラには第2次世界大戦前に路面電車が存在していたが、戦後はバスや、アメリカ軍のジープから作られたジープニーと呼ばれるパラトランジットが

---

[18]　国際協力機構（2012）による。

公共輸送機関として活用されていた。1970年代、モータリゼーションが進展し、マニラ首都圏では主要な道路の交通混雑が悪化した。フィリピン政府は、マニラ首都圏における都市交通システムのあり方について、JICAや世界銀行などとともに調査研究を行い、Light Rail Transit（LRT）1号線の整備が提案された。

LRT 1号線はマニラ首都圏の西側を南北につなぐ都市鉄道であり、1985年に開業している。LRT 1号線は公的機関であるLRTA（Light Rail Transit Authority）が運営していた。なおLRT 1号線では、ベルギーのODAにより初期の整備が行われ、その後、日本の円借款を用いて輸送力増強が実施された。

さらに、マニラ首都圏の東側において複数のビジネスセンターを南北につなぐEDSA（Epifanio de los Santos Avenue）と呼ばれる幹線道路の渋滞解消が課題となっていた。このため、当該道路上にPPPにより都市鉄道MRT 3号線を整備する計画が検討されることとなった。MRT 3号線の事業スキームおよび運営状況については後述する。また、マニラ首都圏の東西を結ぶLRT 2号線は円借款を用いて整備された。

その他、2013年10月現在、LRT 1号線の南延伸、LRT 2号線の東および西延伸、およびマニラ首都圏北部を運行するMRT 7号線などが計画されている。このうち、MRT 7号線はケソン市のノースアベニュー駅において、LRT 1号線とMRT 3号線に結節する計画であり、さらに北部の路線沿線では、鉄道建設と不動産開発を複合的にPPPにより行うこととなっている。ちなみに、MRT 7号線の事業スキームはBGTOM方式（Build-Gradual Transfer-Operate-Maintain）である。

2　事業スキーム[19]

マニラMRT 3号線の事業スキーム（運営開始当初のスキーム）は以下のとおりである。

19）　国際協力銀行マニラ駐在員事務所（2012）をもとに、現地情報などから加筆した。

- 実施主体：交通通信省（DOTC）
- PPPの方式：BLT（Build-Lease-Transfer）
- 事業期間：25年間
- メインコントラクター：MRTC（Metro Rail Transit Corporation）（出資者：大手財閥アヤラ、不動産デベロッパーFil-Estateなど）
- サブコントラクター：ターンキー契約による都市交通システム一式の建設およびメンテナンスの実施（住友商事が三菱重工をパートナーとして受注）

　マニラMRT 3号線ではBLTが採用された。メインコントラクターのMRTCの株主はアヤラなど、地元の大手財閥や不動産デベロッパーであったが、その後株式が売却され、フィリピン開発銀行（DBP）およびフィリピン土地銀行（LBP）が主要株主となっている。当該プロジェクトに資金を提供した銀行は、フィリピン外貨建て預金ユニット（Philippine Foreign Currency Deposit Unit: FCDU）、日本輸出入銀行（EXIM）、チェコ共和国郵政銀行およびチェコ輸出信用局（Czech Export Credit Agency: ECA）、並びに諸地方銀行である。

　DOTCは、MRT 3号線プロジェクトの請負主体であるMRTCとのリース契約に基づき、資産のリース料をMRTCに、メンテナンス費用をMRTC経由で住友商事・三菱重工に支払っていた。DOTCはMRT 3号線の運行責任者として、列車の運行、運賃徴収などを担当している。

　一般的にPPPでは、需要リスクの負担者が誰となるのかが重要であるが、MRT 3号線では政府が100％の需要リスクを負っていることになる。収入はDOTCに入り、そこから定額のリース料がMRTCに支払われるためである。

　なお、建設期間中は、DOTCはプロジェクト実施上の技術面を監督した。さらに、プロジェクトに関係する用地買収、路上生活者の移転、電気・水道など公共インフラの移設を担当した。

　メインコントラクターのMRTCは、設計、施工、鉄道システム保守、プロジェクト資金調達・運用、および駅周辺の商業開発を行っている。MRTC

は住友商事との間に、定額ターンキーEPC および保守契約を締結した。住友商事のもと、三菱重工が EPC 調達の総括を担当し、三菱重工は EEI Corporation に土木工事を、CKD Dovravni System（チェコ）に鉄道車両を発注した。さらに三菱重工の子会社 TES フィリピンがメンテナンス全般を担当していた。

3　事業の状況[20]

(1) マニラの都市鉄道

　すでに述べたように、マニラ首都圏には LRT 1 号線、LRT 2 号線、および MRT 3 号線の 3 路線が運営されている。このように、都市鉄道の呼び方を 1 号線と 2 号線は LRT、3 号線を MRT と言っている。3 路線とも全線高架軌道、軌間は標準軌で一緒だが、導入されている車両に着目すると、じつは 1 号線と 3 号線が路面電車仕様の LRT で、2 号線が通勤電車仕様の MRT である。1 号線と 2 号線が LRT と呼ばれている理由は、運営事業者が国の機関である Light Rail Transit Authority（LRTA）であるからで、一方 3 号線については、PPP により民間の事業者 Metro Rail Transit Corporation（MRTC）が運行を行っていることから MRT と呼ばれているようである。

　2012年時点で、1 日100万人以上の旅客がこれらの 3 路線を利用している。路線延長は 1 号線が20km、2 号線が14km、3 号線が17kmである。開業年次は、1 号線が1985年、2 号線が2004年、3 号線が2000年であった。マニラ首都圏は、複数の中心市街地を含む、世界で最も人口密度の高い都市圏の 1 つである。中心市街地としてはマカティ、オルティガス、ケソンシティ、カローカン、パサイ、パシッグが挙げられ、ちょうど東京に、丸の内、銀座、新宿、渋谷、池袋などの中心市街地が存在するのと似ている。また、マニラ首都圏においては、各中心市街地の人口密度は年々高くなっている。これらの条件は都市鉄道整備や運営において有利である。

---

20) 深山（2012b）による。

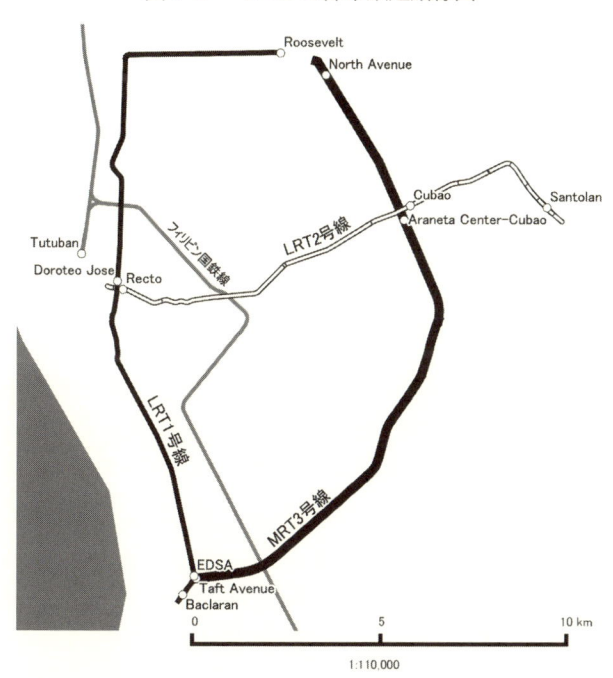

図 9–5　マニラの都市鉄道路線図

出所：Open Street Map、Natural Earth より筆者作成。

(2) MRT 3 号線の運営

　MRT 3 号線の利用者数は継続的に上昇しており、2011年には 1 日44万人が利用している。MRT 3 号線は高架軌道であるが、車両は小型の LRT タイプのものが使用されている。通勤時間帯における激しい車内混雑が問題で、輸送力増強が課題になっている。また出改札機器も老朽化しており、その更新も課題となっている。

　MRT 3 号線の運賃水準は、投資や運営コストを埋め合わせるには低いと考えられる。他の交通モードとの比較では、MRT 3 号線の平均運賃は12.30ペソであるのに対して、ジープニーは12.05ペソ、エアコンなしバスは15.68ペソ、エアコンつきバスは18.94ペソである[21]。すなわち、鉄道運賃はバス

およびジープニーの運賃水準の中間に設定されている。人件費が安いフィリピンでは、バスよりも鉄道のほうが投資や運営コストが高いと考えられるが、運賃はバスよりも鉄道のほうが安くなっている。さらに、一般物価の上昇率よりも、運賃の上昇率は低くなっている。

　MRT 3 号線では、運賃収入は DOTC が徴収してリース料を民間側に払う仕組みとなっているため、収入が不足する分は政府の財源により負担していることになる。このような背景から、政府は運賃値上げを表明したが、議会やマスコミでの批判の対象となった。

　ところで、これまでフィリピンにおいては都市鉄道における PPP プロジェクトは基本的に民間発案であった。MRT 3 号線は、初期段階においては民間発案であり、2013年時点で計画段階の MRT 7 号線も同様に民間発案である。フィリピンの場合とは対照的に、世界のほとんどすべての都市においては、都市鉄道は公共セクターによる整備・運営であり PPP 方式により整備される場合も公共発案が基本である。フィリピンの場合は、民間セクターの持つ強い政治力によって、都市鉄道における PPP プロジェクトから、民間側に大きな利益がもたらされてきたと考えられる。

　前述のように、MRT 3 号線では開業以来、三菱重工の子会社 TES フィリピンがメンテナンス全般を担当していた。しかし、2000年の開業から10年間のメンテナンス契約期間を経て、その後の契約更新をしていたが、2013年には同社との契約が打ち切られ、地場企業がメンテナンスを請け負っている。

　マニラ MRT 3 号線は BLT スキームの適用により、需要リスクは政府側が負っており、民間側では事業を請け負った SPC から、定額ターンキー契約により、EPC およびメンテナンスを日系企業が受託した先駆的事例であった。しかし、最近になって日系企業とのメンテナンス契約は終了し、地場企業がメンテナンスを担っている。

21）交通通信省（DOTC）資料による。

事例6　クアラルンプール STAR など[22]

1　PPP 導入背景

(1) マレーシアの PPP

　マレーシアでは、民間資金を用いた社会資本建設は第6次開発計画（1991～1995年）によって始められた。道路・鉄道部門への適用がまず進められ、港湾、水道、電力部門へも適用されている[23]。

　マレーシアのインフラ事業では、債券による資金調達が実施される場合が多い。インフラ事業での負債／資本比（Debt/Equity ratio）は、政府が支援している事業では90/10も可能とされ、負債が相対的に大きい傾向がある。マレーシアでは債券市場が発達しており、高い格付けが得られれば、低利でのインフラ事業への資金調達も可能である。借入と比べて債券を利用することが多い理由として、返済期間の違いがある。借入は返済期間が短く、5～10年であるのに対して、債券の場合は15～20年も可能とされる[24]。

　1997年のアジア通貨危機後、借入金利が大幅に上昇したこともあり、規模が大きく回収期間が長いインフラ事業には債券発行が最適と考えられている。典型的なインフラ事業として発電事業や高速道路事業があり、南北高速道路では歴代最大規模の債券が発行された。

(2) クアラルンプールの都市鉄道整備

　クアラルンプール市内には、LRT（Light Rail Transit）が2路線とモノレールが1路線整備されている。ここで言うLRTは路面を走行するトラムではなく、車体サイズが小型の都市鉄道を指す。

　LRTの運行開始は1996年で、同年、STAR（Sistem Transit Aliran Ringan Sdn

---

22)　クアラルンプールでは、最初に開業した STAR に加えて PUTRA および KL モノレールの3路線を事例分析の対象とする。
23)　花岡（2009）による。
24)　現地金融機関へのインタビューによる。

Bhd) のフェーズ 1、延長12kmの路線が開業している。1998年には STAR のフェーズ 2、延長15kmが開業した。

2番目の路線は PUTRA (Projek Usahasama Transit Ringan Automatik) により、1998年に開業した。当該路線はリニア駆動方式であり、総延長29kmと無人運転では世界最大級の LRT である。これら 2 路線は、1998年のコモンウェルスゲーム（イギリス連邦に属する国などの競技大会）に間に合わせるために建設が急がれた経緯がある。

さらに、2003年にはモノレールが開業している。モノレールは KLMS (KL Monorail System) が事業者であった。

LRT の 2 路線およびモノレールは、PPP により民間資金とノウハウを活用して整備されたが、アジア通貨危機を背景に経営破綻し、政府系会社が資産と運営を承継している。政府資金が潤沢でない中、民間資金を活用して早期に都市内公共交通を実現できたメリットはある反面、民間経営は破綻し、結局のところ公的資金によって元本や金利の返済が行われている。経営破綻とその後の状況は、「3 事業の状況」で述べる。

2 事業スキーム[25]

(1) STAR の事業スキーム

最初に整備された STAR の事業スキームは以下のとおりである。

・実施主体：政府
・PPP の方式：BOO (Build-Own-Operate)
・事業期間：60年間
・メインコントラクター：STAR

---

25) 花岡（2009）をもとに、現地情報などから加筆した。

BOO方式が採用され、60年後に所有権など契約内容を見直すこととなっていた。マレーシア政府は、契約に際して、鉄道運賃を適正に安く抑えるための管理制度を設定し、毎年見直すこととしていた。STARに対しては、認可時に、一定水準の利益を約束しており、運賃がその水準に達しない場合には、政府が補助金を支給することとなっていた。

財源の構成について、政府、株式、負債の割合は、それぞれ10%、10%、80%で、相対的に負債の割合が多い。ただしこの負債には政府による低利貸付20%が含まれている。

1992年にSTARのフェーズ1のコンセッション契約、1995年にはフェーズ2のコンセッション契約が締結された。1996年にはフェーズ1の運用開始（12km）、1998年にはフェーズ2の運用が開始（15km）された。

(2) PUTRAの事業スキーム

2路線目のPUTRAの事業スキームは以下のとおりである。

・実施主体：政府
・PPPの方式：BOT（Build-Own-Transfer）
・事業期間：60年間
・メインコントラクター：PUTRA

事業形態はBOTで、コンセッション期間は60年間、30年後に契約を見直すこととされていた。建設費（15億USドル）のうち、25.6%が政府の低利貸付、20.4%が民間株式、54%が国内資本であった。

マレーシア資本のレノン（Renong Bhd）が土木部分を建設し、E&M（電機・機械）と運行はカナダのボンバルディアがターンキーで請け負った。また、現代／間組の共同企業体がトンネルを建設した。1995年にコンセッション契約、1998年にフェーズ1が運用開始、1999年にフェーズ2が運用開始された。

(3) KL モノレールの事業スキーム

2003年に開業した KL Monorail の事業スキームは以下のとおりである。

・実施主体：政府

・PPP の方式：BOT（Build-Own-Transfer）

・事業期間：40年間

・メインコントラクター：KL Monorail System

1997年の時点では、日本の日立と16kmのモノレール建設のコンセッション契約が成立し、建設も開始されていた。ところがアジア通貨危機の影響を受け、1998年には建設が中断された。プロジェクトの内容が再検討され、新しいコンセッション契約がKLMS（KL Monorail System）との間に成立し、路線延長は8.6kmに変更された。

3　事業の状況

(1) クアラルンプールの都市鉄道

前述のように、LRT の運行開始は1996年で、当初は STAR および PUTRA の 2 社による運行であった。しかし1997年アジア通貨危機を経て経営難となり、両社の所有権は2004年に100％政府出資会社で鉄道施設を保有するプラサラナ（Prasarana: Syarikat Prasarana Negara Berhad）に譲渡された。STAR について、負債額は16.1億 US ドルにのぼり、プラサラナが16.9億 US ドルの公債を発行して引き取った。

その後、2005年に政府出資の鉄道事業者ラピド KL（Rapid KL）がオペレーターとして設立された。プラサラナは資産保有者となり、STAR はアンパン（Ampang）線、PUTRA はクラナ・ジャヤ（Kelana Jaya）線と改められた。

モノレールについても前述のように、KLMS により2003年から運行されていた。しかし、負債返済が滞ったことから経営破綻し、2007年に同様にプラサラナに譲渡された。なお、2009年にはラピド KL がプラサラナの傘下に

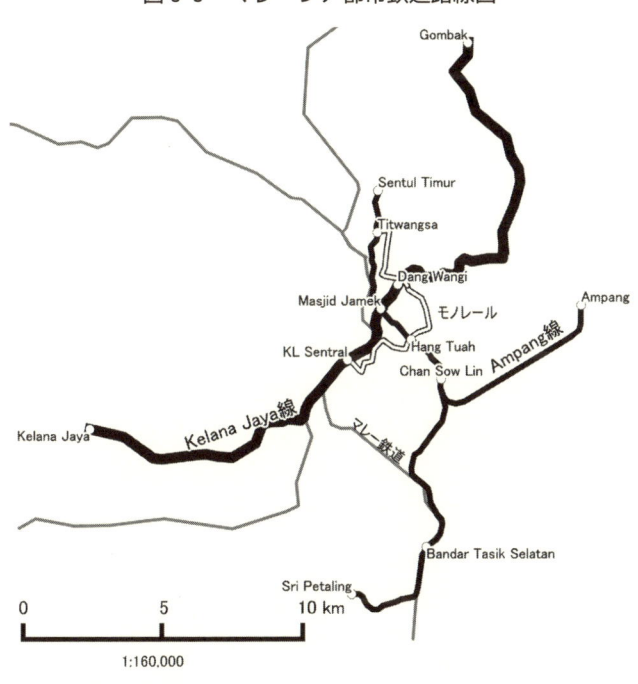

図9-6　マレーシア都市鉄道路線図

出所：Open Street Map、Natural Earth より筆者作成。

入っている。

(2) 政府系事業の内容と新規路線計画[26]

前述のように、ラピド KL は、クアラルンプール市内で、LRT 2 路線とモノレール 1 路線を運営する政府系鉄道事業者である。ラピド KL の組織としては、①アンパン線部門、②クラナ・ジャヤ線部門、③モノレール線部門、④自動改札機製造部門、⑤人材育成部門の 5 部門からなる。

プラサラナは財務省傘下の政府組織で、これら 3 路線の資産を保有する。

---

26) ラピド KL へのインタビューによる。

プラサラナは資産保有と借入返済、金利払いを行う。プラサラナの保有する施設の大半は鉄道であり、ほかに不動産開発も行っている。

前述の3路線のほか、クアラルンプールでは、新規の都市鉄道の整備が計画されている（Sungai Buloh～Kajang MRT線）。上述のように、過去に都市鉄道事業が民間主導で行われて経営破綻したことを踏まえ、PPPではなく、公共事業として実施される。当該MRTプロジェクトのオペレーターとしてラピドKLが任命される。

(3) マレーシアにおける鉄道産業の育成方針[27]

ところで、マレーシアの中央政府には、MIGHT（Malaysian Industry-Government Group for High Technology）という首相直属のハイテク産業育成機関が存在する。MIGHTでは、今後マレーシアとして着目すべき対象産業として、鉄道産業、航空産業、海事産業を挙げている。

このうち鉄道産業については、個別分野として、①車両、②信号・通信、③電力、④軌道、⑤自動出改札機器の各分野に注目している。MIGHTはこれらの分野を重要なハイテク技術と認識しており、2020年までにマレーシア国内で600億リンギットの市場規模を想定し、これによる雇用創出は9,500人としている。マレーシアにおける上記関係企業数は60社であり、産業育成によりその数を増やそうとしている。MIGHTの目標として2030年に鉄道の国内市場および国際市場での競争力あるプレーヤーを育成することを掲げている。対象の企業には、モノレール製造のスコミといった企業がある。スコミはKLモノレールのみならず、インドのムンバイモノレールからもモノレール車両を受注している。

現状ではマレーシア国内の鉄道産業は十分な技術力を有しているとは言い難いが、当初PPPにより整備されたクアラルンプールの都市鉄道運営をきっかけに、マレーシア政府では鉄道産業を戦略的に育成しようという国家目標を掲げている。

---

27) MIGHTへのインタビューによる。

事例7　デリー空港線

1　PPP導入背景

(1) インドにおけるPPP

インドでは2000年代半ばからPPPの仕組みが整えられてきた。具体的には、PPP案件の審査・認可とこれらの案件への適切な金融支援を強化・簡素化するための専門機関の設置、有望なPPP案件の形成とPPP案件へのユーザー利用可能性（マーケット・ニーズ）の確保や案件の長期資金の獲得を支援するための特別な基金と金融機関の設立、さらにPPPに関する能力開発といった取り組みが行われてきた。

このうち内閣経済委員会が2005年に設置したVGF（Viability Gap Funding）の仕組みが重要である。VGFの金額は入札により決められた補助金の最低金額に等しいものであり、プロジェクト費用総額の20％を上限とされている。プロジェクトの出資機関である中央省庁・州政府・国家機関がVGF金額の上にさらに補助金の追加支給をオファーする場合、この追加部分もプロジェクト費用総額の20％を上限とする。

(2) インドにおけるメトロ計画

インドのメトロは州政府や州政府の所轄する公社が整備主体となっているが、国全体の整備方針は国の定める5カ年計画に示されている。第12次5カ年計画の都市交通に関するワーキンググループは、原則として以下の条件を満たす都市にメトロの導入を推奨するとしている[28]。

- 2021年時点までに、ピーク時片方向最大交通量（Peak Hour Peak Direction Traffic/PHPDT）2万人／時が、少なくとも5 kmの連続した区間で見込まれること。

---

28)　Working Group on Urban Transport for 12th Five Year Plan（2012）.

- 200万人以上の人口（2011年国勢調査基準）を有すること。
- 自動車交通の平均トリップ長が7ないし8km以上であること。
- 定期公共交通の旅客数が100万人／日以上であること。

　2011年現在、インドでは上記の導入目安となる人口200万人以上の都市圏が16カ所存在しており[29]、メトロの潜在需要は大きい。ただし、円借款で導入されたデリーメトロをはじめ、これまでのメトロはPPPではなく公社方式によって整備されたものが多い。

(3) メトロにPPPを活用することの是非

　第12次5カ年計画の都市交通に関するワーキンググループでは、PPP方式と公社方式によるメトロ整備のメリットを比較している。結論として2つの方式の優劣に関する結論は明示されていないが「PPPはすべての場合に適用できるような万能薬ではない」[30]と指摘している。

　同ワーキンググループの整理によると、メトロでPPP方式を活用するメリットは以下のとおりである。

- 民間資本の導入によりインフラ整備のスピードが速まる。
- 民間資本の導入により効率性が高まる。
- リスクのコンセッショネアへの転移により、国家財政のリスク負担が軽減できる。
- 案件実施のリスクをコンセッショネアが負う場合、案件実施の根拠は市場であり、案件の形成と認可が不正なロビー活動から影響を受けるような事態を防げる。
- 建設とO&MにおけるPPP方式の一括採用の場合、同一コンセッショネア下における建設フェーズからO&Mフェーズへの移行がよりスムー

---

29) 国連 "World Urbanization Prospects: The 2011 Revision" により集計。
30) Working Group on Urban Transport for 12th Five Year Plan (2012).

ズに実現できるとともに、より長期的な視点に立つような設計、品質確保・コスト削減が実現できる。また、建設とO&Mの実施主体が異なる場合におけるリスク・収益配分の不公平性や責任のなすりあいなどの問題の回避ができる。
- 政府所有のSPV（特別目的事業体）による案件実施の場合と違い、PPP方式を採用する場合、インド政府の責任はVGFの支給のみに限られる。VGFの額は市場原理によって決められるため、無制限のものではない。

一方、同ワーキンググループはメトロ整備を公社方式で行うメリットを以下のように整理している。

- 鉄道分野のPPPにおけるこれまでの国際的な事例ではあまりうまくいっているものはなく、インド国内の事例でもまだよい見通しが立っていない。
- たしかに、都市鉄道のような資本集約型案件は、運賃からの収入のみでは実行可能性が低いので、PPP方式を採用する場合、契約条件を適切に「魅力的にする」ことが求められる。このため、通常、不動産開発権を付与することとなる。しかし、これは建ぺい率と容積率の緩和や土地利用用途制限の撤廃など優遇措置が伴う。その結果、不動産価格の大幅な上昇がもたらされるため、将来的に鉄道輸送と無関係に不動産価格が上昇し、そのすべての利益がコンセッショネアの懐に納められることとなり、国にとって大きな不利益になりかねない。
- 一般的に、都市鉄道ネットワークの拡張につれて利用者数が増加することになるため、PPP方式では、最初の路線で受注したコンセッショネアがその後の新しい路線の投資に貢献しなくてもネットワークの拡張から利益を享受できるので、公平性において問題がある。
- 広く見ると、PPP方式の採用より政府系企業による実施のほうが有利となるいくつかの理由がさらに以下のように見られる。
    - 用地取得のようなセンシティブな問題への対応においては政府系企業

が民間企業よりはるかに有利である。
- 民間側のコンセッショネアの鉄道案件における実施能力が相対的に低いという意見もある。
- 政府系企業による実施の場合、全国の異なる地域における都市鉄道案件の技術仕様にかかる標準化が実現しやすい利点がある。
- PPP方式では、1つの案件に含まれる違う路線とフェーズの一体化がきわめて難しい。
- クアラルンプール、バンコク、マニラなどにおける都市鉄道のPPP事例に見られるように、民間側のコンセッショネアが収益の早期回収に余念がないため、政府が巨額の負債を抱え込まざるを得ない結果となってしまう。
- 政府系企業が民間企業より相対的に安いコストの資金調達ができるため、これが案件のコスト削減につながる。

　インドでは2013年現在、コルカタ、デリー、バンガロールの3都市でメトロが運行され、チェンナイ、ムンバイ、ハイデラバードなどで建設が行われている。このうちデリー空港線、ムンバイメトロ1号線・2号線、ハイデラバードメトロ、グルガオンメトロにおいてPPPの適用がなされている。以下では、デリー空港線を事例として取り上げる。

2　事業スキーム[31]

デリー空港線の事業スキームは以下のとおりである。

- 実施主体：DMRC（デリーメトロ公社）
- PPPの方式：BOT（Build-Operate-Transfer）
- 事業期間：30年間

---

31) Ramachandran（2012）をもとに、現地情報などから加筆した。

・メインコントラクター：DAMEPL（出資者は地元デベロッパーRinfra95％、スペインの車両メーカーCAF 5 ％）

　デリー空港線の調達パッケージは土木・建設とE&M（Electrical & Mechanical）の2つに分けられ、前者はDMRCがみずからプロジェクトの実施と資金調達を行い、後者は電力設備、S&T（信号・通信）、車両とO&Mを含めてPPP方式を採用した。PPP事業を受注したSPVは「デリー空港高速メトロ会社」（Delhi Airport Metro Express Private Ltd/DAMEPL）と呼ばれ、Reliance Infrastructure（Rinfra）というローカルデベロッパーとスペインの鉄道車両メーカーCAFがそれぞれ95％と5％の出資で設立した合弁企業である。

　上下分離方式として、下物（土木建設部分）は公共側（本件ではDMRC）がみずから実施し、上物（E&M部分）は民間（本件ではDAMEPL）にコンセッション契約により外注する形となっている。本件のコンセッション契約期間は30年である。

3　事業の状況

(1) デリーメトロ整備計画

　デリー空港線案件はデリーメトロ整備計画の1つである。デリーメトロ計画全体は4つのフェーズに区分され、全長400km、合計20本の路線と200以上の駅が建設される予定である。2013年10月現在、フェーズ1とフェーズ2の路線はすでに営業運転が実施され、フェーズ3とフェーズ4は建設中あるいは計画中である。デリー空港線はフェーズ2に建設された6路線の中の1本であり、全長22.7kmのうち3.5kmの延長線が含まれ、線路全体には6つの駅が設置されている。

(2) デリー空港線の運営

　デリー空港線のPPP事業を受注したReliance Infrastructureグループは、

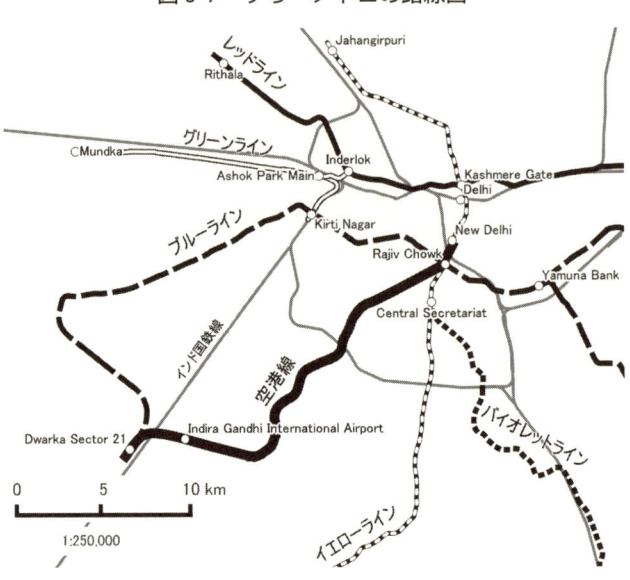

図9-7　デリーメトロの路線図

出所：Open Street Map、Natural Earth より作成。

VGFはゼロで入札している。デリー空港線の事業スキームは上下分離であることから、上物部分のPPPにおいては、運賃収入、広告収入、駅構内事業収入により、補助金を得ずともコストをカバーできると判断したものとされる[32]。

　同路線の営業運転は2011年2月から始まったが、土木構造物の欠陥、具体的には柱と桁の接続部分で発見された問題点により、開始から16カ月にすぎなかった2012年7月にやむを得ず運転中止となった。その後、DMRCが欠陥を補修して、同年12月にメトロ安全検査官（Commissioner of Rail Safety: CMRS）に再検査を申請した。2013年1月にCMRSからの正式認可を受け、6カ月の中止を経てデリー空港線は運転再開となった。

　ただしそれ以来、CMRSの指示により、列車の走行スピードは当初の105

---

32) *Business Standard*, 14 Sep. 2013.

km/h から50km/h へと減速したにもかかわらず、運賃は逆に50％値上げされ、最低運賃は以前の20ルピーから30ルピー、最高運賃は100ルピーから150ルピーへとそれぞれ上昇した。

　ところがその後、DAMEPL は2013年6月末をもって列車運行を止め、2012年10月に遡って DMRC とのコンセッション契約を破棄すると発表した。DAMEPL は契約破棄の理由として、DMRC が設計・施工した土木構造物における重大な欠陥を修理できなかったことを挙げている。そして DAMEPL は DMRC に対して契約終了にかかる費用の支出を求めており、その金額は300億ルピー（約510億円）とされる[33]。

　DMRC はデリー空港線の運行を引き継いでいるが、DAMEPL の行為は契約違反であると主張している。このように、デリー空港線では上下分離による PPP が適用されていたが、下物の土木構造物に生じた技術的問題により、PPP 契約解除に至ることとなった。

[深山　剛]

※　本章における情報収集や情報整理では、株式会社三菱総合研究所の大島英幹さん、一般財団法人運輸調査局の奥田恵子さんのご協力を得ました。ここに感謝の意を表します。なお、本稿の内容は個人的な立場に基づくものであり、筆者の勤務先の公式な見解ではありません。

参考文献
アジア開発銀行・アジア開発銀行研究所（2010）『シームレス・アジアに向けたインフラストラクチャー』一灯舎／オーム社。
加賀隆一（2013）『実践　アジアのインフラ・ビジネス──最前線の現場から見た制度・市場・企業とファイナンス』日本評論社。
国際協力機構（2012）『フィリピン国 PPP 制度改善調査』。
国際協力銀行マニラ駐在員事務所（2012）『住友商事・三菱重工、マニラ首都圏の経済発展をさせる庶民の足　MRT 3 号線』国際協力銀行。

---

[33]　*Hindustan Times*, 2 July 2013.

柴山多佳児（2013）「『グローバル・オペレータ』による鉄道事業国際展開」『運輸と経済』2013年8月号。
花岡伸也（2009）『アジア諸都市の開発における交通社会資本に関するBOT手法の評価』IBSフェローシップ。
深山剛（2012a）「我が国の鉄道グローバル展開の今後の方向性——どの市場をどのように攻めるのか（前・後編）」『JRガゼット』2012年2月号、3月号。
―――（2012b）「フィリピン・マニラMRT3号線の現状——事業スキームに着目して」『日本鉄道施設協会誌』2012年9月号。
横田茂・梶谷俊夫（2011）「交通企業が海外展開する一つの事例——ソウル市における地下鉄PFI事業について」『運輸政策研究』Vol. 13、No. 4、2011Winter。
Ramachandran, M. (2012) *Metro Rail Projects in India—A Study in Project Planning*, Oxford University Press.
Working Group on Urban Transport for 12th Five Year Plan (2012) *Recommendations of Working Group on Urban Transport for 12th Five Year Plan*.

第Ⅴ部

PPP／PFI をめぐる国際研究動向

第10章

世界のPPP／PFIの実施状況

1 はじめに

　本章では、世界のPPP／PFIの実施状況を概観する。これまで、海外のPPP／PFIの動向については、日本へのPPP／PFI導入に対して示唆を得る目的で、イギリス、フランス、ドイツ、オーストラリアの実施状況の報告がある（日本政策投資銀行、2003；土方、2011；富樫、2013）。また、交通分野のPPP／PFIに限定した場合には、道路事業のPPP／PFIの制度と実施状況に関して日本、イギリス、スペイン、アメリカ、韓国の5カ国の国際比較を行った研究がある（尾中他、2011）。

　本章では、既存のPPP／PFIのデータベースに基づいて、世界で行われている分野別の実施件数の傾向を明らかにするために、第1に低・中所得国（世界銀行の定義による）におけるインフラ関係のPPP／PFIの実施状況、第2にヨーロッパ各国のPPP／PFIの実施状況の動向を確認する。合わせて、日本のPPP／PFIの実施状況を概観する。各国・地域における動向を確認するにあたり、個別の案件の詳細な紹介は他章にゆずり、本章では国や地域における全体の傾向を見ることを目的とする。そのため、実施状況の把握は、地域や国において一定期間中のすべての案件を網羅的に扱うデータベースを使用して行う。したがって、本章で扱う国は世界の中でも低・中所得国、ヨーロッパ、日本という3つの国および地域に限定されていることに注意されたい。本章で扱うデータベースには含まれていない国の中に、PPP／PFIの

実施が積極的に推進されている国があることを認識することは重要である[1]。

2　低・中所得国のPPP／PFIの実施状況

　世界銀行が作成しているインフラのPPP案件を網羅したデータベースWorld Bank Private Participation in Infrastructure Database（以下PPIデータベース）を用いて、低・中所得国のPPP／PFIの実施状況を概観する。ここでは、経済的・制度的に大きく異なるヨーロッパ、日本の動向との相違を観察することを目的とし、低・中所得国のPPP／PFIの実施状況を紹介する。なお、PPIデータベースがエネルギー、通信、交通、上下水道というインフラに関係する案件のみを掲載していることから、ほかの2つのデータベースと対象分野のうえでは一致していない点に注意が必要である。

　PPIデータベースは、1984年から2012年までの低・中所得国で行われた交通、エネルギー、通信、上下水道のPPP／PFI案件に関して、実施国、プロジェクトステータス、PPP／PFIの事業形式の分類、PPP／PFIの分野、契約年、契約期間、プロジェクト終了年、スポンサーに関する情報や、国際機関による支援の情報、および政府の保証形態、投資額、を含む詳細をプロジェクトごとにデータベース化したものである[2]。

　PPP／PFIが活発化した1990年代以降2012年までに実施されたPPP／PFIの件数は合計5,783件である。地域別分布は、件数ベースでは最多がアメリカ・カリブ地域の1,705件（30％）、ついでアジア・太平洋1,666件（29％）、南アジア972件（17％）、ヨーロッパ・中央アジア819件（14％）、サブサハラ・アフリカ471件（8％）、最少が中東・北アフリカの148件（3％）となってい

1）　たとえば、オーストラリアはイギリスと並び「世界で最も成熟したPPP市場を有する」と指摘されている（富樫、2013）。また、アメリカ、カナダ、韓国でもPPP／PFIが行われている（岸、2011）。特に、アメリカで最も取り組みが盛んな分野は公共交通分野であり、2002年から2012年に行われた全プロジェクト投資額の56％を道路関係の事業が占め、橋が10％と続き、トンネル、港湾と合わせると全体の7割を超える（国土交通省、2013）。交通分野への積極的なPPP／PFI事業展開は、連邦運輸省のPPP／PFIに対する積極的な取り組みが1つの理由であると考えられる。
2）　プロジェクトごとの情報としては豊富なものであるが、実際には案件ごとに抜けている情報も多く、各プロジェクトに関して、すべての情報が提供されているというわけではない。

図10-1　低・中所得国における分野別PPP／PFI実施件数および投資総額の推移（1990〜2012）

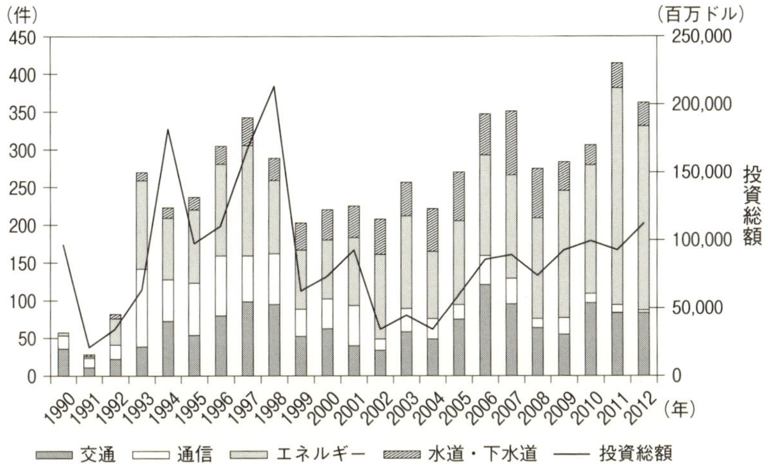

凡例：交通　通信　エネルギー　水道・下水道　投資総額

出所：World Bank PPI Database より筆者作成。

る。分野別では、全体の4割以上がエネルギー分野の事業であり（2,653件、46％）、全体の約4分の1を交通分野の事業が占める（1,473件、26％）。通信と水道・下水道分野がそれぞれ約14％となっている。

　図10-1は、1990年から2012年の間の分野別のPPP／PFI件数と投資総額の推移を表したものである。1992年に年間100件に満たなかった件数が1993年には3倍以上になり、その後増減があるものの2012年に至るまで年間200件以上で推移している。1993年以降の1度目の大きな減少は1998年から2000年代前半にかけて起こり、アジア通貨危機の影響が原因として考えられる。2006年には減少が起こる以前の1997年の水準である約350件に到達したものの、2008年から2010年にかけて、再びリーマン・ショックに端を発する世界的な景気の低迷により件数は落ち込んでいる。2011年には再び増加し、1990年以降最多の400件に達している。このように、件数は金融市場の動向の影響を受けて増減を繰り返しつつも、期間全体を通じてはわずかながらも増加傾向が見られる。一方で、金額ベースでの推移はこの増加傾向を追ってはいない。投資金額ベースでは、PPP／PFIの実施状況は1990年代後半にピーク

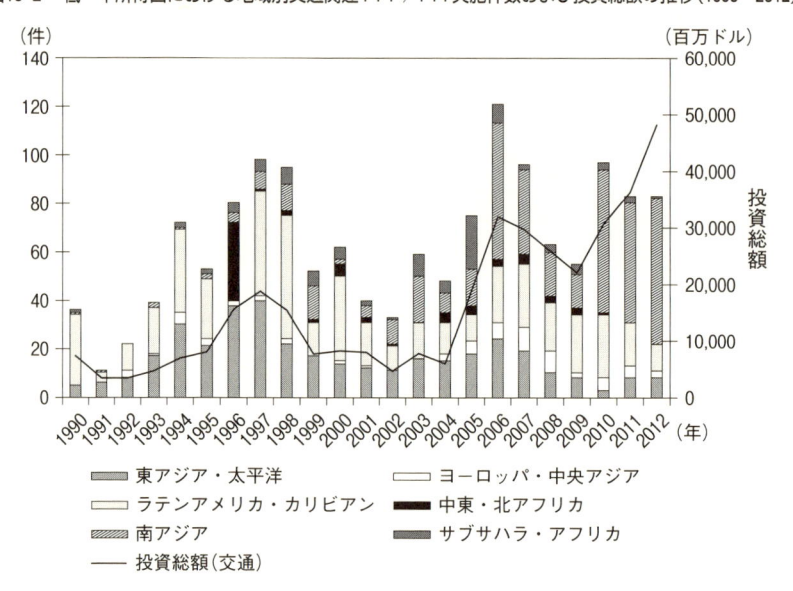

図10-2　低・中所得国における地域別交通関連 PPP／PFI 実施件数および投資総額の推移（1990〜2012）

凡例：東アジア・太平洋、ヨーロッパ・中央アジア、ラテンアメリカ・カリビアン、中東・北アフリカ、南アジア、サブサハラ・アフリカ、――投資総額（交通）

出所：World Bank PPI Database より筆者作成。

を迎えたものの、その後は全盛期の半分程度の金額で推移しており、1990年代後半以降1件当たりの平均的な投資額は増加しているわけではないことが示唆される。

　分野別では、全体の中でエネルギー分野での PPP／PFI 件数が1993年以降一貫して最も多い。交通の PPP／PFI 件数に関しては、時系列ではおおむね PPP／PFI の全件数の推移と連動しており、1997年、2006〜07年、2011年に山が見られる。期間を通しての最多件数は、2006年の121件であり、期間全体での平均年間件数は64件である。

　次に分野別の動向として本書の対象である交通の PPP／PFI に絞り、PPP／PFI 件数と投資総額の推移を地域別に見てみよう（図10-2）。2000年代後半から、南アジアでの実施件数の増加が顕著である。また、金額ベースで測った実施状況は、1999年に激減して以来最盛期の約半分の水準までにしか回復していない全体の傾向とは異なり、交通の案件に関しては2000年代後半

から飛躍的な増加傾向にあり、低・中所得国における大型の案件の増加が見てとれる。

中・低所得国におけるPPP／PFIの実施は、PPP／PFIの環境整備度合いが投資企業の参入に大きな影響を与えるため（国土交通省、2013）、法制度や支援状況など、中央・地方政府での取り組みや重点分野に関しての国ごとの相違や時代を通じての変更が、PPP／PFIの実施件数の年別・国別・分野別の相違を生む可能性がある[3]。また、時系列での件数の推移は、低・中所得国におけるPPP／PFIの実施が金融市場の動向に影響を受けている可能性を示している。実際に、どのような要因がPPP／PFIの導入へとつながったのかに関する統計的な評価は、第11章第3節の実証分析のサーベイを参照されたい。

3 ヨーロッパのPPP／PFIの実施状況

ヨーロッパはPPP／PFIの市場・制度の整備が進んでおり、PPP／PFIの市場規模は他の地域を圧倒してきた（PricewaterhouseCoopers, 2012）。また、交通分野ではEU統合に端を発したTEN-T（ヨーロッパ横断運輸ネットワーク）プログラムにおいてPPP／PFIの導入が推進された背景があり、ヨーロッパにおけるPPP／PFIの動向は世界のPPP／PFIの実施状況を確認するうえで欠かせない。

ヨーロッパのPPP／PFI事業に関するデータベースとして、European PPP Expertise Centre（EPEC）が発行している *European PPP Report* がある。このレポートの2009年版において、Infra-newsという商業的なデータベースに基づいて作成されたヨーロッパ諸国におけるPPP／PFIプロジェクトの一覧が記載されている[4]。本節では、このPPP／PFIプロジェクト一覧をもとにヨ

---

[3] たとえば、PPP／PFI市場環境がアジア太平洋州内で5位と評価されているインドでは上下水道セクターの投資額が他のセクターに比べ少ないが、その理由として事業主体である自治体のキャパシティの不足および事業採算性の低さなどが挙げられている（国土交通省、2013）。
[4] 一覧の中に含まれない国に関しては、その国において対象期間にPPP／PFI事業が存在しなかったという明確な言及はないものの、ここではPPP／PFI事業が0件であるものと考える。

表10-1 ヨーロッパにおけるPPP／PFI実施状況の国別分布

地域	国名	件数	割合(%)	地域割合(%)
北ヨーロッパ	デンマーク	17	1.03	42.5
	フィンランド	3	0.18	
	ノルウェー	10	0.61	
	スウェーデン	8	0.49	
	イギリス	574	34.93	
	アイルランド	86	5.23	
西ヨーロッパ	フランス	127	7.73	23.3
	ドイツ	131	7.97	
	オランダ	33	2.01	
	ベルギー	60	3.65	
	オーストリア	31	1.89	
東ヨーロッパ	ブルガリア	6	0.37	9.6
	チェコ	25	1.52	
	ハンガリー	25	1.52	
	ポーランド	30	1.83	
	ルーマニア	27	1.64	
	スロバキア	7	0.43	
	ウクライナ	21	1.28	
	ロシア	17	1.03	
南ヨーロッパ	クロアチア	9	0.55	24.2
	キプロス	3	0.18	
	ギリシャ	52	3.16	
	イタリア	145	8.83	
	ポルトガル	68	4.14	
	セルビア	2	0.12	
	スペイン	119	7.24	
西アジア	トルコ	7	0.43	0.4
合計		1,643	100.00	100.0

出所：*European PPP Report 2009* より筆者作成。

表10-2　ヨーロッパにおけるPPP／PFI実施状況の分野別分布

分野	詳細分野	件数	割合(％)	分野別割合(％)
交通	空港	25	1.52	34.3
	トンネル・橋	11	0.67	
	ライトレール	77	4.69	
	港湾	21	1.28	
	鉄道	55	3.35	
	道路	372	22.64	
	その他	2	0.12	
水道・下水道・ゴミ処理	水道・下水道	49	2.98	8.0
	ゴミ処理	83	5.05	
教育・医療保健	教育	260	15.82	32.7
	医療保健	278	16.92	
宿舎・ハウジング	宿舎・寮	158	9.62	13.0
	ソーシャルハウジング	56	3.41	
刑務所・国防	刑務所	33	2.01	5.1
	国防	51	3.10	
その他	娯楽施設	43	2.62	6.8
	都市整備・開発関係	52	3.17	
	その他	17	1.04	
合計		1,643	100.00	100.0

出所：*European PPP Report 2009* より筆者作成。

ーロッパにおけるPPP／PFIの動向を概観する[5]。このプロジェクト一覧には各事業に対して、実施国、プロジェクトの進行状況、分野、簡単な概要がまとめられている。

　国別の分布としては、リストに掲載されている27カ国におけるプロジェクト件数合計1,643件のうち、イギリスが全体の約3分の1を占め、PPP／PFI市場と制度の成熟度の高さがうかがえる（表10-1）。イギリスに続き、100件

---

5) この一覧に含まれるプロジェクトは2008年時点までの案件である。各プロジェクトの開始年は同レポートにおいては明記されていないため不明であるが、ヨーロッパにおいてPPP／PFIが興隆した1990年代初めごろからのプロジェクトを網羅したリストであると考えられる。

以上のプロジェクトを実施している国として、イタリア、フランス、ドイツ、スペインがあり、イギリス以外では特に西南ヨーロッパにおいてPPP／PFIが活発に実施されていることがわかる。

事業が実施されている分野は、交通と教育・医療保健がそれぞれ全体の約3分の1を占め、残りの3分の1が上下水道、宿舎・ハウジング、刑務所・国防などの案件となっている（表10-2）。このうち、交通分野での内訳は、道路関連の事業が約3分の2を占める。低・中所得国におけるPPP／PFIのプロジェクトがエネルギー分野での実施件数が多いこととは対照的に、同分野での実施件数は少ないことが特徴的である。また、教育・医療保健分野での案件が全体に占める割合が相対的に多い。

4　日本のPPP／PFIの実施状況

日本のPPP／PFIの実施状況を特定非営利活動法人日本PFI・PPP協会が発行する『PFI年鑑2012年版』に掲載されている事業をもとに概観する。当該データベースは、2000年以降2011年までの間に実施されたPFI案件466件について事業概要や入札に関する情報を収録している。

表10-3はこれら466件の案件について、実施場所、事業主体、事業方式、事業者の選定方式別の分布を表している。PPP／PFI事業の実施場所は全国に散らばっているが、関東地方での案件が最も多く全体の約3分の1を占める。事業主体としては、市が最も多く全体の45％、都道府県が20％、国が18％となっている。この分布においては、地方公共団体の占める割合が大きいが、市が事業主体となって導入された事業の件数は209件であり、日本全体の地方公共団体の数と比べた場合には、地方公共団体におけるPPP／PFIの導入は限定的であると言える。事業方式はBTO（Build-Transfer-Operate、民間事業者が設計・建設し、完工直後に政府に施設所有権を移転したうえで、民間事業者が運営・維持管理を行う方式）が全体の7割を占める。事業類型に関しては、サービス購入型（PFI事業者が整備した施設・サービスに公的部門が対価を支払うことで事業コストをまかなう方式）が件数において他を凌駕しており9

表10-3　日本のPPP／PFI実施状況の属性別分布

		件数	割合(%)
実施場所	北海道・東北	57	12.2
	関東	156	33.5
	中部	80	17.2
	近畿	88	18.9
	中国	32	6.9
	四国	13	2.8
	九州・沖縄	35	7.5
	その他（海外など）	5	1.1
事業主体	国	82	17.6
	都道府県	94	20.2
	市	209	44.8
	区	10	2.1
	町村	31	6.7
	その他（独立行政法人、大学法人など）	40	8.6
事業方式（方式）	BOO（Build-Own-Operate, 建設・保有・運営）	21	4.5
	BOT（Build-Operate-Transfer, 建設・運営・移管）	64	13.7
	BT（Build-Transfer, 建設・移管）	21	4.5
	BTO（Build-Transfer-Operate, 建設・移管・運営）	327	70.2
	DBO（Design-Build-Operate, 設計・建設・運営）	13	2.8
	RO（Rehabilitate-Operate, 修復・運営）	13	2.8
	その他（BTM（Build-Transfer-Maintenance）RTO（Rehabilitate-Transfer-Operate））、回答なし	7	1.5
事業方式（類型）	サービス購入型	405	86.9
	ジョイントベンチャー型	26	5.6
	独立採算型	23	4.9
	その他（複数型回答）、回答なし	12	2.6
選定方式	総合評価一般競争入札	332	71.2
	公募型プロポーザル	132	28.3
	その他（一般競争入札、制限付一般競争入札）	2	0.4

出所：『PFI年鑑2012年版』より筆者作成。

表10-4 日本のPPP/PFI実施状況の分野別分布

		件数	割合(%)	分野別割合(%)
公共施設	複合公共施設	37	7.9	32.8
	火葬場	8	1.7	
	庁舎・試験研究機関	34	7.3	
	宿舎・住宅	74	15.9	
教育施設	教育・文化関連施設	40	8.6	30.3
	大学・試験研究機関	39	8.4	
	義務教育施設	26	5.6	
	学校給食センター	36	7.7	
交通・観光	港湾施設	7	1.5	5.6
	観光施設	8	1.7	
	駐車場	11	2.4	
エネルギー	発電施設	4	0.9	2.4
上下水道・ごみ処理	ごみ処理施設の余熱利用施設	7	1.5	12.2
	浄水場・排水処理施設	9	1.9	
	下水道処理施設	5	1.1	
	浄化槽等事業	17	3.6	
	廃棄物処理施設	26	5.6	
医療・福祉	病院	14	3.0	6.0
	社会福祉施設	14	3.0	
その他		50	10.7	10.7
合計		466	100.0	100.0

出所:『PFI年鑑2012年版』より筆者作成。

割弱を占める。ここで、サービス購入型は利用者が対価を支払うことにより事業コストをまかなう独立採算型と異なり、事業リスクの公共部門から民間部門への移転が起こらないという特徴がある[6]。事業者の選定方式は、総合評価一般競争入札と公募型プロポーザルがそれぞれ7割と3割となっている。

---

[6] この点に関して、内閣府は、日本においてPPP/PFIの多くがサービス購入型であるという事実を指摘したうえで、民間部門のインセンティブを活用するために、独立採算型の普及を推進していくことを課題としている(内閣府民間資金等活用事業推進室、2010)。

表10-4はPPP／PFI事業の分野別の分布を表している。事業が実施された分野は公共施設が全体の3割、教育施設が3割強であり、2分野合計で全体の6割以上を占めており、PPP／PFIは公共・教育関連施設の建設および運営に相対的に多く利用されている現状が見てとれる。交通関係のプロジェクトは少なく、港湾施設、駐車場に加えて観光施設を合わせた場合にも全体の5.6％となっている。低・中所得国、ヨーロッパと比べても、日本における交通分野におけるPPP／PFIの活用は、件数とその適用される具体的な範囲の両方で、現状では限定的であることがわかる。このような日本のPPP／PFI状況について、制度的な理由と並んで、少子高齢化という国の特徴においてインフラ事業の中に独立採算のとれるものが少ないという問題が指摘されている（富樫、2013）。

5　おわりに

本章では、低・中所得国、ヨーロッパ、日本のPPP／PFIの実施状況を概観することにより、PPP／PFIが積極的に実施される分野は、3つの国・地域で異なることが明らかとなった。たとえば、低・中所得国で多く実施されているエネルギー分野のPPP／PFIは、ヨーロッパと日本では限定的である。また、交通分野に関しては、低・中所得国とヨーロッパではPPP／PFI事業の中で一定割合を占める一方で、日本における導入は限定的であることが浮き彫りとなった。

低・中所得国では地域ごと、ヨーロッパでは国ごと、日本では自治体ごとに、PPP／PFIの実施件数や導入状況に差異があることが見られた。このような実施件数や導入状況の差異はどのような要因によるのかという課題に関しては、次章で、低・中所得国のデータをもとに分析した先行研究のサーベイによりその一端を明らかにする。

［井深陽子・鎌田裕美・濱秋純哉］

参考文献

尾中隆文・森地茂・井上聰史・日比野直彦（2011）「道路事業における PPP 制度の国際比較と日本への展望」『土木学会論文集 F4（建設マネジメント）』67(4)、305-314頁。

岸道雄（2011）「PFI（Private Finance Initiative）の有効性に関する一考察」『政策科学』18(3)、277-288頁。

国土交通省（2013）「平成24年度　我が国建設企業の海外 PPP 事業への参画のための戦略検討業務」国土交通省報告書、平成25年3月。http://www.mlit.go.jp/common/000995735.pdf

富樫哲之（2013）「豪州 PPP の動向及び我が国への示唆」『みずほ総合研究所 Working Papers』。http://www.mizuho-ri.co.jp/publication/sl_info/working_papers/pdf/report20130705.pdf

内閣府民間資金等活用事業推進室（2010）「『新しい公共』と『財政に頼らない成長』——PFI の総括と今後の活用に向けた基本方針」2010年9月16日。http://www8.cao.go.jp/pfi/220916pfi_kihonhoushin.pdf

日本政策投資銀行（2003）「英仏における PPP／PFI 動向調査」。http://www.dbj.jp/reportshift/report/local_research/pdf_all/2003_11_all.pdf

日本 PFI・PPP 協会（2012）『PFI 年鑑2012年版』。

土方まりこ（2011）「ドイツにおける交通分野の PPP をめぐる動向」『運輸と経済』71(12)、82-83頁。

European PPP Expertise Centre（2009）European PPP Report 2009. http://www.eib.org/epec/resources/dla-european-ppp-report-2009.pdf

PricewaterhouseCoopers（2012）World Overview of the PPP Markets. http://www.oecd.org/gov/budgeting/49945473.pdf

World Bank PPP Database（2013）Private Participation in Infrastructure Database. http://ppi.worldbank.org/

第11章

PPP／PFIの成功要因・評価方法の研究動向

1 はじめに

　公的施設の建設のための資金調達や事業運営に民間企業が関わる Private Finance Initiative（PFI）という手法が近年日本でも利用されている。PFI は1990年代から当初イギリスを中心として公共部門のインフラ開発やサービス提供に広く取り入れられ、日本では、1999年に PFI 法（民間資金等活用による公共施設等の整備等の促進に関する法律）が施行されて以来、2013年12月31日時点で PFI を用いた事業が513件にのぼっている（日本 PFI・PPP 協会、2013）。

　日本における PFI の定義は、たとえば内閣府では「公共施設等の建設、維持管理、運営を民間の資金、経営能力及び技術的能力を活用して行う新しい手法」とされ、その目的は「国や地方公共団体の事業にかかる費用の削減及びより質の高い公共サービスを提供すること」とされている[1]。PFI の導入により、公共部門のサービス提供に民間が関与することで、その手法の長所を生かすことが期待されている。民間の手法の長所として理論的に考えられることは、①事業期間全体を管理運営する仕組みを設定することで効率化が促進されること、②民間事業者の創意工夫を発揮させること、③公共部門が負担していたリスクを民間に移転させることでリスクを最小にできること、④民間金融機関の監視機能が働くこと、などが考えられる（岸、2011）。ま

---

1) 詳細は、内閣府民間資金等活用事業推進室（PFI 推進室）http://www8.cao.go.jp/pfi/aboutpfi.html を参照のこと。

た、PFI はより広範には、PPP（Public-Private Partnership）の一種と考えられる。PPP とは、広くプロジェクトにおいて公共部門と民間部門が事業に関わるリスクと報酬の両方を共有する種々の契約・事業形態を指す。

　本章の目的は、このような PPP／PFI の長所を前提としたうえで、今後さらに PPP／PFI が活発となるような制度的枠組みを作るためにはどうすればよいか、またプロジェクトが成功するためにはどのような条件が必要であるかについて議論する土台を提供するために、PPP／PFI のプロジェクト成功の決定要因についての実証研究をサーベイすることである。プロジェクト成功の決定要因の分析は、対象の質的側面に焦点を当てる定性的分析と、量的側面に焦点を当てる定量的分析があるが、本章では、特に量的側面について統計的な手法を用いて解析した定量的分析をサーベイする。具体的には、文献サーベイを通じて、PPP／PFI の成功要因について統計手法を用いることでどのような一般的要因が明らかになっているのかを整理する。一方で、個々の PPP／PFI の成功と失敗の事例研究から成功要因を定性的に分析する試みはこれまで数多く行われている。PPP／PFI の成功要因の分析が主に事例研究をベースとして進んでいる背景には、PPP／PFI が1990年代以降に世界的に本格導入された比較的新しい手法であり、これまでの案件の蓄積がそれほど多くないということが、1つの理由として考えられる。

　ここで、PPP／PFI の成功を考えるにあたり、大きく分けて2つの重要な問いが考えられる。第1の問いは、どのような制度的環境のもとで PPP／PFI の実施件数や投資額が増加するか、ということである。PPP／PFI を実施したくてもできない状況をプロジェクト失敗の1つの形態と考えれば、PPP／PFI が実施されるためにはどのような環境の整備が必要かをまず議論する必要がある。この問いに対して、どのような経済的・制度的・政治的環境が PPP／PFI の増加に寄与するかを分析した論文をサーベイする。第2の問いは、より直接的なものであり、いったん開始された PPP／PFI のプロジェクトが成功裡に終了するためにはどのような要因が必要か、ということである。この問いに対しては、PPP／PFI を成功させるために重要であると考えられる決定的成功要因（Critical Success Factors: CSF）の相対的重要度を、

PPP／PFIのプロジェクトに携わった経験のある実務家および専門家の見解をもとに明らかにした論文をサーベイする。

本章は全4節からなる。第2節では、第1の問いである、PPP／PFIの実施に影響を与える要因に関するサーベイを行う。第3節では、第2の問いである、いったん始まったPPP／PFIプロジェクトの成功要因に関するサーベイを行う。第4節でまとめと考察を行う。

2　PPP／PFIの実施に影響を与える要因に関する先行研究

この節では、どのような属性を持つ国や都市でPPP／PFIを用いたインフラ整備が活発に行われているかについて分析を行った論文をサーベイする。2000年代半ばまでは分析に用いることのできるデータベースが不足していたり、データベースがあっても分析に堪えるだけの情報量がなかったりしたため、そのような分析は行われていなかった。しかし、後で紹介する世界銀行のデータベースに主に発展途上国で実施されたPPP／PFIについての情報が蓄積されたり、日本でPPP／PFIが実施されるようになってデータが蓄積されたりしたことで、2000年代半ば以降徐々に分析が行われるようになってきた。

前野・下野（2006）は、わが国でPFIの実施が進まない理由を探るために、どのような属性を持つ自治体でPFIが実施されているかを実証分析している。また、Hammami et al.（2006）、Banerjee et al.（2006）、Basilio（2011）は、主に発展途上国においてどのような要因がPPP／PFIの実施を規定するかを明らかにするために、各国の制度や政治・経済的要因がPPP／PFIの件数および投資額に与える影響を実証分析している。発展途上国ではインフラ整備のための資金需要が大きいが国の資金を振り向ける財政的余裕が乏しいため、PPP／PFIで民間の活力を利用してインフラ整備を行うことが1つの方策として考えられている。しかし、PPP／PFIの普及の程度は国によって異なっているため、その原因を明らかにすることに取り組んでいる。

(1) 日本の先行研究

　日本では1999年に「民間資金等の活用による公共施設等の整備等の促進に関する法律」が成立して以降、PFI のスキームを利用した事業が各地で進められたものの、活発な取り組みがなされているとはまだまだ言えない。また、第10章で見たように庁舎や公共施設などの建物の建設が中心で、イギリスなどで活発な道路建設や港湾整備などの大規模なインフラ整備に PFI が利用された事例はほとんどない。このような問題意識から、前野・下野 (2006) はどのような自治体が PFI の利用に積極的なのかをデータを用いて明らかにすることを試みている。

　前野・下野 (2006) で検証対象として提示されている仮説は3つある。1つ目は、「政令市、中核市、特例市は、特別に PFI 実施意欲が強い可能性がある」というものである。政令市、中核市、特例市は、都道府県から事務が移管されることによって市の権限が拡大し、施策の自由度が増すため PFI の実施意欲が高まる可能性があるとされている。2つ目は、「人口規模が大きいことが、PFI 実施に寄与している」というものである。人口規模の小さい自治体では PFI 事業の実施に必要な専門的な知識を持つ人材が不足しているため、円滑に事業を行うことが難しいかもしれない。3つ目は、「財政力指数が高い（財政が健全である）ことが、事業実施にプラスに寄与する」というものである。たとえば、地方自治体の財源不足を補うために国が配る地方交付税交付金を受けていない（財政状況のよい）自治体では PFI を実施して経費を節減することで財政状況がよくなる可能性があるが、交付税交付金を受け取っている（財政状況の悪い）自治体では PFI を実施して経費を節減しても、その分交付金額が減るだけなので PFI を実施するインセンティブが小さいと考えられる。

　この3つの仮説を検証するために、PFI を実施したことのある自治体について1となるダミー変数を被説明変数とし、人口、財政状況を表す変数（財政力指数、交付税交付団体ダミー）、政令市、中核市、特例市の自治体について1となるダミー変数を説明変数とするプロビット分析が行われている。その結果、政令市、中核市、特例市や人口規模の大きい自治体、財政力指数が

高いもしくは交付税を交付されていない自治体で、PFIを利用した事業の実施確率が有意に高いことがわかった。したがって、わが国では財政状況の悪い自治体がPFIを活用することで状況を改善しているというよりも、もともと財政状況のよい自治体がさらに効率化を図るためにPFIが用いられていると言える。論文中では、地方交付税交付金で財源の不足分を補塡される自治体には歳出削減に取り組むインセンティブがないことが、このような推定結果が得られた原因ではないかと論じられている。

(2) 海外の先行研究

主に発展途上国を対象にどのような属性を持つ国で活発に民間資金を活用したインフラ整備が行われているかを実証分析した論文としてHammami et al.（2006）、Banerjee et al.（2006）、Basilio（2011）が挙げられる。これらの研究は、世界銀行のPrivate Participation in Infrastructure（PPI）databaseのデータを用い、低・中所得国で行われている（いた）、官民連携によるインフラ整備のプロジェクトを分析対象としている。具体的には、ラテン・アメリカおよびカリブ海諸国、東アジアおよび太平洋諸国、東ヨーロッパおよび中央アジアにおける、エネルギー、通信、交通、水道の各産業のプロジェクトが対象となっている。

Hammami et al.（2006）は、PPP／PFIの実施に影響を与える国の属性を分析した先駆的な研究である。彼らは、PPP／PFIの実施に影響を及ぼす経路として、①Government constraints（政府の財政的制約）、②Political environment（政治環境）、③Market conditions（需要の大きさ）、④Macroeconomic stability（マクロ経済の安定性）、⑤Institutional quality（政治的腐敗度）、⑥Legal system（法制度）、⑦PPP／PFI experience（過去のPPP／PFIの実施経験の有無）の7つを指摘した。①に対応する仮説として、「仮説1：財政状況の悪い国はPPP／PFIを活用する」および「仮説2：天然資源などの収入源を持つ国はソフトな予算制約に直面するため、PPP／PFIを活用しない」の2つが挙げられている。②の経路に対応する仮説としては、「仮説3：多民族から成る国はPPP／PFIを活用する」、「仮説4：市場重視型の政府はPPP／PFIを活

用する」、および「仮説5：政治的に安定している国ではPPP／PFIが普及する」の3つが挙げられている。仮説3の根拠は、複数の民族の異なる選好を満たすためには、インフラ整備についても異なる要請に対応する必要があるため、単一の選好を満たせばよい場合と比べて支出が多くなることである。経路③、④、および⑤については、対応する仮説としてそれぞれ「仮説6：サービスに対する需要および購買力の大きい国でPPP／PFIは普及する」、「仮説7：安定したマクロ経済環境の国でPPP／PFIは普及する」、および「仮説8：政治的に腐敗した国ではPPP／PFIが普及しない」が挙げられている。仮説7は、PPP／PFIで行うプロジェクトから収益を得るタイミングが、投資を行うタイミングよりもかなり後になることが根拠となる。つまり、時間の経過とともに経済環境が大きく変化すると予想外の損失が発生してしまうリスクがあるため、企業は投資をためらうかもしれないのである。経路⑥に対応する仮説は、「仮説9：法制度が整った国でPPP／PFIは普及する」および「仮説10：法律で投資家の権利が守られる国でPPP／PFIは普及する」というものである。PPP／PFIを実施する際には、公的セクターと民間企業の間、およびPPP／PFIに参加する民間企業の間で多くの契約を結ぶ必要があるため、法制度が整備されている国や投資家の権利が法律で守られている国に企業は投資を行うと予想される。最後に、経路⑦に対応する仮説は、「仮説11：民間と公的部門のどちらも過去にPPP／PFI実施の経験がある国でPPPは活発」というものである。

　上記の11の仮説を検証するために、①各国のPPP／PFIのプロジェクト数、②各国のプロジェクトの投資額（対GDP比）、③プロジェクトへの民間の参加の程度をそれぞれ被説明変数とする式を推定している。その結果、プロジェクト数と投資額に影響を与える要因は共通するものが多く、PPP／PFIで提供する財・サービスへの需要と経済の安定（物価の安定）がPPP／PFIの実施にとって重要と考えられる。また、推定方法の選択によって結果にばらつきがあるものの、財政状況が悪いこと、政治的な安定、法制度の整備、および過去のPPP／PFIの実績もPPP／PFIの実施・普及に正の影響を与える。一方、民間の参加度に強い影響を与える要因は、政治的腐敗度と法律による

投資家の保護であり、民間企業は投資がビジネスとして成立しやすい国のPPP／PFIに深く関与することが示唆される結果となっている。

Banerjee et al.（2006）では、PPP／PFIの実施に影響を与える経路として、①Legal and regulatory institutions（法制度）、②Corruption（政治的腐敗度）、③Political institutions（政治環境）、および④Economic and financial stability（マクロ経済の安定性）が挙げられている。①の経路に対応する仮説は、「仮説1：法的強制力の実効性が確保されている国ではPPP／PFIが普及」である。②の経路に対応する仮説は、「仮説2：政治的腐敗が進んだ国ではPPP／PFIが普及しない」である。③の経路に対応する仮説は、「仮説3：政治的に安定している国ではPPP／PFIが普及」、「仮説4：信頼性が高く、優秀な官僚組織を持つ国ではPPP／PFIが普及」、および「仮説5：民主的な国ではPPP／PFIが普及」の3つである。④の経路に対応する仮説は、「仮説6：経済状況が不安定な国ではPPP／PFIが普及しない」というものである。検証対象となっている仮説は、仮説5を除けばHammami et al.（2006）と共通するものが多い。仮説5は、経済体制の移行を経験した国々を対象とする実証研究で、民主的な政治体制の国ほど市場重視型の政策が採用されやすいという結果が得られており、それを検証するための仮説として加えられている。

Banerjee et al.（2006）は上記の6つの仮説を検証するために、①プロジェクトのコスト、②プロジェクトからの収入、③プロジェクトへの投資額、④①〜③の合計、⑤プロジェクト数の各変数を被説明変数とする式を推定している。上記の仮説のうち頑健に成立する仮説は多くはないが、経済の安定がPPP／PFIの普及を促すという仮説は強く支持されている。その他、仮説1の法律の実効性や仮説4の規制や認可の実効性の確保がPPP／PFIを通じたインフラ投資を促すという結果が得られており、法規制の整備が重要であることがわかる。Banerjee et al.（2006）で新たに加えられた仮説5については、民主的な国ほどPPP／PFIが活発に行われることを示唆する結果となっている。

Basilio（2011）では、PPP／PFIの実施に影響を与える経路として、①Political risk（政治的安定性）、②Legal risk（法制度）、③Economic and financial risks（マクロ経済の安定性）、および④Social risks（社会状況）が挙げられている。①の経路に対応する仮説は、「仮説 1：政治的に不安定な国では PPP／PFI が普及しない」である。②の経路に対応する仮説は、「仮説 2：法律による投資家の保護が弱い国では PPP／PFI が普及しない」である。③の経路に対応する仮説は、「仮説 3：経済状況が不安定な国では PPP／PFI が普及しない」である。④の経路に対応する仮説は、「仮説 4：国民の人権や自由が保障されている国では PPP／PFI が普及」というものである。検証対象となっている仮説は、仮説 4 を除けば Hammami et al.（2006）や Banerjee et al.（2006）と共通している。仮説 4 の根拠は、国民の人権や自由が確保されている国ほど、国連のミレニアム開発目標（貧困削減の目標）を達成するために、民間部門の投資を促している可能性があるため、PPP／PFI を活用する傾向があるはずというものである。

　Basilio（2011）では、上記の 4 つの仮説を検証するために、プロジェクトへの投資額を被説明変数とする式を推定している。その結果、Hammami et al.（2006）や Banerjee et al.（2006）でも見られたように、経済が安定しており、提供される財・サービスへの需要が見込まれる国で PPP／PFI が活用される傾向（民間企業が積極的に資金を提供する傾向）が見られる。財政状況の悪い国は PPP／PFI で民間資金を導入しようとするはずだが、同時に財政状況の悪さは経済の不安定さも示す。Basilio（2011）では政府債務残高の対 GDP 比の係数が有意に負となっており、これは財政が不安定で将来の財政破綻の可能性が高いような国には民間セクターが投資を行いにくいことを示しているのかもしれない。Hammami et al.（2006）ではこの係数は有意に正となることが多く、Basilio（2011）とは反対の結果になっている点については検討の余地が残されている。

　3 つの先行研究の結果を総合すると、経済の規模が大きい、あるいは、経済の安定性が高い国でより活発に PPP／PFI が行われる傾向が見られる。民間セクターは、より大きな利益を安定的にあげられそうな国へ投資を行っていると考えられる。このほか、政治の安定性や腐敗の程度は、PPP／PFI の実施にそれほど影響を与えないという結果が得られている。さらに、法制度

の整備についてはばらつきのある結果が得られているが、これは被説明変数の違いに起因すると考えられる。具体的には、法制度の整備は投資額に対してはあまり影響を与えないが、（投資規模の大小とは無関係な）プロジェクト数を有意に増加させる傾向が見られる。これらの条件は多くの先進国で満たされている可能性が高く、実際にイギリスやオーストラリアなどではPPP／PFIが盛んに行われている。一方で、日本のように公的インフラ整備の必要性が高いにもかかわらず、必ずしも民間資金の導入が進んでいない国もある。このような違いはPPP／PFIの制度設計の違いによってもたらされていると考えられるため、事業者にとってメリットのある制度を整備したうえでPPP／PFIの推進体制を強化することで、民間のノウハウをうまく引き出すことが求められる。

3 PPP／PFI成功の決定要因に関する先行研究

前節では、PPP／PFIが行われるための条件を自治体レベル、国レベルでの特性との関係で明らかにし、どのようなところでPPP／PFIは活発に行われるのかという疑問に答える先行研究の整理を行った。本節では、始まったプロジェクトが成功するためにはどのような要因が必要か、という課題に対する実証分析の結果を日本と海外をそれぞれ対象とした研究に分けて展望する。日本の研究では、費用削減や提供されるサービス向上を成功の指標として、どのような要因がそれらに寄与したかを評価している。海外の研究では、PPP／PFIの成功を決定するために重要であると考えられる決定的成功要因（Critical Success Factors: CSF）の相対的重要度を明らかにするアプローチが取られている。

(1) 日本の先行研究

前中・野口（2005）、みずほ総合研究所（2006）、内閣府政策統括官（経済財政分析担当）（2010）では指定管理者制度導入による事業費用削減効果やサービスの質の向上効果を分析している。指定管理者制度とは、従来の管理委

託制度では公共団体等にしか委託が認められていなかった公の施設（福祉施設や病院、図書館、市民会館、保育所、児童館、体育館などの公的施設）の管理・運営を、民間事業者にも認める制度であり、日本ではPPPの手法の1つと考えられている（大島、2007）。また、下野・前野（2010）ではPFIを用いることによる費用削減効果の大きさとその決定要因が何かを分析している。事業費用が削減されたり、提供されるサービスの質が向上したりすることをPPP／PFIの成功とみなせば、これらの論文では費用や質の観点からPPP／PFIの成功要因を分析していると言える。

　まず、前中・野口（2005）では、事業者レベルのアンケート調査の個票を用い、施設の管理・運営にかかる費用や提供されるサービスの質を被説明変数、指定管理者制度導入後にサービスを提供している事業者に対応するダミー変数を説明変数の1つに含む関数を推定している。制度導入により民間事業者のノウハウを活用することで、従来の制度と比べて費用の削減が実現していればダミー変数の係数は負、また、提供されるサービスの質の向上が実現していればダミー変数の係数は正に推定されるはずである。サービスの質として、「利用者への対応」、「サービス内容の維持・向上」、「事業の計画性・透明性」などの12の項目それぞれをさらに具体的な4つの評価項目に分け、計48の項目について自己評価したものを点数化した指標を用いている。分析の結果、指定管理者制度の導入によってサービスの質が向上し、費用が低下したという結果が得られている。このような効果が見られた理由として、筆者らは民間事業者の参入による潜在的な競争圧力の高まりを指摘している。

　また、内閣府政策統括官（経済財政分析担当）（2010）では、事業者レベルのアンケート調査の個票を用い、施設の管理・運営にかかる費用と収入（サービスの質の代理変数）それぞれの1期階差を被説明変数、指定管理者制度の導入年に対応するダミー変数、指定管理者の選定に公募制を導入した年に対応するダミー変数、および、指定管理者制度導入施設に対するモニタリング（事業評価）を導入した年に対応するダミー変数を説明変数に含む費用関数と収入関数を推定している。分析の結果、指定管理者制度は、公募制やモニタリングと併せて導入することで、施設の収支を改善する効果があること

がわかった。

さらに、みずほ総合研究所（2006）では回帰分析は行っていないものの、指定管理者制度の導入前後の施設運営にかかる自治体の負担額（施設の管理者に自治体が支払う額）を制度導入の前後や選考方法の違いでクロス集計することで、制度導入後の事業者間の競争の激化によって自治体の負担額が低下するという、前中・野口（2005）や内閣府政策統括官（経済財政分析担当）（2010）と整合的な結果を得ている。

下野・前野（2010）では、PFIを用いることによる費用削減効果の大きさを表すVFM（Value for Money）の決定要因を、実際に行われたPFI事業のデータを用いて分析している。VFMとは、従来型の公共工事として実施する場合の費用とPFI事業として実施する場合の費用の差のことであり、前者が後者を上回るほどPFIによる費用削減効果が大きいと言える。VFMには計画時VFMと契約時VFMがあり、前者は事業の発注者である行政側が入札実施前に見積もるVFMで、後者は入札実施後に落札業者と契約した際に判明するVFMである。このうち、契約時VFMを被説明変数とする式を推定することで、入札事業者が入札金額を決定する際に重視する項目が明らかとなる。分析の結果、総事業費に占める建設費の割合が大きいほど、また、PFI事業に応募してきた事業者の数が多いほど、契約時VFMは有意に大きくなることがわかった。つまり、事業者は建設費を圧縮する余地が大きい、あるいは、他の業者との競争が激しい事業ほど入札金額を下げている。これらのことから筆者らは、PFIを利用して費用削減を達成するためには、事業の発注者である行政側が入札における業者間の競争を確保することと、事業者が建設費を圧縮するために強度の確保を犠牲にしたり手抜き工事をしたりしないように事業の提案内容を適切に評価できる体制を整えることが必要と論じている。

(2) 海外の先行研究

この項ではCSFの相対的重要度を測定した2つの研究を紹介する。CSFとは、プロジェクトを遂行する際に、目的を達成するうえで決定的な影響を

与える要因のことを指す（Rockart, 1982）。1970年ごろから使用されている金融業、情報通信産業、製造業等における経営上の成功の要因を測る指標の1つである。過去の研究の中で、何がそもそもCSFであるのか、ということは実務担当者へのインタビューや事例研究、またそれらに基づいた概念的整理を通じて多数明らかにされており[2]、以下の2つの研究ではPPP／PFIプロジェクトを含む個別の事例を分析した多くの先行研究の中からCSFを抽出し、PPP／PFIプロジェクトの実務家・専門家の評価により特にPPP／PFIプロジェクトに関して、複数あるCSFの相対的な重要度を明らかにする試みを行っている。

Li et al.（2005）は、PFIの導入が進んでいるイギリスで行われたインフラ建設のPFIプロジェクトに関して、CSFの項目の相対的重要性を明らかにしている。筆者らは、2001年にイギリスのPFIプロジェクトに関わりを持った公的機関および民間企業の担当者に対して、18個のCSFの相対的重要性を問う独自のアンケート調査を行った[3]。調査回答に基づき、18個のCSFそれぞれに対する重要性を5段階のリッカート尺度を用いて評価を問い、標本全体で平均をとることでスコア化し、その順位づけにより相対的重要度を明らかにした。また、この18個のCSFに因子分析を適用することで18個の要因に共通な潜在的な要素を抽出した（表11-1）。

分析により、相対的に最も重要であると考えられている要因は、公的部門と民間部門でそれぞれ異なることが明らかになった。18個のCSFのうち公私2部門総合で、最も重要であると回答されているCSFは「強い民間のコンソーシアム」であり、「リスクの適切な配分とリスクシェアリング」、「金

---

2) 先行研究において明らかになったCSFの一覧はLi et al.（2005）を参照。
3) 対象者500人に配布された質問票から、61人の回答が得られた（回答率：12%）。回答者の内訳は、公的機関への所属が16人、民間企業への所属が45人である。回答者が関わったPPP／PFIプロジェクトは病院（16.2%）、交通（15.1%）、水道（5.0%）、電気・エネルギー（4.5%）、IT・通信（3.4%）、住宅および事務所建設（11.2%）、軍事・国防（10.1%）、警察・刑務所（11.7%）、学校・教育（19.0%）、その他（3.9%）となっている。回答者のPFIプロジェクトでの所属・担当の内訳は、公的機関においては中央政府所属が過半数を占め、民間部門ではコンサルタントが16名と最多、主となる契約者兼プロジェクト設計者、契約者兼財務担当者兼技師がそれぞれ5名であった。

表11-1　イギリスの建設業における PPP/PFI プロジェクトに関する CSF の相対的重要度と因子分析による各要素の分類

Critical Success Factor	公的部門 平均値	順位	民間部門 平均値	順位	合計 平均値	順位
因子1　効果的な調達						
調達の過程の透明性	3.73	9	3.55	10	3.60	10
競争的な調達法	4.00	1	3.14	16	3.37	12
ガバナンスの良さ	3.93	2	3.64	9	3.72	8
公的部門の組織としてのまとまり	3.93	4	3.67	8	3.74	7
社会的支援	3.07	16	2.71	18	2.81	18
詳細かつ現実的な費用と便益の評価	3.87	6	3.98	5	3.95	5
因子2　プロジェクトの実行可能性						
プロジェクトの技術的な実行可能性	3.53	11	3.88	6	3.79	6
リスクの適切な配分・リスクシェアリング	3.73	8	4.17	2	4.05	2
公的部門・民間部門のコミットメント	3.60	10	4.12	4	3.98	4
強い民間のコンソーシアム	3.87	5	4.19	1	4.11	1
因子3　政府の保証						
政府保証の存在	2.87	18	3.26	12	3.16	16
双方に便益を生む目的の存在	3.13	14	3.21	14	3.19	14
因子4　経済状況の安定						
経済政策の安定	3.07	15	3.24	13	3.19	13
マクロ経済環境の安定	3.27	13	3.17	15	3.19	15
因子5　金融市場						
金融市場の発達	3.80	7	4.12	3	4.04	3
政治的支援	3.93	3	3.43	11	3.56	11

注：平均は5段階リッカート尺度の平均を表す。「政治的支援」は5つの因子のどこにも属さない。
出所：Li et al. (2005) をもとに筆者作成。

融市場の発達」がそれに続く。これら上位3要素は、民間部門のみの回答に基づく順位づけでも共通である。一方で、公的部門の回答者が重要であると考えている要素は民間部門とは異なり、重要度の順に上位から、「競争的な調達法」、「ガバナンスの良さ」、「政治的支援」が挙げられている。この公的部門と民間部門との間で相対的に重要な要因が異なるという結果は、因子分

析の結果でより鮮明に確認されている。因子分析の結果、公的部門の回答では最も重要であると考えられている上位5つのCSFのうち3要因が「効果的な調達」に属するのに対し、民間部門の回答では3要因が「プロジェクトの実行可能性」に属しており、最重要視されている項目がそれぞれ異なることを示唆している。

また、相対的に重要であると考えられている要因は国全体の制度的要因から、プロジェクト実行主体の能力などに至るまで、マクロとミクロの要因を含む。それらは、「強い民間のコンソーシアム」や「公的部門・民間部門のコミットメント」といったプロジェクトの実行主体の性質に関わるもの、「金融市場の発達」という制度的な要因、「リスクの適切な配分・リスクシェアリング」と「詳細かつ現実的な費用と便益の評価」というプロジェクトの個別案件を進めるうえで契約や計画に関わる要因、などを含む。PFI が成功するためには、制度的な整備のみでは十分ではなく、案件ごとの契約やプロジェクトの計画に関する要件が整ったうえで、さらにプロジェクトを進める際に主体の強い実行能力が必要となることが示唆された。

Zhang (2005) では、2000年12月から2001年5月までの間に行われたアンケート調査に基づき前述の Li et al. (2005) と類似した手法で分析を行っている[4]。Li et al. (2005) と大きく異なる点は、第1に世界各国の PPP／PFI 関係者を調査の対象としていること[5]、第2に対象者を特定の PPP／PFI に携わった実務側に加えて PPP／PFI に関する研究者（アカデミア）を含めたこと、第3に CSF の分類を階層構造をもって定義した点である。

CSF の抽出は、Li らの研究と同様に先行研究のサーベイにより行われ、

---

[4] 200の配布アンケートのうち回答者数は46（回答率23%）、回答者の所属別内訳は研究者17名、民間部門の実務担当者29名であった。相対的重要度の指標は、個別に答えられた5段階の重要度を、標本全体で重要度によって重みづけした加重平均により定義された。すべての人が最重要である「5」を答えた場合には100、すべての人が重要度が相対的に最も低い「1」と答えた場合には0となるようにスコア化されたうえで、スコア順に相対的重要度が順位づけされた。

[5] 回答者の地域分布は、オーストラリア1名、香港14名、インド1名、日本1名、ペルー2名、フィリピン3名、中国1名、マレーシア2名、シンガポール1名、南アフリカ共和国1名、タイ2名、イギリス13名、アメリカ4名である（Zhang, 2005）。

表11-2　インフラ開発のPPP/PFIにおけるCSF個別要素と5つの大分類の相対的重要度

Critical Success Factor		民間部門	アカデミア	全体
大分類	個別要素			
経済面でのプロジェクト実行可能性		1	1	1
	プロジェクトにより提供される製品やサービスに対する長期的需要	1	1	1
	投資家をひきつけるために十分な利潤	3	2	2
	金融機関にとって魅力的な長期のキャッシュフロー	2	3	3
	プロジェクト実行に必要な種々の長期的供給者の存在	4	5	4
	他のプロジェクトとの競合の限定性	5	4	5
契約合意を通じた適切なリスクシェアリング		2	2	2
	コンセッション契約	1	1	1
	ローン契約	3	4	2
	保証証書等の完備	2	6	3
	供給契約	5	3	4
	業務内容の契約	4	5	4
	取引量契約	6	3	5
	プロジェクト計画内容に関する契約	7	5	6
	株主の合意	9	2	7
	保険契約	8	7	8
安全な金融パッケージ		3	3	3
	適切な関税率と調整率	1	2	1
	安全な金融分析	3	1	2
	利子率と為替レートに関する変動への対処能力	2	3	3
	債務の構造	4	4	4
	再ファイナンスのリスクを最小化する長期的ファイナンス	4	6	5
	投資・支払い計画	5	5	6
	債務と株式における通貨の安定性	6	7	7
	低金融費用	8	10	8
	固定低金利でのファイナンシング	7	9	9
	低負債比率	9	8	10

表11-2　続き

Critical Success Factor		民間部門	アカデミア	全体
大分類	個別要素			
強固な技術と信頼のおけるコンセッション・コンソーシアム		4	5	4
	強く有能なプロジェクトチーム	1	2	1
	ホスト国の政府との良好な関係	2	1	2
	中心となる企業の統率力	3	3	3
	効果的なプロジェクト組織構造	4	3	4
	安定的な技術的解決法	6	4	5
	費用対効果に優れた技術的解決法	5	5	5
	公衆安全・公衆衛生への配慮	9	6	6
	チームワーク	8	7	7
	環境に対する影響が小	7	9	8
	国際的なPPPプロジェクト経営における豊富な経験	10	8	9
	領域を超えた参加者	11	10	10
	革新的な技術的解決法	12	11	11
望ましい投資環境		5	4	5
	政治的安定	3	1	1
	政府の支援	1	3	2
	予測可能かつ合理的な法制度	2	5	3
	望ましい経済システム	5	3	4
	プロジェクトの民営化への適合性	6	2	5
	予測可能なリスクシナリオ	4	4	6
	プロジェクトが公的なものであるかどうか	7	6	7
	適切な金融市場	8	7	8
	経済成長への高い見通し	10	4	9
	予測可能な通貨リスク	11	6	10
	共同体の支援	9	8	11

注：相対的重要度の順位は、大分類、個別要素でそれぞれ順位づけされている。
出所：Zhang（2005）をもとに筆者作成。

CSFは大分類として5つ、各々の大分類の中に5から12の個別要素（サブファクター）が含まれている。また、分析では1つの大分類の中で個別の要因の相対的重要度がランクづけされ、さらに5つの大分類の重要性が順位づけされている（表11-2）。

　実務家と研究者との回答の集計の結果、要素の順位づけは完全に一致することはないものの、順序の傾向が大きく異なることはなかった。大分類の1つである「経済面でのプロジェクト実行可能性」における最重要要素は、実務家と研究者の双方が「プロジェクトにより提供される製品やサービスに対する需要」であると回答した。この実務家と研究者の回答から得られた相対的重要度の一致は、ほかの4つの分類内の項目、また大分類自体の重要度でも見ることができ、きわめて頑健である。

　これら2つの先行研究では、CSFを用いることで、実際にプロジェクトを経験した実務家、また多くのPPP／PFIの動向に関する詳細な知識を持つと考えられる研究者の認識する成功要因を直接的に計測し、得られた結果はPPP／PFIのCSFの相対的重要度に関して重要な知見を与える。2つの研究に共通して得られた結果として、成功要因は「プロジェクトの実行可能性」の相対的重要度が高く、PPP／PFIの成功要因は、サービスや製品に対する需要の試算、民間のコンソーシアムの強度、受容するリスクなどの面でどの程度実行可能であるかが重要視されていることが明らかとなった。

4　おわりに

　本章では、先行研究のサーベイを通じて、PPP／PFIプロジェクトの活発な実施や成功を決定する要因を明らかにすることを試みた。まず、PPP／PFI実施の決定要因に関しては、本章でサーベイした先行研究の結果を総合して考えると、発展途上国では経済の規模が大きい、あるいは、経済の安定性が高いことが重要な要因であることが示唆された。法制度の整備や政治的安定もPPP／PFIの実施に影響を与えるものの、それは経済的要因ほど明確な影響はない。これらの条件の多くが満たされている可能性が高い先進国で

は、事業者にとってメリットのある制度を整備したうえでPPP／PFIの推進体制を強化することで、民間のノウハウをうまく引き出すことが求められる。

次に、PPP／PFIプロジェクトの成功要因に関する先行研究により、いったん開始されたプロジェクトの成功には、個別案件の属性や主体の関与のあり方が特に重要であることがわかった。とりわけ、サーベイした2つの研究に共通して、経済面および技術面での「プロジェクトの実行可能性」の相対的重要度が高いことが示された。日本におけるPFI実施状況についてまとめた『PFI年鑑2012年版』によると、いったん始まったPFIプロジェクトを途中でPFI以外の方法で行うことになった理由として「収益性の低さ」や「VFMが小さいこと」が多く挙げられており、わが国でも諸外国と同様に民間のよさを十分に発揮できないプロジェクトについてはPFIを用いることを断念する傾向が見られる。

最後に本章の限界に触れたい。まず、本章のサーベイでは、どのようなプロジェクトがPPP／PFIの案件として実行されやすいのかということについては、明らかになっていない。実際に実行されているPPP／PFIプロジェクトのみを用いた分析においては、そもそもPPP／PFIという形態になじみやすかったり、優良であったりするプロジェクトのみがPPP／PFIで実施されている可能性がある。したがって、今後はPPP／PFIの手法を用いて実行されるプロジェクトが持つべき適性に関する分析を行うことが、PPP／PFIを活用するための環境整備を議論する際に重要になると考えられる。

次に、プロジェクトの「成功」をどのように定義するかについては議論の余地が残されている。PPP／PFIのCSFの先行研究では当事者や研究者がそれぞれに考える成功の概念が指標として用いられたが、成功をより客観的に定義することも考えられるであろう。一例として、目的となるパフォーマンスの指標を用いて成功を定め、その指標の高低を決定する要因を分析するという方法が考えられる。また、岸(2011)において挙げられたPFIの長所である、事業運営の仕組みを一体化することで生まれる効率性や、公共部門が負担していたリスクを民間に移転することで実現されるリスクを最小化するといった点について、仮に指標を定義することができれば、これらの決定要

因についても統計的に検証を行えるかもしれない。

[井深陽子・鎌田裕美・濱秋純哉]

参考文献

大島考介（2007）「官民共同の理論と指定管理者制度」『会計検査研究』No. 35、85-94頁。

岸道雄（2011）「PFI（Private Finance Initiative）の有効性に関する一考察」『政策科学』18巻3号、277-288頁。

下野恵子・前野貴生（2010）「PFI事業における経費削減効果の要因分析――計画時VFMと契約時VFMの比較」『会計検査研究』No. 42、49-61頁。

内閣府政策統括官（経済財政分析担当）（2010）『指定管理者制度の導入効果――施設の支出と収入にどの程度の効果があるのか』政策課題分析シリーズ3。

日本PFI・PPP協会（2012）『PFI年鑑2012年版』。

―――（2013）「PFI・PPPについて」 http://www.pfikyokai.or.jp/

前中康志・野口晴子（2005）「指定管理者制度における受託団体のサービスの質と経営効率性――ミクロデータによる事業主体別分析」『経済財政分析ディスカッション・ペーパー』。

前野貴生・下野恵子（2006）「市レベルでのPFIの分析――PFIの実施と財政」『国際地域経済研究』No. 7、45-58頁。

みずほ総合研究所（2006）『指定管理者制度にみる官業の民間開放の現状と課題』みずほリポート（2006年11月16日発行）。

Banerjee, Sudeshna Ghosh, Jennifer M. Oetzel, and Rupa Ranganathan (2006) "Private Provision of Infrastructure in Emerging Markets: Do Institutions Matter?," *Development Policy Review*, Vol. 24(2), pp. 175-202.

Basilio, Maria (2011) "Infrastructure PPP Investments in Emerging Markets," mimeo.

Hammami, Mona, Jean-Francois Ruhashyankiko, and Etienne B. Yehoue (2006) "Determinants of Public-Private Partnerships in Infrastructure," *IMF Working Paper*, WP/06/99.

Li, Akintoye, P. J. Edwards, and C. Hardcastle (2005) "Critical Success Factors for PPP/PFI Projects in the UK Construction Industry," *Construction Management and Economics*, Vol. 23, pp. 459-471.

Rockart, John F. (1982) "The Changing Role of the Information Systems Executive: A Critical Success Factors Perspective," *Sloan Management Review*, Vol. 24(1), pp. 3-13.

Zhang, Xueqing (2005) "Critical Success Factors for Public-Private Partnerships in Infrastructure Development," *Journal of Construction Engineering and Management*, Vol. 131(1), pp. 3-14.

第12章

PFI 入札過程における VFM 変化要因分析

1 はじめに

　PFI 事業に関するデータは、国や地方自治体など、各案件の実施主体が詳細な情報を公開しており、また、内閣府の PFI 推進室や日本 PFI・PPP 協会も情報を集約してホームページ上や『PFI 年鑑』の発行という形で公表されている。そこでは、過去に実施されたプロジェクトについて詳細な情報が提供されているが、現在までのところ、事例研究は多くなされているものの、それらを集計し統計学や計量経済学の手法を用いた研究はほとんどなされていない。そこで、本章は PFI 事業のデータを用いて、統計的・計量的な分析を行うことを試みる。

　PFI 事業のデータの中で特に有用なものの1つが、民間事業者選定の入札の過程に関するものであると考えられる。入札に関しては、多くの理論的な研究がなされ知見が蓄積されている一方、これまで実証的な研究はあまり多くはなされていない[1]。入札理論は、発注者と入札者に情報の非対称性が存在する、具体的には、入札者は技術水準などに関する私的情報を有する状況を想定し、どのような誘因を与えれば最も効率的な企業を落札者として選定できるか、ということを分析している。PFI 事業は、従来の公共事業のよう

---

[1] 最近の研究では、Amaral et al. (2013) によるロンドンのバス路線の入札に関する研究や、Onur et al. (2012) によるトルコの政府調達に関する研究がある。日本では、泉田 (2005) で行われている。

な業務ごとの発注ではなく、一括発注を採用しているが、多段階にわたる業務となったことで、複雑性が上昇し、情報の非対称性も大きくなったと言われている。また、プロジェクト開始から終了までの長期契約となったことで、費用面、需要面で将来の不確実性も大きくなっている。このような特徴を持つPFI事業は、入札理論の適用可能性が高いと考えられる。

本章は、以下の構成でPFI事業の入札プロセスのデータを用いた分析を行う。第2節では入札理論のインプリケーションを整理し、第3節では使用するデータの説明を行う。第4節では統計学的な分析手法である分散分析の結果と計量経済学に基づく分析の結果を示し、第5節でまとめを行う[2]。

2　入札理論のインプリケーション

入札理論の帰結は、Laffont and Tirole（1993）によって以下のようにまとめられている。

①最適な入札制度（＝個人合理性制約と誘因両立性制約を満たしたうえで社会厚生を最大化する）は最も効率的な企業を選択する。
②落札企業の経営努力水準は、自然独占規制のケースと同じレベルとなる。これは、発注者と受注者の間で情報の非対称性があるため、受注者に情報レントが与えられていると解釈できる。
③入札を通じた競争は、落札企業が得られる情報レントを引き下げる。

このように、入札理論では、最適な入札制度においても情報レントが発生することが示されている。では、情報レントはどのような要因で決定されるのか、理論から得られる仮説は以下のように示すことができる。

2）　本章の回帰分析の一部は、原田（2013）をもとにしている。

〈理論からの仮説〉
　①入札に参加する企業数
　　企業数が多くなれば、競争の効果で情報レントは小さくなる。⇒落札価格は下がる。
　②情報の非対称性の程度
　　情報の非対称性が大きくなれば、情報レントは大きくなる。⇒落札価格は上がる。
　③将来の不確実性の程度
　　将来の不確実性の程度が大きくなれば、落札価格は上がる。

〈理論からの推論〉
　①質も同時に入札する場合、質においても情報レントが生じる。
　⇒入札方式で、価格要素をどの程度重視しているか？
　⇒価格を重視すれば落札価格は下がり、質を重視すれば落札価格は上がる。

　ここで挙げたような各仮説や推論について、次節以降で PFI 事業のデータを用いて実証分析を行う。

3　データの整理

　分析を行うにあたり、理論が示唆する効果や要因を現実のデータで表すための変数選択を行った。まず、入札の効果に関しては、入札前後の VFM（％）の変化を用いる[3]。PFI で実施すると決まった段階で見込まれた VFM（入札前）と入札後に実現した VFM の差は、入札による競争導入の効果であると考えられる。
　次に入札による競争の程度は、参加企業数と入札方式を採用した。理論の示唆によれば、参加企業数が多くなれば競争の効果で落札価格が下がる。入

---

[3]　被説明変数の単位はパーセントポイントである。

札方式については、総合評価一般競争入札と公募型プロポーザルがあるが、公募型プロポーザルのほうが競争の効果が弱い可能性があるのではないかと考えた。

　情報の非対称性の程度は、対象施設の種類と発注主体を採用した。対象施設の種類については、庁舎建設などの比較的単純なプロジェクトと比べて、病院などを建設・運営するプロジェクトでは情報の非対称性の程度が大きくなることを想定した。また、発注主体に関しては、地方自治体よりも国のほうが情報優位にある可能性を考慮した。

　不確実性の程度は、事業期間と所有形態を採用した。事業期間が長いほうが、将来の不確実性が大きくなると考えた。所有形態については、事業者から発注者側に所有権を移転（transfer）してから運営（operate）を行うBTO型よりも所有権を保持したまま運営を行うBOT型のほうが、将来の不確実性が大きくなる可能性と、反対に、所有権を保持したまま運営を行うBOT型のほうが、事業者の維持管理に対するコミットが高まるため将来の不確実性が小さくなる可能性の両面が考えられる。

　入札制度に関しては、得点方式と価格要素の配点を採用した。得点方式については、多くの事業で除算方式と加算方式のいずれかが採用されている。また、加算方式の中でも、価格要素をどの程度重視しているか示すため、価格要素に配分された得点割合を用いた。

　ここまでに挙げた各変数についてまとめたものが、表12-1 である。それぞれのデータは、日本PFI・PPP協会発行の『PFI年鑑2012年版』から取得した。年鑑には2011年までに実施方針が公表された466件のデータが記載されているが、実施方針公表後に事業が断念されたケースが34件あった。また、PFI事業には大きく分けてサービス購入型と独立採算型があるが、独立採算型は発注者が事業費を支払うわけではなく、従来型公共事業と比較した形でのVFMは計算されない。今回の分析ではVFMの変化を入札の効果としているため、サービス購入型に限ってデータを取得した。その結果、分析に用いるサンプルの総数は263となった。

表12-1 効果・要因の特定と変数

効果・要因	データ	
入札の効果	入札前後の VFM 変化	VFM(%)の変化を計算
競争の効果	入札参加企業数	提案書受付企業数
	入札方式	総合評価一般競争入札、公募型プロポーザル
情報の非対称性	対象施設	庁舎等、公共施設、公益的施設、その他
	実施主体	国、地方自治体
不確実性	事業期間	事業期間(年)
	所有形態	BTO 方式、BOT 方式など（所有権移転のタイミングの違い）
入札制度	得点方式	加算方式、除算方式
	価格要素配点	（加算方式のみ）

4 実証分析

　実証分析については、VFM 変化についての要因ごとの平均値の差が統計的に有意かどうか検定する分散分析（analysis of variance: ANOVA）と最小二乗法による回帰分析（Ordinary Least Squares: OLS）を行った。PFI 事業に携わっている実務家へのヒアリングを踏まえ、その結果について解釈を行う。

(1) 分散分析の結果

　分散分析の結果を以下の表12-2 から表12-5 に示している。
　まず、全サンプルでの平均は11.5%となっており、実施方針公表時点で見込んだ VFM に対して、入札の結果実現した VFM は11.5% も高くなっていることがわかる（表12-2）[4]。
　入札企業数別の平均を見ると、1社入札の場合は VFM 変化の平均は1.4%で平均値に対して著しく低い値となっている。一方、2社の入札では10.1%

---

[4] 全サンプルは263だが、データの一部が欠落している場合があり、サンプル数の合計が263と一致しない変数もある。

表12-2 分散分析の結果（競争の効果）

		サンプル数	VFM変化（平均）	分散分析（F値）	p値
全サンプル		263	11.5%	—	—
入札企業数	1社	45	1.4%	17.99	0.0000
	2社	42	10.1%		
	3社	45	12.1%		
	4社	35	14.2%		
	5社	28	18.6%		
	6社以上	38	19.4%		
入札方式	公募型プロポーザル	43	10.5%	0.41	0.5219
	総合評価一般競争入札	219	11.7%		

で、1社から2社に増えるだけでVFM変化が大きくなっていることがわかる。さらに、3社、4社、5社、6社以上と入札企業数が増えるに従って、VFM変化は大きくなっていき、6社以上については19.4％となっている。このように、入札企業数によってVFM変化は影響を受けているように見えるが、それぞれの平均値の差は統計的に有意かどうか、分散分析の結果のF値を表中に示している。それによると、F値は17.99となっており、これは平均値が等しいという帰無仮説を棄却するものである。すなわち、入札企業数が違うとVFM変化の平均値にも差があるという結果が統計的にも確認されたことになり、入札を通じた競争の効果がVFM変化を大きくしていると考えられる。

次に、入札方式としては、公募型プロポーザルと総合評価一般競争入札の2類型が採用されているが、それぞれのVFM変化の平均値は10.5％と11.7％で、総合評価一般競争入札のほうが高くなっている。公募型プロポーザルのほうが競争の効果が弱いという想定どおりの結果となったが、分散分析の結果、F値は0.41で、両者の平均値が等しいという帰無仮説を棄却できなかった。すなわち、入札方式の違いがVFM変化に与える影響は統計的に有意ではない、ということである。

情報の非対称性の程度を示していると考えた変数のうち、対象施設につい

表12-3　分散分析の結果（情報の非対称性）

		サンプル数	VFM変化(平均)	分散分析(F値)	p値
	全サンプル	263	11.5%	—	—
対象施設	公共施設	35	11.2%	0.08	0.9691
	庁舎等の公用施設	65	12.1%		
	公益的施設	134	11.3%		
	その他(リサイクル施設など)	29	11.4%		
実施主体	国・独立行政法人	79	13.2%	2.65	0.1048
	自治体	184	10.7%		

ては、公共施設・庁舎等の公用施設・公益的施設・その他という4分類でVFM変化の平均を計算したが、11.2%から12.1%という狭い範囲の値をそれぞれ示しており、分散分析の結果もF値が0.08ときわめて小さい値となった。つまり、対象施設の違いはVFM変化には影響していないということが明らかである（表12-3）。

もう1つの情報の非対称性の程度を示していると考えた変数である実施主体については、国のプロジェクトでの平均値が13.2%、地方のプロジェクトでの平均値が10.7%となり、2.5%の差が確認できた。分散分析の結果、F値は2.65で、10%水準でも有意な結果とはならなかった。しかし、p値が0.1048となっており、有意水準を15%まで広げれば両者の平均値が等しいという帰無仮説は棄却されることになる。ここでは、有意差の有無は不定であると解釈する。

将来の不確実性の程度を表すと考えた変数としては、事業期間と所有形態がある（表12-4）。まず、事業期間について見ると、10年以下のプロジェクトで9.9%とVFM変化が全体の平均より低く、11年から15年未満で14.5%と高くなり、15年のものは10.8%、15年より長いと11.5%となっており、期間の長短によって傾向が定まっていない。また、F値は1.43となっており、事業期間別にVFM変化の平均が等しいという帰無仮説は棄却できなかった。つまり、事業期間はVFM変化に有意な影響を与えてはいないと考えられる。

所有形態については、多くのプロジェクトがBTO方式であった。つまり、

表12-4 分散分析の結果（不確実性）

		サンプル数	VFM 変化（平均）	分散分析（F 値）	p 値
全サンプル		263	11.5%	—	—
事業期間	10年以下	50	9.9%	1.43	0.2338
	11～14年	43	14.5%		
	15年	85	10.8%		
	15年以上	84	11.5%		
所有形態	BTO 方式	205	11.9%	1.29（BTO 方式とその他で計算）	0.2564
	BOT 方式	28	11.4%		
	BOO 方式	1	5.0%		
	RO 方式	9	3.3%		
	不定（複数表記など）	20	11.3%		

建設後に所有権を公共側に移転してから運営を行う方式が主流、ということである。BTO 方式の VFM 変化の平均は11.9％であった。次に件数が多いBOT 方式では11.4％であった。RO 方式や複数の方式が併記されているものなどもあったが、件数が少なかったため、BTO 方式とその他という2つの分類で分散分析を行った。その結果、F 値は1.29となり、有意な差は確認できなかった。

　入札制度による影響を確認するため、得点方式と、加算方式のうちの価格要素への配点について分析を行った（表12-5）。まず、得点方式については、加算方式での VFM 変化の平均が10.0％、除算方式での VFM 変化の平均が14.3％となり、除算方式のほうが高い結果を示している。F 値も7.71と高くなっており、得点方式が VFM 変化に有意な影響を与えていることがわかった。

　また、得点方式のうち、加算方式については、価格要素への配点別の平均値を用いて分析を行った。その結果、価格要素への配点が30点以下では7.0％と低い VFM 変化になり、30点から50点では10.5％、50点以上では13.2％と価格要素への配点が高くなるに従って VFM 変化が大きくなるという結果となった。今回使用している VFM は非価格要素を用いず、価格要素のみをもとに計算しているため、価格要素への配点が影響するという結果は想定ど

表12-5 分散分析の結果（入札制度）

		サンプル数	VFM変化（平均）	分散分析（F値）	p値
	全サンプル	263	11.5%	—	—
得点方式	加算方式	167	10.0%	7.71	0.0059
	除算方式	90	14.3%		
	非価格	2	0.3%		
	最低価格	3	13.5%		
加算方式のサンプルのみを抽出した分析					
価格要素配点	30点以下	63	7.0%	5.15	0.0068
	30点から50点	47	10.5%		
	50点以上	55	13.2%		
参考	加算方式（価格要素30点以下を除く）	102	11.9%	1.90	0.1980
	除算方式	90	14.3%		

おりである。

　なお、加算方式よりも除算方式のほうが高いVFM変化となっているのは、加算方式のうちの価格要素配点が30点以下のプロジェクトの結果（VFM変化の平均が7.0％となっている）が影響している可能性がある。そこで、加算方式のうち価格要素への配点が30点以下のものを除いたサンプルと除算方式で分散分析を行ったところ、F値は1.90となり有意差は確認できなかった。つまり、加算方式か除算方式か、という差異が影響しているのではなく、価格要素が低いプロジェクトの結果が影響している、ということが明らかとなった。

　分散分析から得られた結果をまとめると、表12-6のようになる。有意な結果が得られたのは、競争の効果を示すと考えた入札企業数と、入札制度の影響を考慮した価格要素への配点の2変数であった。特に、入札企業数については、入札企業数の増加がVFM変化の上昇につながっており、理論が想定するとおり、競争の効果によって事業者が得られる情報レントが小さくなっていると考えられる。さらに、1社のみの場合は顕著に低いVFM変化となっており、1社から2社に参加企業数が増えるだけで1.4％から10.1％へと

表12-6 分散分析のまとめ

データ	影響が想定される要因	有意差の有無
入札企業数	競争の効果	有意差あり
入札方式		有意差なし
対象施設	情報の非対称性	有意差なし
実施主体		有意差不定
事業期間	不確実性	有意差なし
所有形態		有意差なし
得点方式	入札制度	有意差不定
価格配点		有意差あり

大きくVFM変化の平均値が上昇することも確認できていることから、2社でも一定の競争効果が得られていることがわかった。

しかし、情報の非対称性の程度や将来の不確実性の程度は、結果に有意な影響を与えていないこともわかった。理論からのインプリケーションとは異なる結果となっているが、それぞれの効果を示すと考えた変数の選択も含めて検討が必要である。

(2) 回帰分析の結果

分散分析では、各変数でVFM変化の平均に差があるかどうか、統計的な検定を行った。続いて、VFM変化の決定要因を探るため、VFM変化を被説明変数とする回帰分析を行う。使用するデータは（1）と同様だが、一部の変数の欠落などがあったため、サンプル数は232となった。このデータの記述統計量は表12-7のとおりである。

推定する式は以下のとおりである。この推定式は、表12-1で挙げた各要因をすべて取り込んだものとなっている。なお、企業数に関しては、表12-2の結果からわかるように、同じ企業数1社の増加であっても、1社から2社に増えた場合の影響と、2社から3社、3社から4社、とそれぞれ増えていく場合の影響は、異なっていると考えられる。そこで、それを考慮した分析とするため、企業数については、2社ダミー、3社ダミー、4社ダミー、

表12-7 分散分析のまとめ

	単位	データ	平均	標準偏差	最小	最大
VFM変化	%ポイント	VFM(実現値)(%) − VFM(見込み)(%)	0.1195	0.1144	−0.1260	0.5090
企業数	社	提案書受付企業数	3.5302	2.2493	1	16
2社ダミー	—	企業数2社=1	0.1810	0.3850	0	1
3社ダミー	—	企業数3社=1	0.1940	0.3954	0	1
4社ダミー	—	企業数4社=1	0.1509	0.3579	0	1
5社ダミー	—	企業数5社=1	0.1207	0.3258	0	1
6社以上ダミー	—	企業数6社以上=1	0.1595	0.3661	0	1
事業期間	年	事業期間(年)	15.4569	5.3521	0	30
所有形態	—	(所有形態)BTO型=1	0.8017	0.3987	0	1
庁舎等ダミー	—	(対象施設)庁舎等=1	0.2500	0.4330	0	1
公共施設ダミー	—	(対象施設)公共施設=1	0.1207	0.3258	0	1
その他ダミー	—	(対象施設)その他=1	0.1207	0.3258	0	1
入札方式	—	(入札方式)総合評価一般競争入札=1	0.8276	0.3777	0	1
得点方式	—	(得点方式)加算方式=1	0.6466	0.4780	0	1
価格要素配点(30点から50点)	—	(加算方式のうち)価格要素の配点が30点から50点=1	0.1724	0.3777	0	1
価格要素配点(50点以上)	—	(加算方式のうち)価格要素の配点が50点以上=1	0.2069	0.4051	0	1
実施主体	—	(実施主体)国=1	0.2888	0.4532	0	1
タイムトレンド	—	(実施方針公表日)2000年=0	5.5603	2.5657	0	11
鉱工業生産指数	—	実施方針公表月の指数(2005年=100)	98.4147	7.8870	71	110

5社ダミー、6社以上ダミー、という5個のダミー変数を用いることとした。

〈推定式〉

$$\triangle VFM = \alpha + \beta_1 \cdot 企業数 + \beta_2 \cdot 事業期間 + \beta_3 \cdot 所有形態（BTO=1）+ \beta_4 \cdot 対象施設（庁舎等=1）+ \beta_5 \cdot 入札方式（総合評価一般競争入札=1）+ \beta_6 \cdot 得点方式（加算方式=1）+ \beta_7 \cdot 価格要素配点 + \beta_8 \cdot 実施主体（国=1）+ \beta_9 \cdot タイムトレンド + \varepsilon$$

推定は、通常の最小二乗法で行った。推定結果は、表12-8に示したとおりである。

表12-8　回帰分析結果

	最小二乗法	
	係数	t値
定数項	0.0711	1.5883
2社ダミー	0.0873***	4.3227
3社ダミー	0.1031***	5.1141
4社ダミー	0.1218***	5.4602
5社ダミー	0.1675***	6.9475
6社以上ダミー	0.1572***	7.0916
事業期間	0.0009	0.6284
所有形態（BTO=1）	0.0084	0.4916
庁舎等ダミー	−0.0091	−0.5209
公共施設ダミー	0.0254	1.2519
その他ダミー	0.0412*	1.9729
入札方式（総合評価一般競争入札=1）	0.0061	0.3369
得点方式（加算方式=1）	−0.1027***	−3.7366
価格要素配点（30点から50点=1）	0.0412**	2.1581
価格要素配点（50点以上=1）	0.0538***	2.7839
実施主体（国=1）	−0.0233	−0.8116
タイムトレンド	−0.0051*	−1.6569
サンプル数	232	
決定係数（調整済み）	0.3488	

注：***：1％有意、**：5％有意、*：10％有意。

（1）で示した分散分析の結果と同様、企業数について有意な結果が得られた。すべてのダミー変数が有意に正であることから、企業数が増えるとVFM変化が大きくなることがわかる。また、その係数も、2社ダミーで0.0873なので、1社から2社に増えると9％ポイント程度のVFM変化の上昇が見られるということになる。その後、5社ダミーまでは係数が上昇しており、5社までは企業数が増加することでVFM変化が大きくなることがわかる。また、得点方式も有意となり、加算方式のほうがより高いVFM変化となっていることがわかる。その加算方式の中でも、価格要素配点が高い場

合にはVFM変化が大きくなる、という結果も得られており、(1)で得られた結果と整合的である。さらに、タイムトレンドも10%水準で有意に負となっていることから、制度が開始された直後よりも年数が経過した後のほうがVFM変化は小さくなっている。これは、VFMの当初見込みの精度が上昇したと解釈できるかもしれない。

情報の非対称性の程度や将来の不確実性の程度を示すと考えた変数については、対象施設のその他ダミーを除いて有意な結果は得られなかった。この点も、(1)の結果と整合的であり、その原因について検討が必要である。

(3) 実務家へのヒアリング

分散分析や回帰分析で得られた結果から、入札参加企業数がVFM変化に有意な影響を与えているが、情報の非対称性の程度や将来の不確実性の程度は有意な影響は与えていないことがわかった。

では、入札参加企業数はどのように決定されるのか。それは、個別企業の入札に参加するかどうかという意思決定プロセスを経て決まるものである。また、情報の非対称性の程度や将来の不確実性に関しては、それらが入札に影響しない理由があるはずである。たとえば、そもそもPFI事業にはそうした要因が存在しない可能性や、各要因を捉えると考えた変数の選択が誤っている場合、あるいは、入札プロセス以外の場面でそうした要因をコントロールしている場合なども考えられる。そこで、PFI事業の実態をより詳細に把握するため、実際に多くのPFI事業のプロジェクトに関わっている実務家へのヒアリングを行い、入札参加の判断材料、情報の非対称性、不確実性の要因について質問した。ヒアリングの結果、得られた回答は以下の表12-9にまとめている。

入札参加の判断材料として、「事業としての魅力」が挙げられた。事業としての魅力が大きいと入札に参加するという判断がなされることになるが、他社も参加すると予想した場合は参加を止めるという判断ではなく入札額を切り下げるという判断がありうるという結果であった。つまり、魅力ある事業は多くの企業が集まり、それにより落札価格が下がるということが想定さ

表12-9　ヒアリング結果

入札参加の 判断材料	事業としての魅力 (事業規模、施設工事費、見込める利益、自社の強みを生かせるか)
	同種のプロジェクトの過去実績
	リスク分担(民間のリスク分担が過度になっていないか)
	景気(直接影響しないが、不景気では他の案件が減ることを通じてPFIへの参加を積極的にさせる可能性がある)
	地場の企業と組めるか(地域によっては関係する)
	入札企業数が多いから参加をやめる、というような判断はない ⇒企業数が多いと入札額を切り下げる、というような判断はありうる
	立地もあまり関係しない(支店を含めれば日本中が網羅されている)
	入札する以上は、落札を狙って内容を検討する (入札参加するだけでも、数千万円から場合によっては1億を超えるコストと、1年程度の時間がかかるものである)
情報の 非対称性	サービス購入型に関しては、ほとんどないと認識している (過去の実績から、公共側と事業者側で技術水準などはほぼ共有している)
不確実性に 影響する要因	建設物価上昇(契約に記載されているか)
	運営や修繕のタイミング、求められる水準
	政治的なリスク(議会を通るか、首長の選挙がいつあるか)
不確実性に 影響しない 要因	事業期間は、10〜20年程度であれば問題ない
	金利リスクは公共がある程度考慮している
	不可抗力も1:99で公共がほとんどを負担
	BOTもBTOもあまり変わらない
	環境面も、土地が公共なのであまり関係ない

れ、これまでに示した分析結果と整合的である[5]。

　情報の非対称性については、サービス購入型においては過去に実績のある種類のプロジェクトが多いため、今ではほとんど存在しないのではないか、

---

5) ただし、これはVFM変化と双方向に影響する可能性がある。つまり、公共側の想定する落札予定価格が民間事業者の有する最高の技術水準と比較して高すぎる場合には、多くの企業にとって魅力ある事業となり、自社の技術力でも参加できると判断することになる。その結果、多くの参加者が集まる一方で、最高の技術水準で落札されればVFM変化も大きくなることが予想される。こうした、VFM変化と企業数の双方向の関係を計量経済学的には内生性と呼び、推定結果に問題が生じる可能性が指摘されている。この問題については、原田(2013)が扱っている。

という意見が聞かれた。これは、(1)、(2) で示した情報の非対称性は VFM 変化に影響していない、という結果と整合的である。つまり、サービス購入型に関しては情報の非対称性はあまり大きくないと考えられる。

将来の不確実性を規定する要因については、建築物価の上昇、運営や修繕のタイミングと求められる内容、政治リスク、が挙げられた。一方で、事業期間や所有形態はほとんど影響しない、という意見も聞かれた。分散分析や回帰分析の結果として将来の不確実性を示す変数は VFM 変化に影響していないという結論を導いたが、ヒアリング内容を踏まえると、そこで使用した変数を事業者は将来の不確実性要因として捉えておらず、むしろ他の要因で将来の不確実性を考えている可能性がある。特に、建築物価の変動については影響が大きいという事業者の意見も聞かれたので、変数の定義など、今後の分析について検討していく必要がある。

(4) 参加企業数に関する分析

(3) でも述べたように、入札に参加する企業数は企業の意思決定が関係している。そこで、本項では企業の意思決定要因を明確にするために、入札参加企業数を説明する要因を特定する回帰式の推定を行う。(2) で使用したデータをここでも用いるため、サンプル数は232である。なお、(2) で使用した変数に、景気指標を示すものとして鉱工業生産指数を追加している。これは、ヒアリングの結果から、景気が企業の意思決定に影響している可能性が明らかとなったためである。

推定する式は以下のとおりである。

企業数
$= \alpha + \beta_1 \cdot$ 事業期間 $+ \beta_2 \cdot$ 所有形態 $+ \beta_3 \cdot$ 対象施設 $+ \beta_4 \cdot$ 入札方式 $+ \beta_5 \cdot$ 得点方式 $+ \beta_6 \cdot$ 価格要素配点 $+ \beta_7 \cdot$ 実施主体 $+ \beta_8 \cdot$ タイムトレンド $+ \beta_9 \cdot$ 鉱工業生産指数 $+ \varepsilon$

推定は通常の最小二乗法を使用した。結果は表12-10に示したとおりであ

表12-10 入札参加企業数に関する分析

	最小二乗法	
	係数	t値
定数項	12.0635***	6.5063
事業期間	−0.0954***	−3.0493
所有形態(BTO=1)	0.5266	1.4746
庁舎等ダミー	0.0326	0.0868
公共施設ダミー	−0.1727	−0.3981
その他ダミー	−0.5931	−1.3125
入札方式(総合評価一般競争入札=1)	−0.0396	−0.1029
得点方式(加算方式=1)	−0.9313	−1.5741
価格要素配点(30点から50点=1)	−0.0900	−0.2205
価格要素配点(50点以上=1)	−0.0194	−0.0473
実施主体(国=1)	−1.8684***	−3.0570
タイムトレンド	−0.4052***	−6.7709
鉱工業生産指数	−0.0401**	−2.3512
サンプル数	232	
決定係数(調整済み)	0.2164	

注：***：1％有意、**：5％有意、*：10％有意。

り、次のような要因が影響していることが明らかとなった。

1. 事業期間の係数は有意に負
　　＝長い事業期間のものは入札に参加する企業数が少なくなる。
2. 鉱工業生産指数の係数は有意に負
　　＝景気が良くなるとほかに参加する案件が増えることから、PFI事業の入札に参加する企業数が少なくなる。
3. タイムトレンドの係数は有意に負
　　＝経年的に入札に参加する企業数は少なくなっている。

5　おわりに

　本章では、PFI事業のデータを用いて、入札理論の示唆について検証を行った。分散分析と回帰分析を行った結果、入札に参加する企業数が結果に強い影響を与えていることがわかった。一方で、情報の非対称性や不確実性の程度を示す変数の係数は有意ではなく、理論が示唆するような入札結果への影響は確認できなかった。

　PFI事業に関わっている実務家へのヒアリングを行い、データ分析から得られた結果についての解釈を行った。その結果、情報の非対称性についてはサービス購入型においてはほとんど存在しなくなっている可能性があること、将来の不確実性についても、事業者はある程度契約で考慮されているケースが多いと認識していることがわかった。そうした事業者の意識が、情報の非対称性や不確実性の程度を示す変数の係数が有意にならなかった理由であると考えられる。しかし、これは今回のサンプルが需要変動を考慮する必要がないサービス購入型だったことが関係している可能性が高い。今後は、独立採算型において、情報の非対称性や将来の不確実性の影響が見られるかどうか分析する必要がある。

［原田峻平］

参考文献

泉田成美（2005）「地方自治体の公共工事入札・契約制度やガバナンスの相違が、落札率に与える影響に関する実証分析」『研究年報「経済学」（東北大学）』66巻4号、155-175頁。

原田峻平（2013）「PFI事業の入札プロセスに関する実証研究」『公益事業研究』第65巻2号、9-18頁。

水野敬三（2003）「自然独占規制・競争導入政策・競争政策」小佐野広・伊藤秀史編著『インセンティブ設計の経済学――契約理論の応用分析』勁草書房。

Amaral, M., S. Saussier, and A. Billon（2013）"Expected Number of Bidders and Winning Bids —Evidence from the London Bus Tendering Model," *Journal of Transport Economics and Policy*, Vol. 47, No. 1, pp. 17-34.

Che, Y. (1993) "Design Competition through Multidimensional Auctions," *Rand Journal of Economics*, Vol. 24, pp. 668-680.

Laffont, J.-J. and J. Tirole (1987) "Auctioning Incentive Contracts," *Journal of Political Economy*, Vol. 95, No. 5, pp. 921-937.

────── (1993) *A Theory of Incentives in Procurement and Regulation*, MIT Press.

McAfee, R. P. and J. McMillan (1987) "Competition for Agency Contracts," *Rand Journal of Economics*, Vol. 18, pp. 296-307.

Onur, I., R. Ozcan, and B. Tas (2012) "Public Procurement Auctions and Competition in Turkey," *Review of Industrial Organization*, Vol. 40, pp. 207-223.

Riordan, M. H. and D. E. M. Sappington (1987) "Awarding Monopoly Franchises," *American Economic Review*, Vol. 77, pp. 375-387.

終章

運輸・交通インフラにおける民力活用の展望

　日本のPFI事業は大きな転換期を迎えようとしている。それは、公共施設の建設・整備を主たる目的とする事業形態から、既存の公的資産を活用する新しい事業モデルによって、国民が望むサービスを効率的に提供する形態への変化である。

　公的負債の絶対的増加、超高齢社会の到来と人口減少。本書で繰り返し述べられたわが国の現状とトレンドを前提として公的サービスへの欲求を満たし、さらに充実させるためには、行政が全面的に責任を持つ従来型の手法に限界があることは明らかである。求められるのは、蓄積された社会資本ストックを有効に活用して、「社会的リターン」を最大化させる事業モデルである。それは導入以来十数年を経た従来型PFI事業に、実質的な変更を迫るものである。

1　施設整備から資産活用へ

　本書でしばしば指摘されたように、1999年成立のPFI法[1]によって始まったわが国のPFI事業は、その法律の正式名称どおり、公共施設の整備を主たる目的としていた。民間事業者の役割は、その施設整備を円滑に（確実な資金調達と予定期間内での建設の完了）、かつ効率的に（費用の削減、質の向上、

---

1)　「民間資金等の活用による公共施設等の整備等の促進に関する法律」。

トータルとしての VFM の向上)、行うことにあった。もちろん、施設整備後の維持管理や施設を使ったサービスの提供を含む事業も存在したが、中心となるのは公的部門が企画立案した施設整備であった。

　財政の制約を前提として施設整備を進めるとすれば、その目的に適した1つの方法は、民間事業者の資金によって施設を建設しその代金を延べ払いする手法、いわゆるサービス購入型と呼ばれる整備方式である。序章で述べたように、サービス購入型の PFI 事業は、財政が逼迫する環境において、必要とされる施設整備を早期に実現する効果を持ったとの指摘もある。しかし、その本質は、公的な債務となるべき資金の調達を民間の債務に置き換えるものであり、割賦払いによる後年度負担は、将来的に財政の硬直化をもたらすとされた。さらに、このような「裏起債的資金調達」によって財政規律が緩み、本来であれば着手されるべきでない施設まで建設されたのではないかと批判された。PFI 導入当初は、事業を民間に委託することによって事業自体の選別が行われるとの期待も寄せられた。しかし、サービス購入型の PFI 事業では、民間に移転される事業リスクは小さく、民間側も初期投資分が割賦払いによって確実に回収できるならば、当然、この方式の事業推進に荷担する。民間の関与による事業のスクリーニングは機能しなかったのが実態であろう[2]。

　上述のように、これまで実施された PFI 事業にも、施設整備と維持管理だけでなく、整備された施設を使って PFI 事業者が一般市民にサービスを提供するケース（たとえば、ホールを使ってコンサートやイベントを PFI 事業者が実施する等）や、PFI 事業者が公的運営主体のアドバイザーとして事業運営を補助するケース（たとえば、病院 PFI における業務アドバイザリー契約等）も存在した。しかし前者は、あくまでも公的主体が給付するサービスを民間事業者が代理で提供するものであり（有料の場合もある）、民間事業者が「商業的に」、「採算ベースで」行う事業とは一線を画すものであった。民間的経営の

---

[2] 独立採算型事業が取り入れられた PFI 事業では、2000年に三重県が PFI 事業として整備を表明した「紀南交流拠点整備事業」のように、公募の結果、独立採算部分の事業内容に疑義が生じたことにより、事業自体が取りやめになったケースもある。

ノウハウを公的運営に生かそうとする後者のケースも、結局は運営の主目的の違いが鮮明になり、行政経営における効率性向上の決定打とはなりえなかったように思われる。

冒頭で述べたように、日本経済の現状を前提としてPFIによる官民連携を有効に活用するには、民間の資金に頼って公的施設の整備を行うというスタンスは適切でない。求められているのは、公的サービスの供給を民間に任せることによって、望まれる質的水準が維持されることを前提として、民間側にも財務的なメリットがもたらされる事業方式である。サービス購入型のように、民間の収益が公的支出（割賦払い）によって支えられるのではなく、民間事業者がみずから主体的に事業を行うことによって収益を得るやり方である。民間事業者は、当然事業リスクを認識して事業を評価し、成立可能性を精査する。それによりスクリーニングが機能する。事業の成立が見込め、民間事業者が収益を得るならば、その一部は公共部門に還元され財政の健全化に寄与することになる。

2　コンセッション事業の展望

この種のPFIの代表的手法が、本書でもたびたび登場した2011年法律改正によるコンセッション制度である。その特長を再度整理すれば、次のようになる。

第1に、上述のように、旧来型のPFIが公的施設の整備を目的としていたのに対し、コンセッション方式では既存資産の活用が目的になる。コンセッションは公共が保有する施設の運営権を民間事業者に付与するものであり、行政本来の機能の1つである公的サービスの給付を事業ベースに乗せることによって、これまでの「ビジネス・モデル」の転換を行う。

大規模コンセッション事業の候補となっている空港のケースでは、航空機の発着に必要な基本サービスを民間が提供することになる。民間事業者は対価を取って事業を成立させる。空港の基本施設の利用については現在も着陸料や停留料という対価が存在する。航空事業者がこれを支払い、収入は空港

整備勘定に繰り入れられる。同勘定は、空港の整備と運営に特化したものであるから、この勘定を通じて受益と負担の対応関係が形成されていると言うこともできる。ただ、空港整備勘定、その前身である空港整備特別会計は、個別空港の費用と収入を明確にするものではない。その結果、個別空港における受益と費用負担の対応関係が成立していない、空港間の収支について内部補助が行われている、要するにどんぶり勘定の弊害が大きいと批判された[3]。コンセッション制度の導入は、このような公的主体による供給の曖昧性を排除することを1つの目的としている。

その際、利用者側の費用負担のあり方が変化することにも注目すべきである。社会資本の整備およびそのサービスの費用は、大きく分ければ、利用者が支払う料金からの収入（利用者負担）、一般財政による補助金（公共負担）、あるいはその施設からの外部経済効果を享受するものによる負担（間接的受益者負担）によってまかなわれると考えられる[4]。また、前述の内部補助は、異なる施設間で暗黙的に資金のやりとりが生じるという問題である。コンセッションは、事業採算を前提としたサービスの供給によって、このような費用負担の問題を、ある意味では明確に、ある意味では限定的にする力を持っている。運営の実体について民間の効率性が発揮されるのであれば、その点からのVFMも期待できることになる。いずれにしても、今後のPFIの方向性は、資産の運用と費用負担（別の言い方をすればビジネス・モデル）の変化という大きな意味を持つのである。

コンセッション方式の第2の特長は、資産利用の最適化である。コンセッションは、民間の利潤動機を基本とするから、原理的に費用の最小化と収入の最大化が目的になる。重要なのはその内容である。一般的なレベルで言えば、利潤極大のための合理的行動によって効率化が促されるが、そのような

---

[3] ただし、空港は、単体では意味を持たず、ネットワーク形成によって航空サービスが成立することを考慮すれば、いわゆるネットワーク外部性を有する。したがって、理論的に考えれば、単体での収支のみでその空港の必要性が判断されるわけではない。

[4] 交通社会資本の費用負担の詳細については、竹内・根本・山内（2010）、第1章第4節1.4.3「交通社会資本の費用負担のあり方」を参照されたい。なお、この費用負担の考え方は、基本的に藤井（1973）に基づいている。

行動基準だけでなく、組織運営の柔軟性や明確な目標設定による組織内の協調体制が実現する。端的に言えば、公的セクターの縦割り的性格や意思決定の遅さが改善される可能性がある。

空港のケースでは、滑走路、誘導路などの基本施設の運営とターミナルビルの経営が一体化することに意義がある。わが国の空港は、当初公的資金によって滑走路などの基本施設が建設された。しかし、ターミナル建設に十分な予算が確保できなかったこと、および営利的に運営可能な施設への公的資金の投入に対する社会的「違和感」もあって、基本施設は国ないし公共団体による整備・維持管理、ターミナルについては民間ないし第三セクターによる建設と運営、という図式が構築された[5]。

これに対して、欧米の空港は、基本施設とターミナルビルが一体的な組織として運営されている。それは、空港自体がさまざまな側面での競争圧力を受けるようになった現在、「空港経営の戦略」が必要とされ、その戦略の企画・立案・遂行については、基本施設とターミナルの運営が分離されたままでは十分な効果が期待できないからである。海外の空港において、コンセッション方式への移行によって、便数増、利用者増、事業経営の改善がもたらされたという事例がしばしば紹介される。これらの事例は、政策論議に好都合な一部の好結果だけが喧伝されるという傾向が否めず、コンセッションが万能であるとの極論は厳に戒められなくてはならない。しかしながら、基本施設とターミナルビルの一体化によって、「全社的な取り組み」による戦略の展開が可能となることは事実であろう。

空港運営の一体化について付言すると、そもそもこのような一体化は理論的にも望ましいと言える。それは、ターミナルビルが「棚ぼた式の利益」を得ており、それを利益の発現元に還元することが理に適っているからである。交通社会資本における開発利益還元の典型例は、戦前の阪急電鉄によって始まる私鉄の沿線開発である。鉄道路線の新設によって利便性が向上し、周辺地価が上昇する。また、駅では利用者が集中することから、商業施設に多大

---

5) 空港整備特別会計は1970年に設置された。それ以前、空港整備は毎年の一般会計予算によって措置されていた。

な収益がもたらされる。前者の取り込みのために、私鉄は沿線の住宅開発を鉄道と一体的に行い、また、ターミナルへの利便については、駅ビルを用いた商業施設の開発を行ってきた（最近では「駅ナカ」、「Etika」）。

この種の外部効果は、形態としては市場を経由したいわゆる「経済的外部効果」であり、本来であれば何らの介入も必要としない。しかし、鉄道事業が費用逓減状態にあると仮定すれば、最適な価格水準すなわち限界費用価格形成では欠損が生じ、現実的には経営が成り立たない。この場合、鉄道がもたらす正の外部効果に相当する部分を事業者に補助することによって、最適な投資（＝供給量）が確保されることが示されている[6]。私鉄が行ってきた開発者利益還元は、公的介入の代わりに、事業者が水平的方向に事業を拡大することによって、この効果を実現してきたのである。空港のケースに当てはめれば、駅ビル・商業施設開発と同様、航空機の発着によって多数の利用者がもたらされ、それが商業施設成立の基礎になる。このような観点から、基本施設とターミナルビルの一体化が理論的にも支持されるのである。

3　運輸・交通分野における官民連携のあり方

序章において、運輸・交通分野でPFIが大きな展開を見せなかった理由として、この分野ではすでに多くの民間の関与があり、実体として官民の関係性が築かれてきたと述べた。PFIあるいはその拡張概念と理解されるPPPを官民連携として広く捉えれば、第5章で述べられたように、民間事業者が主体的に行う事業について、市場の失敗要因の弊害や追加的な公的目的の達成のために、補助金や租税特別措置等の手法によって事業者を優遇する手法も、PPPの範疇に分類されることになる[7]。この種の手法は、戦後わが国の鉄道政策に広く見られたものであり、少なくとも鉄道については、すでにPPP的な素地が作られていたと考えることもできる。近年でも、特定都市鉄道整

---

[6]　この最もわかりやすい説明として、金本（1992）を参照。
[7]　第5章では地方自治体を意識して「公民連携」が用いられているが、ここでは国政レベルの議論であるため、「官民連携」を用いる。

備積立金制度や都市鉄道等利便増進法は、混雑の解消や移動時間の短縮という、社会的に望まれながら民間事業者の個別の意思決定では実現が難しい事業を、行政が財務的な後押しをすることによって実現しようとするものであり、広い意味での官民連携の1つと捉えられる。

　日本型の官民連携は、それぞれの時代に応じた役割を演じてきた。しかし、新時代のPPP／PFIの主眼は、それが歴代与党の経済浮揚政策の1つに挙げられてきたことからわかるように、公共的政策の促進ではなく、産業構造を変容させること、マクロ経済を活性化・効率化することにある。その際重視されるのは、競争性の発揮である。運輸・交通など公的規制が厳しい産業においても、20世紀末から、規制緩和、競争導入が世界的なトレンドになった。PPPのような新しい官民連携の手法においても、同様に競争性の発揮が基本であり、これまで必ずしも中心的な存在でなかった新しい主体に事業機会を提供することが重視される。新規参入者の登場によって市場は活性化する。新規事業者の立場からすれば、新しいビジネスが提供される。これによってマクロ経済の浮揚、経済全体の成長が促される。その点で、新しい官民連携・PPPは、公的目的の実現手段であった旧来型の官民連携と本質的に異なっている。

　このような違いは、ヨーロッパとわが国の鉄道政策の相違に現れている。交通事業のあり方を、「下部構造」と「上部構造」とに分離して考えることがある。鉄道にとっての下部構造は、線路、その下の基盤、トンネル、駅などからなる。上部構造は、列車でありその運行そのものである。航空の場合には、空港、航空路が下部構造、航空機を使用して輸送サービスを提供することが上部構造になる。海運も同様に、港湾、航路と船会社がそれぞれ下部、上部をなす。鉄道の場合には、少なくともわが国では、下部構造と上部構造が一体となって供給されてきた。航空、海運の場合にはそれが分離している。空港、港湾を所有する事業者がないわけではないが、通常は別主体によって提供される。道路の場合には、それが完全に分離している。トラック、バス、タクシーなどの道路運送事業者（上部構造）は、公的に供給された道路（下部構造）を利用して事業を営む。両者の関係は、航空、海運よりもさらに薄

い。

　以上の例でわかるように、交通サービス供給の上部構造、下部構造は固定的なものでない。鉄道についても、主としてヨーロッパでは、線路その他の施設を運行事業者から切り離す「上下分離」体制が一般的である。この場合、主たる目的として、別主体に所有される下部構造を使って、鉄道運行事業者間の競争が期待されている。運行会社間の競争により、運賃の低下やサービスの質が改善されると考えられるからである[8]。

　わが国でも一部の鉄道路線において上下分離が採用されている。しかし、それは、不採算サービスの供給が目的である。整備新幹線はわが国における典型的な鉄道上下分離の事例であるが、線路部分の費用は、それを利用するJR旅客会社からの貸付料および国費（貸付料の残り3分の2）と地方費（3分の1）によってまかなわれる。ただし、JRの貸付料は、その会社が当該整備新幹線を営業することによって得られる収支改善効果を基準に算定される。少なくともこの点では、JR側に事業リスクが及ぶことはなく、さらにサービス供給主体は基本的に当該JR1社である。上述の利便増進法による路線の整備は、鉄道事業者からの線路使用料と国費、地方費が3分の1ずつ費用負担し、都市およびその近郊におけるミッシング・リンク（既存路線を接続することにより、利用者の利便性の大幅な向上が期待される路線）を整備する。整備新幹線と比べれば事業者の負担分が相対的に大きく、また収益の範囲内という前提のない確定的な支払いが求められる。利用する鉄道事業者は相互直通運転により複数社となるが、その間の競争を意図するものではない。

　ヨーロッパとわが国の手法は、上下分離によって鉄道サービスを向上するという点で共通の基盤を持つ。ただ、日本型の上下分離は、公的な政策目的を実現する手段として利用されている。要するに、官民連携の一手法である。上述のように、定義次第でそれも1つのPPPに分類されるが、競争導入型の上下分離が経済効率の向上を主たる目的にしているのに対して、日本型の上下分離は市場では成しえない政策が主たる目的なのである。

---

8)　ただし、ヨーロッパ、特にイギリスにおける上下分離競争政策の結果については、必ずしも肯定的な評価ばかりではない。

新しい主体に事業の機会を与えるという点では、資金の提供者についても同様である。イギリスでPFIが導入された際、事業の主役となったのは金融機関であった。であるからこそ、民間資金主導のやり方（Private Finance Initiative）と名づけられた。わが国でも時として「金余り対策」、投資機会、投資対象の拡大が求められるが、第7章で述べられているように、成熟し硬直化した経済において新しい魅力的な投資対象を提供することは、重要な経済政策の1つであろう。特に年金を原資とするファンドの拡大は、長期安定的な資金の運用を求める。運輸・交通などのインフラ事業は、その対象として最適な形態である。

次節で述べるように、投資機会としての運輸・交通関連のPPP／PFIが成功を収めるためには、事業自体の利益性が確保されねばならない。と同時に、PPP／PFIは、あくまでも公的なサービス供給の1手段である点も忘れてはならない。社会インフラとしての運輸・交通事業は、どのような場合でも短期的な視点で経営、運営が左右されてはならず、金融機関の短期的な利益確保によって翻弄されないことが重要である。

4　運輸・交通分野におけるPPP／PFIの可能性

以上述べてきたように、PPP／PFIについて、考えられるメリットは数多い。それはきわめて魅力的な事業手法ではあるが、その果実を確実なものとし、期待される効果を実現するためには、前提となる条件を明確に認識する必要がある。

第1に、新しい事業手法、新しい民間資金の活用を前提とする以上、官民連携で求められる公的政策目的の追求は、基本的な部分にとどめられるべきである。この面での行政の態度が旧来型のそれではありえないことは当然である。公的資産の活用に関して、マーケットのテストを経て委ねられることになった事業者の活動内容は、自主性や自由度が最大限尊重されなくてはならない。筆者が見聞きしたわが国の新しいPFIスキーム、PPPの議論では、行政側の目的意識が旧来型のままで、財政の窮乏を対症療法的に民間資金の

活用により糊塗しようとする態度が見え隠れする。期待される新しい手法を有効ならしめるためには、行政側の意識の改革が必須の条件であろう。

　第2に、公的部門と民間部門の間の契約には限界があることが意識されるべきである。上で述べたように、新しいスキームでは民間の自主性が尊重されねばならないが、基本はあくまでも公的資産を活用して社会的に望まれる目的を達成することにある。そして、その土台は公共と民間の契約である。第1章から第3章において示されたように、依頼人と代理人の契約は、本質的に不完備である。不完備契約による弊害の回避の手法についても、各章で詳しく述べられたとおりであるが、実際の運用にあたってはインセンティブ・メカニズムが詳細に検討されなくてはならない。民間事業者の性悪説を強調するためではなく、合理的な主体としての行動原理を前提として、最小の社会的費用で目的を達成させる契約を実現する必要があるからである。わが国の行政の慣行として、とかく契約概念を軽視する傾向があるが、第1章で指摘したように、新しい官民連携のあり方は、この面での行政の意識改革を求めるものなのである。

　本書に限らず各種の議論と先行事例によって理論は整ったように思われる。長期の低迷から成長の段階に移りつつあるわが国経済にとって、新しいPPP、PFIのスキームがさらなる経済浮揚の手段となることが強く期待されるところである。

[山内弘隆]

参考文献

金本良嗣（1992）「空間経済と交通」藤井彌太郎・中条潮編『現代交通政策』第7章、東京大学出版会。

竹内健蔵・根本敏則・山内弘隆編（2010）『交通市場と社会資本の経済学』有斐閣。

藤井彌太郎（1973）「利用者負担と公共負担——都市公営交通のケース」『三田商学研究』第25巻6号。

索引

Alphabet

Articles of Association　183
BLT（Build-Lease-Transfer）　236
BOO（Build-Own-Operate）　81, 236, 277
BOT（Build-Operate-Transfer）　58, 81, 113, 236, 241, 277, 304
BTL（Build-Transfer-Lease）　241
BTO（Build-Transfer-Operate）　81, 113, 135, 236, 241, 276, 277, 304
DBFO（Design, Build, Finace and Operate）　65, 197
EPC（Engineering-Procurement-Construction）　229, 234
IUK（Infrastructure UK）　184, 220
LCC（Law Cost Carrier）　209
Loan Note Instrument　183
Metronet　176, 200
MPA（Major Projects Authority）　180
NAO（National Audit Office）　59, 168, 201
O&M（Operation & Maintenance）　229, 260
OGC（The Office of Government Commerce）　168, 216
Optimism Bias　171
Partners for Prosperity　168
PF2（Private Finace Two）　80, 161, 179, 183, 185, 218
PFU（Private Finace Unit）　168
PRE（Public Real Estate）戦略　151
project approvals tracker　184
PSC（Public Sector Comparator）　169
PUK（Partnership UK）　82, 168, 216
Rebuild America Partnership　161
Shareholders Agreement　183
Solicited Proposal　247
the Priority Schools Building Programme　185
Treasury PF2 Equity Unit　181
Tube Line　200
UK Guarantee　182
Unsolicited Proposal　101, 160, 247
VFM（Value for Money）　14, 39, 57, 80, 119, 148, 154, 166, 239, 291, 303
　計画時——　291
　契約時——　291
VGF（Viability Gap Funding）　236, 238, 259
WGA（The Whole of Government Account）　179
Wish List　101
World Bank Private Participation in Infrastructure Database　→ PPIデータベース

あ行

アウトソーシング　57
アジア開発銀行　229
アジア通貨危機　232, 271
新しい公共経営　41
アベイラビリティ・フィー　65
アベイラビリティ・ペイメント　240
アンバンドリング　62
暗黙の信用保証　38
一般会計慣行　172
一般担保債　131
一般道路　137
依頼人（principal）　22, 328
因子分析　292

インセンティブ契約　112
インセンティブ・メカニズム　328
インフラ投資市場　152
インフラファンド　94, 155
　　官民連携──　157
インフルエンス費用　18
裏起債的資金調達　320
エージェンシー化　116
エージェンシーコスト　18, 57
エージェンシー理論　22
M6有料道路　202
オーバーヘッド・コスト　31
公の施設　28

か行

回帰分析　310
外製　17
開発利益還元　323
外部効果　64
　　経済的──　324
　　正の──　64
　　負の──　64
外部性　122
価格要素　304
隠された行動　19
隠された情報　19
加算方式　304
ガバナンス　112, 120, 200
下部構造　325
関係省庁連絡会議幹事会申合せ　88
関係特殊的資産　21
間接介入　113
間接的受益者負担　322
管理委託制度　289
機会主義　21
規模の経済　31, 42, 122
機密情報の漏洩　20
逆選択　23, 47, 57
業績連動支払い方式　97, 155
競争的対話方式　87, 174
協定　131

クアラルンプールSTAR　253
クイーン・エリザベスⅡ橋　2
空港運営の一体化　323
空港整備勘定　321
空港整備特別会計　322
グリーンフィールド市場　158
経営改革　158
経済インフラ　221
契約　109, 126
　　──締結・履行確保のための費用　24
　　──の失敗　45
決定的成功要因　282, 289
限定合理性　21
公共施設等運営権　40
　　──事業　8, 14, 137
　　──制度　155
公共性　123
公共負担　322
高速自動車国道　136
高速道路　136
　　──株式会社　130
交通インフラストラクチャー　1
交通社会資本整備　2
公的不動産の有効活用　95, 155
行動規範　180
交付税交付団体　284
公物管理　6
公平性　114
公募型プロポーザル　278, 304
コーポレート・ファイナンス　141
国際会計基準　173
国家インフラ整備計画　221
コミットメント問題　25, 46
混合型　44
コンセッショネア　9, 260
コンセッション方式　8, 14, 92, 155, 202, 321

さ行

サービス購入型　7, 39, 65, 115, 148, 276, 304, 320

再交渉　58
歳出計画　217
　——2010　221
最小二乗法　311
財政投融資（財投）　114
　——方式　116
財政力指数　284
最善の効率的契約　23
最低収入保証制度　103
財務省インフラ金融部門　169
財務省承認手続き　180
財務省タスクフォース　167, 216
債務引受　133
　重畳的——　134
　免責的——　134
サブソブリンローン　240
サブプライムローン問題　232
参加企業数　303, 315
暫定貸付制度　180
JIT（Just in Time）方式　20
事業証券化　160
資金調達コスト　101, 118, 170, 213
市場競争の革新性　32
市場重視型政府　285
市場の失敗　110
市場の費用　19
市場の便益　18
事前防災　152
実施方針　137, 151
指定管理者　86
　——制度　289
自動車専用道路　136
社会インフラ　221
シャドー・トール　7, 65, 204
収益施設の併設・活用　155
出資に関する競争入札制度　195
純粋公益財　10
償還主義　6
上下分離　199, 234, 326
仕様発注　13
上部構造　325

情報・意思決定の費用　24
情報開示　158
情報探索の費用　24
情報の非対称性　19, 47, 57, 123, 302, 310
除算方式　304
所有　110
信用補完　140
　人的——　140
　物的——　140
垂直チェーン　19
成果指標　30
生産的投資　29
政治的安定性　287
政治的腐敗度　285, 287
性能発注　14, 39
整備新幹線　326
政府支出の見直し　180
政府調達手続き　184, 193
政府の失敗　45, 110, 126
政府包括勘定　184
世界銀行　90, 231, 283
全体最適　29
総合評価一般競争入札　278, 304
ソウル地下鉄　241
組織の経済学　17
ソフトな予算制約問題　46, 285

た行

第1次 Bates 報告書　167
第2次 Bates 報告書　168
大規模事業指導者学院　184
大規模事業承認保証ガイダンス　182
第三セクター　15
代理人（agent）　22, 328
ダイレクトアグリーメント　97
棚ぼた式の利益　323
地方交付税交付金　284
地方債　151
調達開始前準備審査　186
直接介入　113
定額ターンキー契約　252

定性的分析　282
定量的分析　282
デザイン特性　20
デュー・ディリジェンス　182, 189, 201
デリー空港線　259
道路　6
　——運送法　5
　——会社債　130
　——債券（道路債）　130
　——整備特別措置法　6
　——法　5
特定都市鉄道整備積立金制度　324
特別目的会社（SPC）　16, 39, 81, 135, 233
特別目的事業体（SPV）　175, 261
独立採算型　9, 44, 65, 115, 154, 278, 304
都市鉄道等利便増進法　325
途上国　126
取引の頻度　21
取引費用　20, 57

な行

内製　17
「2020年の軍隊」計画　190
日本高速道路保有・債務返済機構　6, 130
日本国有鉄道（国鉄）　4
入札　301
　——費用　24
　——方式　303

は行

バリューアップ　153
範囲の経済　31
バンドリング　61
PFI クレジット　77, 217
PFI 事業節約計画　179
PFI 推進機構（民間資金等活用事業推進機構）　94, 157
PFI タスクフォース　167
PFI 法（民間資金等の活用による公共施設等の整備等の促進に関する法律）　78, 130, 147, 281
PF2 契約の標準化　185
PPI データベース　270, 285
「PPP に対する新たな取り組み」→ PF2
PPP/PFI の成功要因　282
「PPP/PFI の抜本改革に向けたアクションプラン」　38, 155
非生産的投資　29
費用最小化　38
費用対効果　45
費用負担のあり方　7, 9, 16
不確実性　21, 64, 302, 310
不完備契約　22, 45, 57
埠頭公社　4
ブラウンフィールド市場　158
プリンシパル・エージェント問題　46
プロジェクト・ファイナンス　116, 142
分散分析　305
法令変更リスク　188
ホールドアップ問題　22, 49, 58
補助金　120

ま行

マニラ MRT 3 号線　247
ミレニアム開発目標　288
民営化　113
民間委託　112
民間資金等活用事業推進会議　155, 191
民間資金等の活用による公共施設等の整備等の促進に関する法律 → PFI 法
民鉄（民営鉄道）　4
無形の費用　19
無駄の見直し手続き　186
無料開放の原則　6
メザニン　189
モニタリング　27, 96, 112, 141, 290
モノライナー（金融保証専門保険会社）　224
モラルハザード　23, 46, 57

や行

優先交渉権者　182
優先的な学校建設計画　190
有料道路　137
ユニタリーペイメント　96
ユニバーサルテスティング制度　167
ヨーロッパ横断運輸ネットワークプログラム　273

ら行

ライフサイクル・コスト　14
ライリー法則　166
リーマン・ショック　169, 232, 271
リーン生産方式　20
リスク　116, 124, 150, 205, 212, 260
　――移転　174
　――マネー　152, 157
リッカート尺度　292
リファイナンス　59
料金プール制　141
利用者負担　16, 322
ルートン空港　207
レベニュー債　111
ロンドン地下鉄　197

執筆者紹介（掲載順。[ ]内は担当章。）

山内　弘隆（やまうち　ひろたか）[はじめに、序章、第1章、終章]
　一橋大学大学院商学研究科教授。
　1985年慶應義塾大学大学院商学研究科博士課程単位取得退学。中京大学商学部専任講師、同経済学部専任講師、一橋大学商学部助教授を経て、1998年より現職。2005～2008年一橋大学大学院商学研究科研究科長兼商学部長。現在、財務省財政制度等審議会委員、総務省情報通信審議会委員、経済産業省調達価格等算定委員会委員、国土交通省交通政策審議会臨時委員を務める。専門は、ビジネス・エコノミクス、ネットワーク経済学、交通経済学。
　主要著書に、『公共の経済・経営学――市場と組織からのアプローチ』（共編著、慶應義塾大学出版会、2012年）、『交通市場と社会資本の経済学』（共編、有斐閣、2010年）、スティーブン・ショー『航空の経営とマーケティング』（共訳、成山堂書店、2009年）、『交通経済学』（共著、有斐閣、2002年）、『航空運賃の攻防』（NTT出版、2000年）など。

佐藤　主光（さとう　もとひろ）[第2章]
　一橋大学大学院経済学研究科／国際・公共政策大学院教授。
　1998年カナダ・クイーンズ大学経済学部博士課程修了。Ph. D. in Economics. 一橋大学経済学研究科専任講師を経て、2009年より現職。専門は、財政学。
　主要著書に、『地方税改革の経済学』（日本経済新聞社、2011年）、『震災復興――災害に強い社会・経済の構築』（共著、日本評論社、2011年）、『地方交付税の経済学――理論・実証に基づく改革』（共著、有斐閣、2003年）など。

手塚広一郎（てづか　こういちろう）[第3章]
　日本大学経済学部教授。
　2000年一橋大学大学院商学研究科博士後期課程単位取得退学。博士（商学）。福井大学教育地域科学部准教授を経て、2012年より現職。専門は、交通経済学、産業組織論。
　主要著書・論文に、『交通インフラ・ファイナンス』（共編著、成山堂書店、2014年）、「有料道路におけるネットワークに対する課金とその論点」『Nextcom』（KDDI総研）13号（2013年）、14-23頁、「PFIにおける留意点と交通インフラへの適用可能性」『運輸と経済』71巻1号（2011年）、58-68頁など。

石井　昌宏（いしい　まさひろ）[第3章]
　上智大学経済学部教授。
　2000年一橋大学大学院商学研究科博士課程修了。博士（商学）。大東文化大学経営学部講師、同大学経済学部准教授、上智大学経済学部准教授を経て、2015年より現職。専門は、ファイナンス。
　主要論文に、"A Game Theoretical Analysis of Port Competition," *Transportation Research Part E*, 49 (1), 2013, pp. 92-106（共著）、"Relationship between CAPM-β and Market Changes in the Japanese Liner Shipping Industry," *Maritime Policy & Management*, 39 (3), 2012, pp. 297-319（共著）、"Valuation of a Repriceable Executive Stock Option," *Asia-Pacific Financial Markets*, 17 (1), 2010, pp. 1-18（共著）など。

町田　裕彦（まちだ　ひろひこ）［第4章、第8章補論］
東洋大学大学院経済学研究科客員教授。
1980年東京大学法学部卒業。1983年ケンブリッジ大学土地経済学部修士課程留学、内閣府PFI推進室参事官、国土交通省土地・水資源局総務課長、内閣官房地域活性化統合事務局次長、内閣官房PFI法改正法案準備室参事官、国土交通大臣官房審議官、東京大学まちづくり大学院非常勤講師などを経て、2014年より現職。専門は、PPP／PFI。
主要著書・論文に、『PPPの知識』（日本経済新聞出版社、2009年）、『水ビジネスを制するための標準化戦略』（共著、日本規格協会、2012年）、『公民連携白書2008—2009』（共著、時事通信出版局、2008年）、「ストック管理に関する民間活力の活用──英国の事例を中心として」『日本不動産学会誌』25巻4号（2012年）、84-91頁など。

山重　慎二（やましげ　しんじ）［第5章］
一橋大学大学院経済学研究科／国際・公共政策大学院教授。
1992年ジョンズ・ホプキンス大学経済学部博士課程修了。Ph. D. in Economics. トロント大学経済学部助教授、一橋大学大学院准教授を経て、2015年より現職。専門は、公共経済学、財政、ゲーム理論。
主要著書・論文に、『家族と社会の経済分析──日本社会の変容と政策的対応』（東京大学出版会、2013年。第56回日経・経済図書文化賞受賞）、『日本の交通ネットワーク』（共編著、中央経済社、2007年。第33回交通図書賞受賞）、"Decentralization and Economic Development: An Evolutionary Approach," *Journal of Public Economic Theory*, 7 (3), 2005, pp. 497-520（共著）など。

水島　治（みずしま　おさむ）［第6章］
武蔵大学経済学部教授。
2002年一橋大学大学院法学研究科博士後期課程修了。博士（法学）。桐蔭横浜大学、立命館大学、武蔵大学経済学部准教授を経て、2010年より現職。専門は、法学。
主要論文に、「高速道路の新設における道路会社の資金調達とその法的課題」『高速道路と自動車』55巻6号（2012年）、21-30頁、「事業再編計画の一環として子会社の株式を任意取得する際の買取価格の決定について取締役の善管注意義務・忠実義務違反の成否が争われた事例」『武蔵大学論集』58巻4号（2011年）、57-79頁、「会社法における純粋持株会社の投資家保護とその課題──取締役の競業避止義務を題材として」『武蔵大学論集』58巻2号（2010年）、111-132頁など。

渋谷　和久（しぶや　かずひさ）［第7章］
内閣官房TPP政府対策本部内閣審議官。
1988年ミシガン大学大学院公共政策修士課程修了。旧建設省入省後、千葉県庁出向、国土交通省九州地方整備局総務部長、同省大臣官房広報課長、同省総合政策局政策課長などを経て、2013年7月より現職。専門は、公共政策。
主要著書に、『公務改革の突破口──政策評価と人事行政』（共著、東洋経済新報社、2008年）、トマス・ジーバーツ『都市田園計画の展望』（共訳、学芸出版社、2006年）、『パブリック・セクターの経済・経営学』（共著、NTT出版、2003年）など。

執筆者紹介 337

長谷部正道（はせべ　まさみち）[第8章]
　農林水産省大臣官房審議官、神戸大学・拓殖大学客員教授。
　2000年ロンドン大学 UCL 法学修士（L. LM.）修了。国土交通省港湾局民間活力推進室長、同省大臣官房参事官（ODA 担当）、大和総研主席研究員などを経て、2015年より現職。専門は、国際公共経済学、国際経済学、国際法。
　主要論文に、「地域貿易協定が国際航空輸送サービスの自由化に及ぼす法的影響」『空法』56号（2015年）、「海運自由化交渉の歴史的経緯と今後の展望──貿易自由化協定の果たしうる役割」『海運経済研究』46号（2012年）、73-82頁、「英国におけるトン数標準税制の研究」『海運経済研究』42号（2008年）、57-65頁、"Trade Liberalization in Maritime Transport Services under the auspices of the WTO," University College of London, 2000（修士論文）など。

林　　泰三（はやし　たいぞう）[事例1～3]
　東京大学公共政策大学院特任教授。
　1999年ロンドン大学（LSE）大学院修了。旧運輸省入省後、大臣官房、総合政策局、航空局、東北運輸局などを経て、2013年より現職。専門は、交通政策、交通経営。
　主要論文に、"A study on the impact of internationalization of Haneda Airport on Travel Products," Proc. of ATRS, Paper ID 225, 2013、「東日本大震災における業務遂行に際しての留意点」『東日本大震災後の東北運輸局活動記録──復興への歩み』（国土交通省東北運輸局、2012年）、"Rethinking of Significance of Trans-European Transport Networks in the Regional Context," London School of Economics and Political Science, 1999（修士論文）など。

中野　宏幸（なかの　ひろゆき）[事例1～3]
　国土交通省総合政策局情報政策課長。
　1985年東京大学工学系大学院修士課程修了。工学博士。1998年ケンブリッジ大学土地経済学部修士課程修了およびオックスフォード大学客員研究員。旧運輸省入省。2013年より現職。専門は、交通計画、交通経営。
　主要著書・論文に、『地域交通戦略のフロンティア──英国のダイナミズムに学ぶ』（運輸政策研究機構、2008年）、「海外インフラ経営企業体の国際展開戦略に関する一考察──交通分野におけるグローバル企業体の台頭・進化とビジネスモデルの特性」『運輸政策研究』17巻1号（2014年）、12-23頁、「公共交通の顧客の価値観の構造分析」『運輸政策研究』8巻1号（2005年）、22-30頁など。

深山　　剛（ふかやま　たけし）[第9章、事例4～7]
　アジア開発銀行中央・西アジア局交通専門家。
　1996年ミシガン大学大学院経営学修士課程修了。2007年東京大学公共政策大学院修士課程修了。東日本旅客鉄道株式会社、株式会社三菱総合研究所を経て、2014年5月より現職。専門は、交通政策・交通経営。
　主要論文に、「グローバルな鉄道産業展開と技術的課題」『運輸と経済』2009年9月号（共著）、"Transdisciplinary Problem Structuring in Transport Planning," World Conference on Transportation Research（WCTR）, 2009（共著）、「なぜ富山市では LRT 導入に成功したのか？──政策プロセスの観点からみた分析」『運輸政策研究』10巻1号（2007年）、22-37頁（共著）など。

井深　陽子（いぶか ようこ）［第10章、第11章］
東北大学大学院経済学研究科准教授。
2008年ラトガース大学経済学部博士課程修了。Ph. D. in Economics. イェール大学公衆衛生大学院博士研究員、一橋大学大学院経済学研究科／国際・公共政策大学院専任講師を経て、2013年より現職。専門は、応用計量経済分析、医療経済学。
主要著書・論文に、『公共の経済・経営学──市場と組織からのアプローチ』（共著、慶應義塾大学出版会、2012年）、"Free-riding Behavior in Vaccination Decisions: An Experimental Study," *PLoS One*, 9 (1), 2014, e87164（共著）、"Impact of Program Scale and Indirect Effects on the Cost-effectiveness of Vaccination Programs," *Medical Decision Making*, 32 (3), 2012, pp. 442-446（共著）など。

鎌田　裕美（かまた ひろみ）［第10章、第11章］
淑徳大学経営学部専任講師。
2007年一橋大学大学院商学研究科博士後期課程修了。博士（商学）。一橋大学大学院商学研究科特任講師（ジュニア・フェロー）、国土交通省国土交通政策研究所研究官、西武文理大学サービス経営学部専任講師を経て、2012年より現職。専門は、観光、交通。
主要著書・論文に、『地域活性化のマーケティング』（共著、有斐閣、2011年）、"Evaluation of Japan as a Tourist Destination: Case of East Asian People Who Have Been to Japan," *The International Journal of Hospitality and Tourism*, 1 (2), 2012, pp. 80-95（共著）、"How to Attract More Tourists?," *Tourism Review*, 65 (2), 2010, pp. 28-40（共著）など。

濱秋　純哉（はまあき じゅんや）［第10章、第11章］
法政大学経済学部准教授。
2010年東京大学大学院経済学研究科博士課程修了。博士（経済学）。内閣府経済社会総合研究所、一橋大学大学院経済学研究科専任講師を経て、2014年より現職。専門は、公共経済学、応用計量経済学。
主要論文に、"Intergenerational Transfers and Asset Inequality in Japan: Empirical Evidence from New Survey Data," *Asian Economic Journal*, 28 (1), 2014, pp. 41-62（共著）、"How Does the First Job Matter for an Individual's Career Life in Japan," *Journal of the Japanese and International Economies*, 29, 2013, pp. 154-169（共著）、「年金制度と家計の消費・貯蓄行動」『フィナンシャル・レビュー』115号（2013年）、95-116頁など。

原田　峻平（はらだ しゅんぺい）［第12章］
九州産業大学商学部講師。
2014年一橋大学大学院商学研究科博士後期課程修了。博士（商学）。2014年4月より現職。専門は、交通経済学、公益事業論。
主要論文に、「PFI事業の入札プロセスに関する実証研究」『公益事業研究』65巻2号（2013年）、9-18頁、「大都市高速鉄道の費用構造に関する分析」『交通学研究』55巻（2012年）、163-172頁、「ヤードスティック規制理論の政策適用に関する一考察」『公益事業研究』64巻2号（2012年）、23-29頁など。

運輸・交通インフラと民力活用
——PPP／PFI のファイナンスとガバナンス

2014年7月15日　初版第1刷発行
2015年7月15日　初版第2刷発行

編著者─────山内弘隆
発行者─────坂上　弘
発行所─────慶應義塾大学出版会株式会社
　　　　　　　〒108-8346　東京都港区三田2-19-30
　　　　　　　TEL〔編集部〕03-3451-0931
　　　　　　　　　〔営業部〕03-3451-3584〈ご注文〉
　　　　　　　　　〔　〃　〕03-3451-6926
　　　　　　　FAX〔営業部〕03-3451-3122
　　　　　　　振替　00190-8-155497
　　　　　　　http://www.keio-up.co.jp/

装　丁─────鈴木　衛
印刷・製本───萩原印刷株式会社
カバー印刷───株式会社太平印刷社

©2014　Hirotaka Yamauchi, Motohiro Sato, Koichiro Tezuka, Masahiro Ishii,
　　　　Hirohiko Machida, Shinji Yamashige, Osamu Mizushima, Kazuhisa Shibuya,
　　　　Masamichi Hasebe, Taizo Hayashi, Hiroyuki Nakano, Takeshi Fukayama,
　　　　Yoko Ibuka, Hiromi Kamata, Junya Hamaaki, Shumpei Harada
　　　　Printed in Japan　ISBN978-4-7664-2132-3

慶應義塾大学出版会

公共の経済・経営学

山内弘隆・上山信一編著　経済学と経営学の双方の立場から、公共の問題解決方法を提示。経済原則と経営改革を重視する自治体ガバナンスの新しい潮流を明らかにする実践的テキスト。医療、教育、道路、空港、河川、農業の 6 つの分野から最新のケースを紹介。　　　　　　　　　　　　　　　　　◎3,400円

メカニズムデザインと意思決定のフロンティア

坂井豊貴編著　ミクロ経済学やゲーム理論の知見に基づき、市場システム等の改良を目指す「メカニズムデザイン」、及び近年話題を集める「意思決定理論」について、最先端の研究事例を紹介する。当該分野の理論入門書となる一冊。　　　◎2,800円

月とゲットー
―科学技術と公共政策

リチャード・R・ネルソン著、後藤晃訳　人類は月に人を送り込むという困難なことを成し遂げる一方で、大勢の人の貧困問題を解決できていない。こうした公共政策の失敗について 3 つのケーススタディを用い、変動する現実のなかでのフレームワークを提示する。
◎2,500円

表示価格は刊行時の本体価格（税別）です。